Schimmel/Weinert/Basak · Juristische Themenarbeiten

Juristische Themenarbeiten

Eine Anleitung für Klausur und Hausarbeit
im Schwerpunktbereich, Seminar- und
wissenschaftliche Abschlussarbeit

von

Prof. Dr. Roland Schimmel

Dr. Mirko Weinert

Dr. Denis Basak

CFM

C. F. Müller Verlag
Heidelberg

Prof. Dr. *Roland Schimmel* ist Rechtsanwalt in Frankfurt am Main und lehrt Wirtschaftsprivatrecht an der dortigen Fachhochschule.

Dr. *Mirko Weinert* ist Rechtsanwalt in Düsseldorf.

Dr. *Denis Basak* ist wissenschaftlicher Mitarbeiter an der Universität Frankfurt am Main und habilitiert sich über ein wirtschaftsstrafrechtliches Thema.

Bibliografische Informationen der Deutschen Nationalbibliothek

Die Deutsche Nationalbibliothek verzeichnet diese Publikation in der Deutschen Nationalbibliografie; detaillierte bibliografische Daten sind im Internet über http://dnb.d-nb.de abrufbar.

ISBN 978-3-8114-3738-8

© 2007 C. F. Müller, Verlagsgruppe Hüthig Jehle Rehm GmbH,
Heidelberg, München, Landsberg, Berlin

www.cfmueller-verlag.de

Satz: Claus Hölzer, Hagenbach
Druck: Gulde-Druck, Tübingen

Printed in Germany

IV

Vorwort

Seit unlängst Themenarbeiten Pflichtleistungen im juristischen Studium geworden sind, zeigt die Prüfungspraxis, dass diese unbekannte Aufgabenstellung vielen Studierenden Schwierigkeiten bereitet, weil das Herangehen an eine fallunabhängige Prüfungsklausur bzw. Hausarbeit abseits der im Pflichtfachbereich im Vordergrund stehenden Gutachtenform eigens erlernt werden muss.

Die im universitären Prüfungsgeschäft zutage tretenden Schwächen vieler Arbeiten waren Anlass, das vorliegende Büchlein abzufassen. Wir hoffen, dass es den Adressaten eine praktisch einsetzbare Hilfe bietet. Denn die am häufigsten auftretenden Fehler sind einfach zu vermeiden, wenn man sich ihrer bewusst ist. Dieses Bewusstsein sowie einige praktische Tipps wollen wir hier vermitteln.

Frau PD Dr. habil. *Anja Amend*, Herrn Richter Dr. *Daniel Trosch* und allen KollegInnen und FreundInnen, die uns mit Hinweisen unterstützt haben, danken wir.

Besonderen Dank schulden wir Frau *Alexandra Burrer* vom Verlag und Herrn *Ernst Grundl* von der juristischen Buchhandlung Grundl in Wehrheim.

Über Verbesserungsvorschläge freuen wir uns.

Wir verantworten den Text gemeinsam; die einzelnen Abschnitte haben verfasst:
Denis Basak Rn. 213–316, 498–535, *Roland Schimmel* Rn. 1–15, 42–49, 100–212, 317–497 und *Mirko Weinert* Rn. 16–41, 50–99, 422–441.

Frankfurt am Main, Juni 2007   *Roland Schimmel*
                                                                 Mirko Weinert
                                                                 Denis Basak

Inhaltsverzeichnis

A. Benutzungshinweise

- Themenarbeiten sind Aufgaben, die vom Bearbeiter nicht das Abfassen eines Rechts-   **1**
  gutachtens fordern, sondern ein **Referat**. Sie verlangen also nicht einen Entscheidungsvorschlag für einen Rechtskonflikt, sondern die Darstellung eines Rechtspro-
  blems im Sachzusammenhang.

- Als Übungs- und Prüfungsleistungen haben sie in den letzten Jahrzehnten in der juristi-   **2**
  schen Ausbildung eher in der zweiten Reihe gestanden.

  Studierende mussten bisher mit ihnen rechnen im Grundlagenschein, bei Seminararbeiten und manchmal in der **Examensarbeit**[1] (klassisch in den Grundlagenfächern Rechtsgeschichte, -soziologie, -theo-
  rie etc.). Für **Scheinhausarbeiten** und -**klausuren** spielen sie erst in den letzten Jahren eine Rolle als
  Zusatzfrage bei den gutachtenförmig zu bearbeitenden dogmatischen Aufgaben.

  Mit den jüngsten Reformen der Juristenausbildungsgesetze und -ordnungen der
  Länder[2] rücken Themenarbeiten während des Studiums und an dessen Ende in den
  Vordergrund. Vorgesehen ist eine **wissenschaftliche Hausarbeit** als obligatorische
  Studienleistung vor der ersten Staatsprüfung. Diese Arbeit soll in einem Seminar oder
  im Anschluss daran verfasst werden; die Einzelheiten regeln die Studien- und Prü-
  fungsordnungen der juristischen Fachbereiche[3].

  Nächsthin könnten als Ergebnis des Bologna-Prozesses[4] **Magisterarbeiten** hinzutreten.

---

1 Nach der universitären Abschlussprüfung geht es mit Themenarbeiten dann aber richtig los: Ihre Doktorarbeit (für etwa 10–20 % der juristischen Absolventen, von denen etwa die Hälfte ihre Arbeit auch zu Ende führt) und Ihre Habilitationsschrift warten auf Sie. Beide können aber hier ausgeklammert bleiben: Für solche Projekte, die selbstbestimmtes Forschen zum Gegenstand haben, ist dieser Text nicht zuständig. Die Anleitungsliteratur für Doktorarbeiten kann indes in Teilen auch für die Zwecke von Themenarbeiten interessant sein. Lesenswert ist **allgemein** *v. Münch*, Promotion, 3. Auflage, Tübingen 2006 (Kurzfassung: Jura 2007, 495 ff.). Spezifisch **juristisch**, aber nicht mehr ganz taufrisch: *Thieme*, Die Anfertigung von rechtswissenschaftlichen Doktorarbeiten, 2. Auflage, Göttingen 1963; *Schneider*, Die juristische Doktorarbeit, 2. Auflage, Düsseldorf 1977; zum Promovieren gibt es in den letzten Jahren eine ganze Menge Ratgeberliteratur, z.B. *Gunzenhäuser/Haas*, Promovieren mit Plan, Wien 2000; *Stock/Schneider/Peper/Molitor*: Erfolgreich promovieren, Berlin 2006 (immerhin ist mit *Schneider* eine Juristin dabei); sehen Sie sich diese Bücher an, wenn es soweit ist und entscheiden Sie dann, ob sich die Anschaffung lohnt.
2 So § 31 JAPrO Baden-Württemberg; § 40 I 1 Nr. 1 JAPO Bayern; § 32 III 2 Bremer JAPG; § 24 IV JAG Hessen; § 2a II JAG Mecklenburg-Vorpommern; §§ 4a II, § 9 JAG Niedersachsen (Studienarbeit); § 7 I 2 JAG Schleswig-Holstein. § 5 I JAG Berlin, § 5 I JAG Brandenburg und § 31 III JAPO Thüringen sehen nur allgemein eine Hausarbeit als Prüfungsleistung vor. § 32 I des Hamburgischen JAG spricht nur von studienbegleitenden Aufsichtsarbeiten. Den Begriff der Aufsichtsarbeit verwendet ferner § 3 II 2 JAG Rheinland-Pfalz. § 28 IV Nr. 7 JAG Nordrhein-Westfalen, § 6 III 1 Nr. 7 JAG Saarland, § 24 I Sächsisches Hochschulgesetz und § 9 IV Nr. 2 JAG Sachsen-Anhalt überlassen die Bestimmung der Zahl und Form der zu erbringenden Prüfungsleistungen den Universitäten, deren Anforderungen aber zum Teil fast schon denen in einem Promotionsverfahren gleichen – z.B. §§ 14 ff. der Schwerpunktbereichsprüfungsordnung der Juristischen Fakultät der Martin Luther-Universität Halle-Wittenberg.
3 So soll etwa die Bearbeitungszeit in Frankfurt am Main acht Wochen, in Gießen vier Wochen und in Marburg sechs Wochen betragen. Zu den Einzelheiten der Schwerpunktbereichsstudien- und -prüfungsordnungen siehe etwa den Überblick bei *Rolfs/Rossi-Wilberg*, JuS 2007, 297 ff.
4 Augenblicklich ist noch offen, ob und welche Auswirkungen der Bologna-Prozess auf die Juristenausbildung haben wird. Aktuelle Nachweise z.B. bei *Dauner-Lieb*, AnwBl. 2006, 5 ff.; *Krings*, RuP 2006, 18 ff.; *Woitsch*, JA 2006, 480; *Schrade/Katzenstein*, DVBl. 2006, 549 ff.; www.neue-juristenausbildung.de.

Dass die Fähigkeit zum Verfassen von Themenarbeiten neuerdings mehr wertgeschätzt und geprüft wird, hat gute Gründe. Vielleicht am wichtigsten ist dieser: Gutachtenförmige Überlegungen und Strukturen bilden nur einen Teil juristisch-fachlicher Kommunikation ab (nämlich letztendlich das Rechtsgespräch zwischen den Richtern einer Kammer vor der Entscheidung des Rechtsstreits). Ein ebenso wichtiger Teil findet aber themenzentriert statt – nämlich die Kommunikation mit Nichtjuristen und Fachkollegen überall dort, wo es um Gestaltung von Rechtsverhältnissen und Konfliktvermeidung geht. Rechtsberatung und Rechtsgestaltung – also gerade die Aufgaben des Rechtsanwalts – erfordern neben der gutachtenstrukturierten eine themenzentrierte Denkweise.

3 • Studierende des Rechts, die nach einigen Semestern mühseliger gedanklicher Disziplinierung im Gutachtenstil halbwegs zu Hause und damit in der Lage sind, dem Normalfall einer Prüfungsarbeit zu begegnen, nehmen **Themenarbeiten** bezeichnenderweise oft als neue **Bedrohung** wahr[5].

Das zeigt sich unter anderem an der bemerkenswert geringen Zahl von Seminararbeiten, die sich Studierende selbst zumuten, bevor sie ins Examen gehen. Meist ist diese identisch mit der Zahl der von der Studienordnung vorgeschriebenen Seminararbeiten. Häufig fallen zudem die Leistungen der Studierenden mittelmäßig oder schwach aus[6]. Allerdings ist auch festzustellen, dass angesichts der neuen Studienordnungen, nach denen die Seminararbeiten direkt in die Examensendnote einfließen (können) und nach denen alle Studierenden solche Arbeiten abfassen müssen, die Anforderungen an die Arbeiten anziehen. Einerseits ist der „Freiwilligkeitsbonus" weggefallen, mit dem nach den alten Studienordnungen Seminarteilnehmer für nicht zulassungsrelevante Zusatzleistungen belohnt wurden. Andererseits ist der Effekt dieser Freiwilligkeit, dass in den Seminaren nur die wirklich Interessierten und damit eine Positivauslese saßen, durch den Pflichtcharakter aufgehoben, so dass sich die durchschnittlichen Leistungen nun denen im normalen Studienbetrieb annähern. Die Folge sind unter anderem in Seminaren inzwischen statistisch relevante Durchfallquoten. Anstoß für dieses Buch waren nicht zuletzt die schmerzhaften Defizite vieler im Universitäts- und Prüfungsalltag abgegebener Referate.

Ganz verwunderlich ist das allerdings nicht: Je überfüllter das Hirn mit Gutachtenstil ist, desto schwieriger wird es, zu einem Thema strukturiert etwas zu sagen. Je besser Sie juristisch werden, desto mehr verlieren Sie Fähigkeiten, über die Sie beim Abitur noch verfügten. Außerdem ist ein Referat mit wissenschaftlichem Anspruch doch schwerer zu verfassen als ein Referat im Gemeinschaftskundekurs in der Oberstufe.

Anleitung tut Not[7]. Dieses Buch skizziert eine alltagstaugliche Arbeitsanleitung für die Studierenden, die in einem vielleicht schon fortgeschrittenen Stadium des Studiums feststellen, dass sie im Verfassen einer auch nur ansatzweise wissenschaftlich angelegten Arbeit nicht sattelfest sind.

Verwendbar soll es aber vom ersten Semester bis über den Abschluss der Staatsprüfung hinaus sein – wenngleich hoffentlich dann das meiste zur Selbstverständlichkeit geworden ist, so dass der Text nur noch zum gelegentlichen Nachschlagen gebraucht werden dürfte.

4 • Was kann ein solcher Leitfaden für Themenarbeiten leisten? Sicher kann er nicht Antworten auf alle Fragen geben, die Sie jemals haben könnten. Eine Anleitung kennt den

---

5 Das enge gedankliche Korsett des Gutachtenstils ist vermutlich das Haupthindernis beim Abfassen eines gelungenen Referats. So gesehen dient diese Anleitung dem Wieder-Erlernen und Vertiefen dessen, was das Abitur Ihnen schon abverlangt haben sollte. Das zweite Hindernis ist vermutlich eine Kombination aus Faulheit und Phantasielosigkeit. Das lässt sich oft recht einfach beheben. Das dritte Hindernis wird heute oft mit *Bildungsferne* umschrieben. Hier ist schnelle Abhilfe schwierig.

6 Gleichwohl ist über Jahre hinweg eine Neigung der Hochschullehrerinnen festzustellen, auf Seminararbeiten recht passable Noten zu geben. Das mag daran liegen, dass die traditionell schlechten juristischen Noten besser ausfallen, wenn sich die Beteiligten Auge in Auge gegenübersitzen. Vielleicht ist es auch nur der hoffnungsvolle Versuch, die Seminare überhaupt zu füllen. Wer weiß das schon so genau?

7 Eine Reihe empfehlenswerter Arbeitshilfen sind in Fn. 35–37 nachgewiesen.

Gegenstand Ihrer Aufgabe nicht. Erwarten Sie also nichts Unmögliches. Das Buch ist als Hilfe zur Selbsthilfe gedacht und bietet nicht in erster Linie Problemlösungen, sondern Arbeitsmittel, die man bei der Problemlösung einsetzen kann. Es verspricht gar nicht erst eine Anleitung *Zum perfekten Referat in drei einfachen Schritten*. Deshalb diese Klarstellung: Der Hauptfaktor für Ihren Erfolg ist **Arbeit**[8]. Gute Noten bekommt man mit Genie, das Bestehen sichert man durch Arbeit.

- Bei allem Nutzen, den das Material vielleicht für die Leserin haben kann, bleibt eines **5**
gewiss: **Das Thema bestimmt die Herangehensweise**; nicht allein, aber meist maßgeblich.

  Das ist keine vorsorgliche Enthaftung, sondern die Wahrheit. Hier finden Sie also die allgemeinen Empfehlungen, die durch die Besonderheiten Ihrer Aufgabe verdrängt werden.

- Zum **Aufbau**: Das Buch hat einen Allgemeinen Teil, den man vor den Besonderen **6**
Abschnitten zu einzelnen Arten von Themenarbeiten lesen sollte.

- Weiterführende **Literatur** und ausgewählte Internet-Fundstellen[9] sind in den Fußnoten **7**
nachgewiesen und thematisch über das Stichwortregister (dort unter „Schrifttum“) erschlossen.

  Bei den weiterführenden Empfehlungen war zu berücksichtigen, dass viele Rechtsstudierende das außerjuristische Schrifttum nicht oder nur zögernd zur Kenntnis nehmen. Wir haben zudem versucht, in möglichst viele Richtungen vertiefende Hinweise zu geben.

- Auf ein **Bearbeitungsmuster** verzichtet der Text – in der Annahme, dass die meisten Leser sich nicht **8**
der Mühe unterziehen wollen, eine Beispielarbeit zu durchdenken, die nichts mit dem eigenen Thema zu tun hat[10]. Statt dessen finden sich in den Beispielen immer wieder kursiv gesetzte **Formulierungsvorschläge**, die helfen, sich in Wortwahl und Gedankenführung einer Themenarbeit hineinzudenken. Darauf haben wir besonderen Wert gelegt, weil immer mehr Arbeiten in dieser Hinsicht Schwächen zeigen[11].

- Wenn Sie für die Arbeit, die Sie zu schreiben haben, vom Prüfungsamt oder vom Lehr- **9**
stuhl **Vorgaben** bekommen, die von den hier zusammengestellten Empfehlungen abweichen, beachten Sie jene im eigenen Interesse unbedingt.

- Das Buch versteht sich nicht in erster Linie als **Einführung in die juristische** **10**
Arbeitstechnik.

  Es hat sich als unvermeidlich erwiesen, auf Fragen der Arbeitstechnik mehr als nur ganz beiläufig einzugehen. Wir haben zwar nicht versucht, eine systematische Anleitung zu entwerfen, deren buchstaben-

---

8 Diese kleine Anleitung geht davon aus, dass Sie diese Arbeit selbst auf sich nehmen wollen. Man kann das natürlich auch fremde Leute machen lassen; dazu sucht man sich einfach einen Ghostwriter (z.B. www.hausarbeiten24.com/), bezahlt ihm eine Stange Geld (im voraus) und freut sich auf eine neue Erfahrung. Die Prüfungsordnungen halten dieses Verfahren übrigens für äußerst heikel, und angesichts der zunehmenden Tendenz zu elektronischen Abgleichen von eingereichten Hausarbeiten steigt die Gefahr, erwischt zu werden, massiv an.

9 Komfortablen Zugang zu den gesammelten und sortierten Internetressourcen ermöglicht die Seite www.cfmueller-verlag.de – „Suche“: basak – Go.

10 Solche Arbeiten sind aber leicht zugänglich über die Hausarbeitsdatenbanken, etwa www.hausarbeiten.de und http://giraffen-uni-frankfurt.de/. Nicht alles dort gibt es umsonst. Und nicht alles, was Geld kostet, ist auch gut.

11 Das mag daran liegen, dass im Mediennutzungsverhalten heutiger Studierender Fernsehen, Video, DVD, Mobiltelefon, SMS, PC-Spiele, MP3-Spieler und derlei mehr sich immer weiter vor das gute alte Buch geschoben haben. Dass dabei die Stilsicherheit ein wenig leidet, kann eigentlich niemanden verwundern. Sie erinnern sich: video killed the radio star. . .

genaue Befolgung jeden Fehler ausschließt. Aber alles, was uns wichtig erschien, haben wir aufgenommen. Vielleicht ist das Buch also auch in dieser Hinsicht nützlich. Und vielleicht ist die hier umrissene Übersicht zur juristischen Arbeitstechnik eine gute Ergänzung zu den bereits vorliegenden Texten, weil sie kompakt und aktuell ist – und durch die Einbindung in den Zusammenhang „Themenarbeiten" weniger trocken zu lesen als ein mehrhundertseitiges Buch, das sich ausschließlich mit Arbeitstechnik befasst. Hoffentlich.

11 • Was zum Verständnis nicht unbedingt erforderlich ist und beim ersten oder beim zweiten Lesen ignoriert werden kann, ist **kleiner gesetzt**. Vielleicht hilft Ihnen das beim Überfliegen. Wir empfehlen statt des Überfliegens natürlich die gründliche Lektüre.

12 • Einen Schwerpunkt bilden **praktische Hinweise**. Wo immer möglich ist deren Sinn erklärt, anstatt nur Befehle und Verbote zusammenzustellen. Nur selten greift der Text kurz ins Grundsätzliche aus.
Immer wieder finden sich **„taktische" Empfehlungen** etwa dazu, wie man der Leserin die Lektüre erleichtert. Wer an einer Massenuniversität studiert, an der massenhaft Scheine geschrieben werden, muss oft um die knappe Ressource Aufmerksamkeit kämpfen.

13 • Es steckt viel Arbeit in diesem Text. Deshalb haben wir zwei Bitten an die Leser:
    a) Wenn etwas Wichtiges fehlt oder ungenau oder falsch ist, **schreiben** Sie uns bitte eine E-Mail[12].
    b) Wenn das Buch Ihnen zusagt, **kaufen** Sie es einfach, anstatt es zu fotokopieren. Zur Not suchen Sie es im Juristischen Seminar. Danke!

---

12 An Schimmel@SchimmelBuhlmann.de oder Basak@jur.uni-frankfurt.de.

B. Allgemeiner Teil

Dieser Abschnitt enthält, was für juristische Themenarbeiten (fast) aller Art Geltung bean- **14** sprucht. Besonderheiten von Seminararbeiten, Scheinhausarbeiten und -klausuren beschreibt dagegen der Besondere Teil[13].

Wie man beim Abfassen einer Themenarbeit vorzugehen hat, ist nicht völlig standardisier- **15** bar. Aber es gibt eine Reihe von bewährten Vorgehensweisen. Diese zu beachten ist teils freiwillig, teils zweckmäßig und manchmal zwingend. Letzteres ergibt sich aus einigen Anforderungen an die Wissenschaftlichkeit des Ergebnisses und damit auch des Vorgehens. Deswegen wird hier zunächst Allgemeingültiges hinsichtlich Arbeitstechnik, Herangehensweise, Wissenschaftlichkeit etc. dargelegt, bevor anhand eines „Standardaufbaus" inhaltliche Tipps folgen. Dabei ist der Grundtyp von Arbeit, der zugrunde gelegt wird, erst einmal die am häufigsten vorkommende Seminararbeit. Besonderheiten für andere Arten von Themenarbeiten finden sich dann im Besonderen Teil des Buchs.

I. Arbeitstechnik

Letztlich muss jeder selbst den für sich richtigen Weg von der Aufgabe zur überzeugenden **16** Ausarbeitung finden. Trotzdem zeigt die Erfahrung, dass es sich lohnt, sich über die einzelnen Arbeitsschritte Gedanken zu machen und das Vorgehen zu optimieren. Man kann sich vieles leichter machen und dadurch Zeit sparen (die man dann für sinnvollere Dinge als Hausarbeiten verwenden kann...). Der folgende Abschnitt versucht daher, angefangen bei dem Umgang mit der Aufgabe bis hin zur eigentlichen Texterstellung, Tipps zu geben.

1. Organisatorisches; Zeitplan

Über eine sinnvolle zeitliche Planung der Arbeit an einer Themenarbeit soll hier nicht ver- **17** tieft gesprochen werden. Anleitungen, Empfehlungen und Zeitpläne finden Sie mittlerweile überall in der „Kochbuchliteratur" – das braucht hier keine Wiederholung. Also nur ein paar wenige akzentuierende Empfehlungen: Wenn es zu schaffen ist, stellen Sie Ihre Ausarbeitung so zeitig fertig, dass Sie sie eine Weile liegen lassen können, bevor der Abgabetermin kommt.

---

13 Unten Rn. 336 ff.

Es ist verblüffend, welche inhaltlichen und äußeren Verbesserungen ein Text erfährt, wenn man ihn nur zwei Wochen beiseite legt, bevor man ihn abschließend redigiert. Probieren Sie das mal an einer alten Hausarbeit aus der Anfängerübung!

18 **Korrekturlesen**: Am Ende sollte unbedingt ein Korrekturleselauf stehen, den Sie am besten gar nicht selbst unternehmen. Viele Fehler finden weder die Rechtschreibprüfung Ihrer Textverarbeitungssoftware noch Sie selbst – Sie sind nämlich längst betriebsblind.

Beispiele: Die subtilen Unterschiede zwischen *den Vorstand entlasten* und *den Verstand entlassen* zwischen *Käfer* und *Käufer*, zwischen *Krakenwagen* und *Krankenwagen*, zwischen *einrichten* und *hinrichten,* zwischen *Ratte* und *Tratte* können beim Leser je nach Zusammenhang und Stimmung zu amüsiertem Kopfwackeln oder schwerer Irritation führen.

Bestenfalls gewinnen Sie zwei Leute für das Korrekturlesen: Eine Person mit Fachkenntnissen, welche Fehler wie die genannten erkennen kann, und eine juristisch nicht verbildete, welche Sie auf die schlimmsten Auswüchse sprachlichen Unsinns hinweist, die Juristen zu produzieren so gut beherrschen.

Beispiel: *Die Ausreden sind meist immer kläglich*[14]. – Dass *meist* und *immer* sich ausschließen und nur aufgrund eines Versehens des Verfassers hintereinander im gleichen Satz stehen, hätte beim Korrekturlesen auffallen müssen.

Versprechen Sie Sekt, Pralinen, Essenseinladungen oder was Ihnen sonst einfällt, denn für die Mühe des Korrekturlesens ist auf jeden Fall eine Entschädigung fällig.

2. Themenanalyse und Stoffsammlung

19 Vor das Schreiben gehört das Denken. Ausgangspunkt des Denkens muss das vorgegebene Thema bzw. die vorgegebene Frage sein. Hier unterscheiden sich Themenarbeiten nicht von juristischen Gutachten. Auch Themenarbeiten geben einen Rahmen vor, den es zunächst gedanklich zu erfassen gilt. Allerdings ist dieser Rahmen weiter als bei einem Gutachten und nicht durch dogmatische Schemata vorgeformt.

a) Themenanalyse

Die Arbeit beginnt mit dem genauen Erfassen der Aufgabe, also der Themenanalyse.

20 Im besten Fall benötigen Sie dafür keine besondere Technik, da die Aufgabe so eindeutig ist, dass Ihr Wissensstand die Anforderungen ohne weiteres erkennen sollte.

Solche Aufgaben beschränken sich regelmäßig auf eine einzelne Anweisung, die thematisch eindeutig zugeordnet werden kann. Das ist im Regelfall bei reinen Wissensfragen anzutreffen, z.B. *Skizzieren Sie die Entstehung des Grundgesetzes!*

21 Die Wahrscheinlichkeit, ein so einfach angelegtes Stück Arbeit abzubekommen, ist zwar höher, als den Lotto-Jackpot zu knacken, überwiegend wahrscheinlich ist das aber sicher nicht. Meist ist es daher unabdingbar, sich schon über die Aufgabe gesonderte Gedanken zu machen, die über das bloße Zur-Kenntnis-Nehmen hinausgehen.

---

14 *Derleder*, NJW 2007, 1112, 1113.

Ein erster Anhaltspunkt für die Eingrenzung des Themas ist häufig schon das **Gesamt-** 22
thema der Veranstaltung, in deren Rahmen die Aufgabe gestellt wird. Selbst der **Schwer-**
punktbereich, dem die Veranstaltung (meist) zugeordnet ist, gibt eine grobe Richtung
vor. Dies kann gerade bei Seminaren noch dadurch verfeinert werden, dass man das Verhältnis des eigenen Themas zu den anderen Seminararbeiten in seine Überlegungen einbe-
zieht. Sehr deutlich wird es, wenn die Veranstalter Listen mit Einstiegsliteratur vorgeben.

Diese sollten immer genutzt werden. Danach müsste recht klar sein, was das häufig nur aus einer Überschrift bestehende Thema bedeuten soll.

Für diejenigen, denen die Sektion einer Themenstellung nicht so leicht von der Hand geht, 23
empfiehlt es sich, die zu bearbeitende Aufgabe zunächst schematisch zu erfassen. Ein
denkbarer Weg kann in der altbewährten – und aus dem Deutschunterricht hoffentlich
noch bekannten – Strukturierung nach (1) **Feststellen des Satzgerüsts**, (2) **Ermitteln der**
tragenden Begriffe und (3) **Stellen der Kernfrage(n) liegen**[15].

Beispiel: Der polnische Präsident hat sich kürzlich in einer europaweit scharf kritisierten Aussage für die
Wiedereinführung der Todesstrafe für bestimmte Straftaten (u.a. für Sexualmorde an Kindern) ausgesprochen. Erläutern Sie die Kritik aus europarechtlicher Perspektive!

Um das Satzgerüst herauszukristallisieren, muss man sich nur die drei Grundelemente 24
eines Satzes heraussuchen, also: Subjekt, Prädikat, Objekt.

Satzgerüst: Der polnische Präsident (Subjekt) hat sich (Prädikat) kürzlich in einer europaweit scharf kritisierten Aussage für die Wiedereinführung der Todesstrafe (Objekt) für bestimmte Straftaten (u.a. für Sexualmorde an Kindern) ausgesprochen (Prädikat). Erläutern Sie die Kritik aus europarechtlicher Perspektive!

Die daraus gewonnenen Erkenntnisse sind noch nicht beeindruckend. Daher sind nun in 25
einem nächsten Schritt die tragenden Begriffe herausfiltern, d.h. die weiteren Informationen, die dem Thema erst die Brisanz geben.

Tragende Begriffe: Der polnische Präsident hat sich kürzlich in einer europaweit scharf kritisierten Aussage für die Wiedereinführung der Todesstrafe für bestimmte Straftaten (u.a. für Sexualmorde an Kindern)
ausgesprochen. Erläutern Sie die Kritik aus europarechtlicher Perspektive!

Aus diesen weiteren Informationen lassen sich bestimmte Einzelbereiche bilden, die vom 26
Bearbeiter abzudecken sind, nämlich:

(1) europaweit/europarechtlich – Gibt es eine einheitliche europäische Idee bestimmter Menschenrechte?;
(2) polnisch – Hat sich Polen zur Achtung dieser Rechte verpflichtet?; (3) bestimmte Straftaten, Sexualver-
brechen an Kindern – Gibt es Straftaten, die nur mit der Todesstrafe gesühnt werden können, und für die
Ausnahmen vorgesehen sein müssen? Wo ist die Grenze?

Daraus lässt sich schließlich die Kernfrage ableiten, der die Bearbeiterin letztlich nachzu- 27
gehen hat:

Ist die Wiedereinführung der Todesstrafe mit europäischem Recht vereinbar?

Besteht allerdings die Aufgabe tatsächlich nur aus einer Überschrift von drei bis acht Wor- 28
ten, so wird auch nach Ausschöpfen aller vorgenannten Möglichkeiten häufig nicht eine
eindeutige Eingrenzung übrig bleiben, sondern immer noch ein weites Feld an Möglichkeiten, in dem Sie Schwerpunkte setzen und vertiefen können und Anderes gar nicht bear-

---

15 Dazu *Brendel/Bruckmoser*, Prüfungsfach: Deutscher Aufsatz – Gliederungsmodelle, 14. Auflage, München 1986.

beiten oder nur anreißen wollen. In diesem Feld haben Sie im Unterschied zum Gutachten bei einer Themenarbeit **relativ große Freiheiten**. Das kann die Chance sein, eigene Interessen zu verfolgen, aber eben auch das Risiko, nicht die Erwartungen der Veranstalter zu treffen.

b) Arbeitshypothese

29   Wenn Sie so eine erste Vorstellung davon gewonnen haben, worum es in Ihrer Arbeit letztlich gehen könnte, ist es für jeden weiteren Schritt sehr hilfreich, wenn Sie ein Ziel vor Augen haben. Sonst besteht das Risiko viel zu ausufernder und nutzloser Recherche mit letztlich im schlimmsten Fall nicht hinreichend zielgerichteter Bearbeitung. Diese erste Idee davon, worauf die eigene Arbeit hinauslaufen soll, mache man zu seiner **Arbeitshypothese**, deren Überprüfung dann die weitere Arbeit am Thema dient. So gibt es für alle kommende Lesearbeit einen Anknüpfungspunkt sowie die Möglichkeit, zumindest vorläufig nach Relevanz sortieren.

Es ist tatsächlich sinnvoll, diese erste Hypothese aufzuschreiben, sie bleibt so wesentlich präsenter und bildet gleichzeitig die Keimzelle für die dann anstehende Gedankensammlung. Wichtig ist allerdings bei früh formulierten Hypothesen: Sie können sich als falsch oder zumindest ungenau oder unzureichend erweisen. Es kann gut sein, dass sich beim Lesen eine andere Zielrichtung oder Gewichtung als sinnvoller erweist. Dennoch hilft auch ein zunächst nicht ganz richtiges Ziel ungemein dabei, die kommenden Schritte zu strukturieren.

30   Schon in dieser frühen Phase gilt: **Nehmen Sie Hilfe in Anspruch**, soweit dies zulässig ist! Hier ist vor allem daran gedacht, entweder dem Veranstalter selbst oder (häufiger) dessen Mitarbeitern die eigenen Ideen zu einer möglichen Richtung der Arbeit einmal vorzustellen und abzufragen, ob sich diese mit den Erwartungen decken. Sollte das nicht der Fall sein, spart man viel unnütze Arbeit, die sich daraus ergibt, dass man zu spät erfährt, dass vielleicht doch etwas ganz anderes gemeint war und die bisherigen Arbeiten ins Leere gehen. Zudem gibt ein solches Gespräch erfahrungsgemäß viele Anstöße für die weitere Bearbeitung. Es lohnt sich, diesen Input so früh wie möglich abzufragen – vorausgesetzt, man weiß selbst schon, wovon man spricht …

c) Gedankensammlung und Gedankenordnung

31   Feststellen, worum es geht, ist allerdings noch nicht gleichbedeutend mit dem Abfassen einer gefälligen Abhandlung. Die eigentliche Arbeit fängt nämlich jetzt erst an: Es gilt, die eigenen Gedanken zu dem Thema aufzustöbern, festzuhalten und in eine nachvollziehbare Ordnung zu bringen. Die erforderlichen Fähigkeiten muss man sich antrainieren und verfeinern – und zwar jede so, wie sie es benötigt.

32   Dem (noch) unbescholtenen Studierenden mag ein Verweis auf die vielfältigen modernen Techniken der Konzeption und Gedankendisziplinierung eine Hilfe sein, namentlich zu nennen sind das **Brainstorming**, das **Brainwriting** und das **Mindmapping**[16] sowie neu-

---

16 Einführungen bei *Matzky*, JA 2003, 398 ff.; Marktübersicht bei *ders.*, JA 2004, 167 ff.; grundlegend *Buzan/Buzan*, Das Mind-Map-Buch, 5. Auflage, Landsberg 2005; juristische Anwendungen: *Sauerwald*, Mind mapping für Anwälte, Köln 2003; *ders.*, Mind Mapping in Jurastudium und Referendariat, Köln 2006; kurz *Eipper*, Sehen – erkennen – wissen; Arbeitstechniken rund um mind mapping, Renningen-Malmsheim 1998.

erdings das **Clustering**[17]. Mittlerweile gibt es hierzu so viele Anleitungsbücher und sogar Software, dass sich jede auch nur ergänzende Stellungnahme in diesem Rahmen verbietet.

Wer hierzu schnelle Anleitungen benötigt, nutze eine der bekannten Metasuchmaschinen im Internet.

Weiterführende Hilfe bieten zudem die Bücher über **kreatives Schreiben**[18], besonders in der Wissenschaft[19].   **33**

Zu empfehlen ist auf jeden Fall, möglichst **früh** anzufangen, die eigenen **Gedanken** in irgendeiner Form **zu Papier** (oder in den Rechner) zu **bringen**. Wer weiß, was ein Denkarium ist, möge sich an dessen Funktion erinnern. Selbst wenn sich die Hälfte davon später als irrelevant erweist, bleibt die andere Hälfte als Basis der Arbeit stehen und ermöglicht zugleich nach weitergehender Bearbeitung die Selbstkontrolle, ob die bisherigen Ausführungen die ursprünglichen Ideen umsetzen, ob diese irrelevant geworden sind, oder ob eben doch noch wesentliche Fragen offen sind, die noch zu bearbeiten bleiben, obwohl man sie (fast!) vergessen hätte.   **34**

Behalten Sie dabei aber im Auge: Erste Ideen sind wichtig, aber eben nur vorläufig. Bleiben Sie gegenüber den eigenen Ideen immer kritisch. Jeder frühe Schritt der Themenbearbeitung kann sich als unnötig oder falsch herausstellen. Wenn Sie sich selbst gegenüber sinnvoll begründen können, dass etwas doch unnötig oder gar falsch ist, dann werfen sie es raus, und zwar umgehend.

Spätestens nach der Lektüre der ersten Einstiegsliteratur sollte man auf diese Art anfangen, Gedanken zu Papier (meist: in den PC) zu bringen, gern erst einmal ungeordnet. Der Vorteil des PC ist ja gerade, dass man die Ordnung später herstellen kann. Dieser nächste Schritt erlaubt es dann sehr schnell, ein erstes Gerüst für die weitere Bearbeitung zu bauen. Der weitere Vorteil eines solchen Vorgehens besteht darin, dass man sehr früh ins Schreiben kommt.   **35**

Welchen Weg man auch immer wählt, um die eigenen Gedanken in die richtigen Bahnen zu lenken, wichtig ist letztlich nur das Ziel. Und dieses entspricht genau dem, was bereits vom Gutachtenschreiben bekannt ist: Ein in sich schlüssiger Text, der auf die relevanten Probleme nachdrücklich eingeht.   **36**

Einen solchen zu verfassen, geht fast nur über Irrwege und Umwege. Die meisten davon sind unvermeidlich – also: nicht ärgern! Und wer nicht gedanklich das Terrain erkundet hat, kennt sich eben auch nicht darin aus.

d) Schreiben

Der optimale Arbeitsablauf ist eine sehr individuelle Sache, bei der jeder seinen eigenen Weg finden muss. Dennoch werden hier einige Ideen vorgestellt, mit denen man sich viel-   **37**

---

17 *Hans*, JuS 2004, 18 ff.
18 *Brandt*, Rationeller Schreiben lernen, Baden-Baden 2002; *Kruse*, Keine Angst vor dem leeren Blatt, 10. Auflage, Frankfurt am Main 2004; *Rehork*, Kreatives Schreiben – Hilfen zum Schreibanfang für Studenten, Berlin 1993; *Tieger* (Hrsg.), Schreiben lernen an Universitäten, Instituten, Literaturbüros, Volkshochschulen und Schreibschulen in Deutschland, Österreich und der Schweiz, Berlin 2000; *von Werder*, Kreatives Schreiben von wissenschaftlichen Hausarbeiten und Referaten, Uckerland 2000; *Meyer-Grashorn*, Spinnen ist Pflicht, München 2004.
19 *Esselborn-Krumbiegel*, Von der Idee zum Text. Eine Anleitung zum wissenschaftlichen Schreiben, 2. Auflage, Paderborn 2004; *Bünting/Bitterlich/Pospiech*, Schreiben im Studium, 3. Auflage, Berlin 2002.

leicht bei der tatsächlichen Texterstellung Arbeit und Zeit sparen kann. Es geht also um einen möglichst kurzen Weg **von der Ideensammlung zu einem fertigen Text**.

38 Erstens muss man (ziemlich viel) **lesen**, zweitens muss man den Text dann auch **schreiben**. Das muss aber keineswegs in dieser Reihenfolge passieren. Ähnlich wie bei der inhaltlichen juristischen Arbeit der Blick zwischen Sachverhalt und Rechtsnorm pendelt, ist es sinnvoll, auch Lesen und Schreiben möglichst zu verzahnen. Hat man die ersten Ideen schriftlich fixiert, kann man beim folgenden Lesen diese Ideen direkt erweitern und schon Belegstellen notieren. Vor allem empfiehlt es sich, möglichst früh eine erste Textversion in der Formatvorlage der späteren Arbeit zu erstellen, mit der man dann weiterarbeiten kann.

Hat man eine solche, kann man die dann umfassend herangezogene Literatur schon beim ersten Lesen in den Text (und in die Fußnoten) einarbeiten und spart sich so ein bis zwei Lesedurchgänge. Arbeitet man an einem Laptop in der Bibliothek, kann man sich sogar das Kopieren zumindest der Stellen sparen, die nicht ganz zentral sind, weil man sie direkt aus dem Original in die Fußnoten einarbeiten und dann weglegen kann.

39 Der Vorteil einer **frühen Version eines vollständigen Texts**, selbst wenn diese noch Leerstellen und Lücken aufweist, besteht zudem darin, dass die gelesene Literatur gleich an allen relevanten Stellen verarbeitet werden kann und man nicht, wie beim linearen Abarbeiten einer Struktur, im Zweifel die gleichen Texte für mehrere Stellen mehrfach heraussuchen und lesen muss. Zudem hat man im Sinne der so genannten 80%-Lehre, nach der man für die letzten 20% zur Perfektion häufig 80% der Zeit eines Projekts braucht, durchaus die Möglichkeit, auch einen vielleicht noch nicht ganz perfekten, aber immerhin vollständigen Text in der Hinterhand zu haben. Das soll natürlich nicht heißen, dass Sie keine Perfektion anstreben sollen, nur lässt sich diese erfahrungsgemäß nicht immer zeitlich unterbringen ...

e) **Der Geist ist willig, doch ...**

40 Die Angst vor dem weißen Blatt überkommt jeden einmal. Themen analysieren und Gedanken finden, vernetzen und ordnen hilft alles nichts, wenn die Ideen nicht auf das Papier fließen wollen. Wie man Schreibhemmungen abbauen und überwinden kann[20], ist ein eigener Problemkreis, der hier nur kurz angerissen wird. Vorab eine Warnung: **Schreibschwierigkeiten** können mit Konzentration, Disziplin und gutem Willen in den Griff zu bekommen sein. Sie können aber auch Symptom ernster seelischer Krisen und behandlungsbedürftiger Krankheiten sein.

Suchen Sie Rat in einem Workshop (deutsch: Schreibwerkstatt) z.B. an ihrer Uni[21], fragen Sie die Studienberatung Ihres Fachbereiches oder zentral an der Uni, nötigenfalls einen Psychologen oder Facharzt.

---

20 *Behmel/Hartwig/Setzermann*: Weg mit den Schreibhemmungen, Berlin 2001.
21 Z.B. www.schreibzentrum.de.vu/in Köln; Eine Übersicht über solche Werkstätten finden Sie bei www.schreibschule-erfurt.de./adressen.htm. Es gibt auch Kurse an den Volkshochschulen (wenn auch nicht immer fokussiert auf wissenschaftliches Schreiben) und Sie können sich mit etwas höheren Kosten privat schulen („coachen") lassen. Billigere Anleitungen aus der Fundgrube des Internet: www.mediaculture-online.de/Die_Schreibblockade.385.98.html?&no_cache=1; www.schreibschule-erfurt.de/probleme.htm; www.jobpilot.de/content/journal/studium/thema/blockade 49-02.html.

Manchmal helfen aber schon kleine Tricks. Wenn Sie etwa dazu neigen, jeden Satz oder **41** jedes Wort zu verändern, zu verbessern und zu überarbeiten, sobald es auf dem Bildschirm steht, und deshalb nicht vorankommen, versuchen Sie es mal mit dem **Blindschreiben**: Stellen Sie in der Textverarbeitung vorübergehend Schriftfarbe und Hintergrundfarbe auf den gleichen Farbton – und schreiben Sie los. Tippfehler verbessern und Formulierungen ändern können Sie dann später, wenn Sie wieder sehen, was Sie geschrieben haben.

3. Exkurs: Wissenschaftliche Textverarbeitung am PC

Selbst wenn es nicht vorgeschrieben ist, empfiehlt es sich dringend, Ihre häusliche Arbeit **42** mit einem PC und einem Textverarbeitungsprogramm zu verfassen[22]. Soweit Ihre Universität Hausarbeiten in einem Datenbankabgleich auf Abschreibereien kontrolliert, ist die Verwendung einer Textverarbeitung sogar zwingend.

Diese kleine Arbeitshilfe geht davon aus, dass Sie mit der Bedienung eines PCs und einer **43** **Textverarbeitungssoftware** vertraut sind. Anderenfalls dürfen Sie sich nicht erst im Ernstfall in die Bedienung der erforderlichen Programme[23] einarbeiten. Das kann nämlich sehr viele Nerven kosten.

Weil fast alle Studierenden heute mit der erforderlichen technischen Ausstattung und den Programmen um- **44** gehen können, müssen für die wenigen anderen einige skizzenhafte Bemerkungen und weiterführende Hinweise genügen:

Ein Textverarbeitungsprogramm ist unabdingbar, aber auch ausreichend[24]. Die Standardprodukte auf dem **45** Markt sind seit Jahren so ausgereift, dass man mit ihnen alle erforderlichen Arbeitsschritte komfortabel erledigen kann.

Wie man damit umgeht, kann man durch **Versuch und Fehlschlag** lernen. Die meisten Programme haben **46** eine recht ausgereifte elektronische Dokumentation und oft sogar eine kontextsensitive Hilfe-Funktion, die das erleichtern. Am effizientesten ist es wahrscheinlich, wenn Sie das vom Hersteller gelieferte **Handbuch** zum Programm oder eine im Buchhandel erhältliche Benutzungsanleitung[25] zu Rate ziehen. Natürlich muss man die nicht komplett lesen, aber die Abschnitte zu den nachstehend genannten Themen sind bestimmt nützlich. Empfehlenswert ist auch die – teils juristische – Spezialliteratur[26].

---

22 Die Vorteile dürften die Nachteile überwiegen. Zwar sind die größten Werke der Wissenschaft und der Weltliteratur als Manuskripte entstanden – aber deren Verfasser waren eben auch Genies. Sind Sie ein Genie? Wenn nein, kann eine Textverarbeitung nicht schaden. Sie können natürlich auch mit einer Schreibmaschine schreiben. Aber damit vergeben Sie sich die Chance, die Möglichkeiten des PCs zu nutzen, um entweder schneller zum gleichen Erfolg zu kommen oder in der gleichen Zeit eine erfolgreichere Arbeit zu verfassen.

23 Unabdingbar ist eine Textverarbeitung, sinnvoll kann eine Datenbank sein (für die Verwaltung der Quellen und die Herstellung des Schrifttumsverzeichnisses); ein Internetzugang nebst Browser macht die elektronische Recherche erst möglich.

24 Ein Satzprogramm braucht man für juristische Texte nicht. Allenfalls gegen Ende Ihrer Doktorarbeit kann es sinnvoll sein, den Text aus der Textverarbeitung zu exportieren und mit einem richtigen Satzprogramm in eine reproduktionsfähige Form zu bringen; da stößt die Textverarbeitung nämlich leicht mal an ihre Grenzen.

25 Zu fast allen noch heute gebräuchlichen Versionen von MS Word etwa die Bücher von Rudi *Kost*.

26 **Allgemein** *Nicol/Albrecht*, Wissenschaftliche Arbeiten schreiben mit Word, München 2004; *Ravens*, Wissenschaftlich mit Word arbeiten, 2. Auflage, München 2004; *Scheck*, Word für Studium und Examen, Poing 2004; **juristisch** *Krämer/Rohrlich*, Haus- und Examensarbeiten mit Word, Frankfurt am Main 2005; *Müller/Schallbruch*, PC-Ratgeber für Juristen, Berlin 2002; *Schallbruch*, Jura 1996, 498 f.; *Müller*, Jura 1996, 52 f.; *Knoop*, jur-pc 1995, 3417 ff.; www. kortstock.de/word/.

Wer nicht allein im stillen Kämmerlein lernen will, frage **Freunde**. Außerdem gibt es **Kurse** in Textverarbeitung an der Uni und in der Volkshochschule. Am besten sind die fachbereichsintern angebotenen, weil dort die spezifisch juristischen Regeln gleich miterklärt werden.

47 Wer bei Null anfängt, lasse sich einweisen (oder lese sich ein) in die **Grundzüge** der Dateiverwaltung, der Textformatierung einschließlich Seitengestaltung (Kopfzeilen, Fußzeilen, Ränder, Abstände, Schriftarten, Zeichengrößen, Auszeichnungen), Fußnotenerstellung und -verwaltung, Formatvorlagenverwaltung, Auszeichnung und Organisation von Überschriften (Gliederungsfunktion) und Inhaltsverzeichnissen sowie einfacher Tabellenfunktionen (nützlich für ein leicht lesbares Schrifttumsverzeichnis).

48 Wer zwar mit Textverarbeitung vertraut ist, aber die Mühe der vertieften Einarbeitung in wissenschaftliche Textbearbeitung scheut, wird meist schon zufrieden sein, wenn er eine geeignete **Dokumentvorlage** einsetzen kann, um das Rad nicht neu erfinden zu müssen[27].

49 Fast alle Vorgänge, die beim Abfassen von wissenschaftlichen Arbeiten wiederholt vorkommen, lassen sich vereinfachen und automatisieren. Je nach Talent und zur Verfügung stehender Zeit kann es sinnvoll sein, sich einmal mit der Programmierung von **Makros** in der Textverarbeitung zu befassen[28]. Auch dazu braucht es kein achthundertseitiges Handbuch. Was sinnvoll ist, hat schon jemand programmiert[29]. Die einschlägigen Makros und Zusatzprogramme sind oft aus dem Internet herunterzuladen. Achten Sie darauf, sie lauffähig zu installieren und nicht nur eine Demoversion zu wählen, die mitten in der Abschlussarbeit ihre Funktion einstellt, sowie die Bedienung schon einmal „trocken" einzuüben. Die Zeit, die das kostet, ist nicht verschwendet.

II. Wissenschaftlichkeit der Arbeitsweise

Schrifttum: Literaturrecherche[30]; Umgang mit Bibliotheken[31]; Umgang mit juristischen Quellen[32]; Umgang mit dem Internet, spezifisch für Juristen[33]; Anleitungen zum wissenschaftlichen Arbeiten[34], teils

---

27 Für MS **Word** z.B. unter www.jura.uni-duesseldorf.de/lehre/studium/ha/, www.jura.uni-bielefeld.de/Studium/Wordvorlagen.htm, www.uni-koeln.de/jur-fak/hauptsem/www_hs/ha/anleitung/anleitung.html, www.wordbuch.de/s_dl.html und http://v.hdm-stuttgart.de/~riekert/theses/thesis-arial11.doc; für Lotus **Word Pro** z.B. unter www.stud.uni-hamburg.de/users/jw/jura/vorlage/vorlage.htm; für **StarOffice** (und OpenOffice/MS Word) z.B. unter www.fu-berlin.de/defo/fb/buecher.html#hausarbeiten; Hinweise zu **WordPerfect** bei www.spona.de/wordperf/wpprofis.htm und bei *Spona*, JuS 1996, 367 ff.; wer sich auf **LaTeX** einlassen will, kann bei www.jurawiki.de/LaTeX beginnen.
28 Nützliche **Makros** für Word bei *Matzky*, www.jurpc.de/aufsatz/20020173.htm#fn0.
29 Z.B. *Becker* Literaturverzeichnisse, Abkürzungsverzeichnisse bei http://home.arcor-online.de/kabesoftware/WordEasy.html.
30 *Kohler-Gehrig*, JA 2001, 845 ff.
31 *Grund/Heinen*, Wie benutze ich eine Bibliothek?, 2. Auflage, München 1996.
32 *Hirte*, Der Zugang zu Rechtsquellen und Rechtsliteratur, 2. Auflage, Köln etc. 2000; *Möllers*, JuS 2000, 1203 ff.; *Rüßmann*, www.fh-fulda.de/fb/sw/projekte/curs/muell/bibliothek/texte/06jurarbeit/auslegungspraxis.html.
33 *Wilke*, Informationsführer Jura – Juristische Recherche on- und offline, 4. Auflage, Hamburg 2003, *Kroiß/Schuhbeck*, Jura online, Neuwied 2000, m.w.N., *Langenhan*, Internet für Juristen, 4. Auflage, München 2003 und *Kröger/Kuner*, Internet für Juristen, 3. Auflage, München 2001, *Tiedemann*, Internet für Juristen, Darmstadt 1999. Zur Einführung *Braun*, JuS 2004, 359 f.; www.jurlink.net/litsuche/internetsuche.htm.
34 *Franck*, Handbuch wissenschaftliches Arbeiten, Frankfurt am Main 2004; *Theisen*, ABC des wissenschaftlichen Arbeitens, München 2006; *ders.*, Wissenschaftliches Arbeiten – Technik, Methodik, Form, 12. Auflage, München 2005; *Krämer*, Wie schreibe ich eine Seminar-, Examens- und Diplomarbeit?, Frankfurt am Main 1999, fachübergreifend (Autor ist Statistiker); *Seidenspinner*, Wissenschaftliches Arbeiten, 9. Auflage, München 1994; *Franck/Stary*, Die Technik wissenschaftlichen Arbeitens, 12. Auflage, Paderborn 2006; *Lück*, Technik des wissenschaftlichen Arbeitens, 9. Auflage, München 2003; *Grunwald/Spitta*, Wissenschaftliches Arbeiten, Eschborn 1997; *Sesink*, Einführung

spezifisch für Juristen[35], auch im Internet[36]; Anleitungen für Haus- und Seminararbeiten, teils lehrstuhl-spezifisch[37].

Auch die weitere Vorgehensweise muss eine **wissenschaftliche** sein: Sie sollen keinen **50** Besinnungsaufsatz schreiben, sondern das Thema **auf der Grundlage des erreichten Diskussionstands** erfassen und selbst Stellung beziehen. Rechtswissenschaftler sind demnach genötigt, die rechtlichen Grundlagen, die Entwicklungsgeschichte und die argumentativen Zusammenhänge aufzudecken. Aufdecken bedeutet zum größten Teil „auffinden". Damit ist man schon bei dem angelangt, was Studierenden blüht, wenn sie das Thema der Arbeit einmal gefunden oder analysiert haben: die Recherche nach (weiteren) einschlägigen Veröffentlichungen. Da Sie auf der Basis des aktuellen Stands der Diskussion arbeiten sollen, müssen Sie diesen auch **umfassend** kennen, sich also um Vollständigkeit der Recherche bemühen.

1. Was kommt als Quelle in Betracht?

Wissenschaftlichkeit erweist sich insoweit zunächst konventionsgemäß daran, dass Sie **51** mit wissenschaftlichen Texten arbeiten. Darauf ist bei der Auswahl Ihrer **Quellen** zu achten.

Keine taugliche Quelle ist also etwa www.ratgeberrecht.de – da können Sie sich informieren, wenn Sie ohne ein einziges Buch in der Nähe eines hotspots sitzen. Ansonsten gilt: **Fachliteratur verwenden!**

Eigenständiges **empirisches Arbeiten** wird – soweit darunter das eigene Erheben bislang **52** nicht vorhandener Daten zu verstehen ist – von Juristen fast nie verlangt.

Das ist zwar bedauerlich, weil das gewiss den Blick schärfen würde. Nach dem derzeitigen Konzept juristischer Ausbildung ist es aber wenig verwunderlich, weil noch nicht einmal die Auseinandersetzung mit Methoden empirischer Forschung auf dem Lehrplan steht. Der zeitliche Zuschnitt auch der meisten

---

in das wissenschaftliche Arbeiten – mit Internet, Textverarbeitung, Präsentation, 6. Auflage, München 2003; *Bänsch*, Wissenschaftliche Arbeiten – Seminar- und Diplomarbeiten, 8. Auflage, München 2003; *Jacob*, Wissenschaftliches Arbeiten – eine praxisorientierte Einführung für Studierende der Wirtschafts- und Sozialwissenschaften, Opladen 1997; *Karmasin/Ribing*, Die Gestaltung wissenschaftlicher Arbeiten, 3. Auflage Wien 2002; *Fragniere*, Wie schreibt man eine Diplomarbeit?, 5. Auflage, Bern 2000; *Niederhauser*, Duden – Die schriftliche Arbeit, 3. Auflage, Mannheim 2000; *Preißner*, Wissenschaftliches Arbeiten, 2. Auflage, München 1998; *Becker*, Anleitung zum wissenschaftlichen Arbeiten, 4. Auflage, Lohmar 2004; *Kropp/Huber*, Studienarbeiten interaktiv (mit CD-ROM), Berlin 2005; *Rossig/Prätsch*: Wissenschaftliche Arbeiten, 5. Auflage, Weyhe 2005; *Winter*, Wissenschaftliche Arbeiten schreiben, 2. Auflage, Frankfurt am Main 2005; keine Arbeitsanleitung, aber trotzdem lesenswert: *Narr/Stary* (Hrsg.), Lust und Last wissenschaftlichen Schreibens, 2. Auflage, Frankfurt 1999.

35 *Stein*, Die rechtswissenschaftliche Arbeit – methodische Grundlegung und praktische Tipps, Tübingen 2000; *Möllers*, Juristische Arbeitstechnik und wissenschaftliches Arbeiten, 3. Auflage, München 2005; *Kohler-Gehrig*, Die Diplom- und Seminararbeit in den Rechtswissenschaften, Stuttgart 2002; *Kerschner*, Wissenschaftliche Arbeitstechnik und -methodik für Juristen, 5. Auflage Wien 1998; empfehlenswert *Engel/Slapnicar* (Hrsg.): Die Diplomarbeit, 3. Auflage, Stuttgart 2002 (mit einem Kapitel zur juristischen Diplomarbeit); *Gerhards*, Seminar-, Diplom- und Doktorarbeit, 8. Auflage, Stuttgart 1995 (in Sachen Layout mit dem PC nicht mehr ganz auf aktuellem Stand, aber ursprünglich im Untertitel: rechts- und wirtschaftswissenschaftliche Arbeiten; Verfasser ist Jurist, Text richtet sich aber an Studierende in der Schweiz).

36 *Schomerus*, www.uni-lueneburg.de/fb4/institut/ustrat/recht/Lehre/WissArbeiten.pdf; www.hausarbeiten.de/diehausarbeit.html; *Ebster*, www.market-mentor.com/tswiss.htm; *Kolossa*, www.jura.uni-bielefeld.de/Lehrstuehle/Gusy/Begleitmaterial/Technik_HA_2006.pdf; *Stüber*, http://www.niederle-media.de/Zitieren.pdf.

37 *Lorenz*, www.stephan-lorenz.de/info/merkblatt.pdf; *Sommermann*, www.hfv-speyer.de/sommermann/Lehre/Hinweise%20Seminarteilnehmer.pdf; *Lingelbach*, www.recht.uni-jena.de/z05/mat/hinweis.pdf.

Themenarbeiten ließe das wohl auch nicht recht zu. Selbst in Doktorarbeiten wird nur selten empirisch gearbeitet, vielleicht einmal hier und dort bei rechtssoziologischen Themen. Eigentlich schade.

53   Rechtstatsachenforschung findet in Deutschland vor allem auf Grund von Informations-bedürfnissen der Legislative statt, die dann auch die Publikation der Erkenntnisse über-nimmt. Wer also Rechtstatsächliches sucht, kann die Veröffentlichungskataloge des Bun-desanzeigerverlags durchsehen[38].

Allgemein-juristische Datenerhebungen betreibt auf nationaler Ebene auch das Statis-tische Bundesamt in Wiesbaden (Rechtspflege – Fachserie 10), dessen Erkenntnisse in elektronischer Form regelmäßig kostenlos zum Download angeboten werden[39].

54   Quellen sind also vorhandene Informationen, in aller Regel in schriftlicher Form, meist schon verarbeitet in **wissenschaftlichen Texten**. Dies sind in erster Linie einerseits Stan-dardwerke wie Lehrbücher oder Kommentare, andererseits speziellere Veröffentlichun-gen wie Aufsätze oder Monographien.

Darunter fallen **nicht** gern verwendete Hilfsmittel wie Repetitorenskripten (auch wenn diese in der Unibi-bliothek ausliegen), Falllösungsbücher, Schemata, reine Anleitungsbücher (wie dieses hier, aber vor allem Werke à la *Jura leicht gemacht für jedermann*) etc. Deren Erscheinen in einem Literaturverzeichnis wird beim Leser sicher zumindest ein Naserümpfen verursachen.

55   Wichtig sind zudem die so genannten Primärquellen, also vor allem Gerichtsentscheidun-gen, aber auch Gesetzesmaterialien, Sitzungsprotokolle und Norm- oder Vertragstexte selbst. Je nach Art Ihrer Arbeit können diese den wichtigsten Teil Ihrer Belege ausmachen.

Wenn Sie ein Urteil analysieren sollen oder einen Text über ein bestimmtes Gericht schreiben sollen (etwa den EGMR oder das Jugoslawientribunal), macht es einen sehr schlechten Eindruck, wenn die einschlägige Rechtsprechung gar nicht, kaum oder nur über Sekundärquellen zitiert wird. Der Korrektor hat dann zwangsläufig den Eindruck, dass Sie sich die Arbeit, die Primärquellen zu suchen und zu lesen, ersparen wollten, was wenig Erfreuliches für die Bewertung verspricht.

2. Vorgehen bei der Materialsuche

a) Wie suchen?

56   Wie man sucht, hängt davon ab, was man sucht. Genauer gesagt: Wie genau man weiß, was man sucht.

Hier im Text werden Sie – wenn möglich und sinnvoll – jeweils zwei Empfehlungen finden:
1) Was ist zu tun, wenn man den Gegenstand der Suche schon recht genau identifiziert hat (z.B. ein be-stimmtes Buch, zum dem man noch ein paar bibliographische Details braucht, oder eine Rechtsverord-nung, die man nachlesen möchte)?
2) Was ist zu tun, wenn man ein Problemstichwort hat und ganz allgemein nach (juristischem) Material zum Problem sucht?

57   **aa) Von der Gegenwart in die Vergangenheit**   Ist der Gegenstand der Suche bereits zu Beginn relativ deutlich definiert, ist es am effizientesten, wenn man zeitlich rückwärts sucht. Ein aktueller Aufsatz oder ein ganz neues Urteil enthalten meist Hinweise auf ältere

---

38 www.bundesanzeiger.de.
39 www.destatis.de.

Quellen – seien es ältere Urteile oder andere wissenschaftliche Werke. Umgekehrt ist das zwangsläufig ausgeschlossen.

Oft kann man sich dabei die intelligente Selektionsarbeit anderer Leute zunutze machen. Je größer die zu verarbeitende Materialfülle, desto wichtiger (und mühsamer) wird die Auswahl. Texte, die von vielen anderen ausgewählt und zitiert wurden, versprechen, wichtig zu sein.

Ganz verlassen kann man sich darauf aber natürlich nicht. Zum einen kann das eigene Thema so spezifisch sein, dass eine andere Materialauswahl zwingend erscheint. Zum anderen ist zu bedenken, dass die Faulheit anderer Autoren nicht nur zu den beliebten Fehlzitaten führt, sondern eben auch zu Phantasielosigkeit bei der Materialauswahl. In deren Folge finden Sie dann immer die gleichen Texte zitiert, obwohl es gar nicht die besten sind, die man verarbeiten könnte. Hinzu kommen Unregelmäßigkeiten des Wissenschaftsbetriebs wie **Zitierkartelle**, die dazu führen, dass nicht der klügste Beitrag zitiert wird, sondern der des eigenen Doktorvaters, Kumpels oder sonstigen Kartellmitglieds[40].

Hat man ein Thema zu bearbeiten, in dem man noch nicht besonders bewandert ist, emp- **58** fiehlt es sich dagegen, nicht ganz so begrenzt einzusteigen, sondern die Suche zunächst auf **Überblicksliteratur** zu dem Fragenkomplex zu beschränken. Dieser Überblick kann sowohl aus einem unselbstständigen Beitrag (regelmäßig ein Aufsatz) als auch aus Lehrbüchern, Kommentaren oder Handbüchern stammen.

Abzuraten ist für den Regelfall von einem Einstieg über explizit wissenschaftliche Werke, also Habilitations- oder Dissertationsschriften, da diese ein bestimmtes Niveau an Vorkenntnissen voraussetzen, um arbeitsfähige Erfolge zu erzielen. Gelesen werden müssen die einschlägigen Werke aber allemal – eben nur nicht am Anfang!

Um Zeitverschwendung zu vermeiden, sollte für den Einstieg aber auch in diesem Fall die **59** Literatur so **aktuell** wie irgend möglich gewählt werden.

Ein zwei Jahre altes Lehrbuch, ein im Vorjahr erschienener Kommentar oder eine Grundfallreihe in der JuS von 2000 können dafür schon zu alt sein.

bb) Von der Vergangenheit in die Gegenwart Seit leistungsfähige elektronische Da- **60** tenbanken verfügbar sind, ist es allerdings nicht mehr unabdingbar, ausschließlich einen aktuellen Einstieg zu wählen.

Zugang zu solchen Datenbanken (juris, beck-online, legios, lexis-nexis) wird heute regelmäßig von den Universitäten geboten. Größere Unterschiede bestehen schon bei der Verfügbarkeit internationaler Datenbanken wie z.B. Westlaw. Diese sind zwar nicht universitätsallgemein, vielfach jedoch bei rechtsvergleichenden Lehrstühlen verfügbar, so dass eine Nachfrage beim universitätseigenen Rechtsvergleicher nicht schaden kann – ein paar Minuten der Recherche bekommt man bei höflicher Bitte sicher eingeräumt. Ein Überblick über die Zugriffsrechte auf bestimmte Datenbanken ist im Regelfall bei der Uni-Bibliothek am eigenen Standort zu erhalten. Einfach mal nachlesen oder nachfragen!

Was von Hand fast unmöglich ist, funktioniert mit Suchroutinen und Hypertext leicht: **61** Eine Datenbank erlaubt es ohne weiteres, nach Texten zu suchen, in denen ein als einschlägig identifizierter Text zitiert wird. So ist es etwa möglich, recht schnell alle Anmerkungen zu einem bestimmten Gerichtsurteil zu finden oder alle Urteile, die einen bestimmten Zeitschriftenaufsatz zitiert haben.

---

40 Selbstverständlich sind alle Berichte über solche Zirkel reine Gerüchte, an denen nicht das Geringste dran ist . . .

Das erlaubt Ihnen eine **modernere Suchstrategie**. Anstatt in erster Linie möglichst aktuelle Ausgangsdokumente zu suchen, können Sie mit solchen anfangen, die **thematisch möglichst nah am Zentrum** Ihres Interesses liegen. Das kann die Qualität der Suchergebnisse deutlich verbessern. Natürlich spricht nichts dagegen, beide Vorgehensweisen zu kombinieren, um eine optimale Quellenausbeute zu erzielen.

62 Das **Internet** und insbesondere die **Suchmaschinen**[41], die es zu großen Teilen erschließen, haben die Materialsuche heute zum Teil erheblich erleichtert.

Das darf aber nicht zu folgendem beliebtem Missverständnis führen: Manche Quellen und Fundstellen findet man binnen weniger Sekunden. Andere erfordern stunden- oder tagelange Suche. Die Recherche darf nicht nach wenigen Sekunden aufhören[42].

Seit einiger Zeit werden in Seminaren etc. immer wieder Arbeiten vorgelegt, deren **gesamter Anmerkungsapparat** aus **Internetfundstellen** besteht. Das wird in juristischen Arbeiten keinesfalls akzeptiert[43]. Mit einem solchen Apparat zeigen Sie der Leserin nur, dass Ihre Materialrecherche viel zu früh aufgehört hat. Insgesamt wird das Internet als wissenschaftliches Hilfsmittel eher überschätzt[44].

63 **cc) Weiterführende Recherche**   Aller Anfang ist schwer – die ersten Treffer sind die schwierigsten. Hat man einschlägige Literatur erst einmal gefunden, lässt sich über diese – sofern sie wissenschaftlich angelegt ist und im Fußnotenapparat weitere Nachweise enthält – schnell weiteres Quellenmaterial identifizieren. Im günstigsten Fall potenziert sich so die Menge des zur Verfügung stehenden Materials schnell. *Kohler-Gehrig* spricht bildhaft von einer Lawine[45].

64 Meist stellt sich diese Lawine auf den zweiten Blick allerdings nicht ganz so umwerfend dar – ganz oft zitieren nämlich alle dieselben Quellen. Hier steht man als Bearbeiter vor zwei Problemen:

(1) Ist Vollständigkeit eine Tugend? Manchmal ja. Dann bedarf die Erfassung des vorhandenen Materials eben besonderer Sorgfalt und braucht auch viel Zeit. Das mag im ersten Moment als langweilige Fleißarbeit erscheinen. Vielleicht ist aber gerade das die Aufgabe.

(2) Geht es um eine möglichst breite (oder: möglichst intelligent zusammengefasste, also pointierte) Übersicht über die zu einem Problem vertretenen Ansichten? Dann ist Vollständigkeit nicht gefragt – und auch faktisch oftmals nicht zu leisten. Als Bearbeiter muss man sich dann aber Rechenschaft darüber ablegen, nach welchen Kriterien man das verarbeitete Material ausgewählt hat.

65 Jedenfalls muss man sich als BearbeiterIn einer universitären juristischen Themenarbeit dieser Lawine stellen und ihr auch tatsächlich nachgehen. Dass dies Zeit und Energie kostet, ist klar, das gehört aber bei Hausarbeiten dazu, und es wird mit zunehmender Studiendauer nicht weniger, sondern entsprechend den steigenden Ansprüchen eher mehr Einsatz, der pro einzelner Arbeit gefordert wird.

---

41 Kostenlos und augenblicklich am beliebtesten: www.google.de; kostenpflichtig, aber sinnvoll: grokker von www. groxis.com.
42 Bedenken Sie, dass noch vor wenigen Jahren die Materialsuche für ein Referat oder ein Rechtsgutachten ein mühsames und zeitraubendes Geschäft war. Ihre Professoren halten deshalb mehr Aufwand für zumutbar als Sie.
43 Vielleicht hat man Ihnen das noch an der Schule durchgehen lassen. Universitäten funktionieren anders.
44 Manchmal findet man aber eben auch überraschend Taugliches – an unerwarteter Stelle. Wer würde etwa unter www.guidostephan.de/ nach Informationen zum internationalen Insolvenzrecht suchen?
45 *Kohler-Gehrig*, JA 2001, 845, 846.

dd) Differenzrecherche Wenn Sie halbwegs genau feststellen können, von welchem   66
Zeitpunkt an Sie das Quellenmaterial rückwärts erfasst haben, müssen Sie die (hoffentlich
nur kleine) Zeitspanne bis zur Gegenwart nachrecherchieren. Dabei nützlich sind Bibliographien, Zeitungsarchive, Datenbanken und das Internet.

In den **elektronischen Katalogen** (Bibliotheken, Buchhändler) können Sie meist über die Schlagwörter,
denen ein Titel zugeordnet ist, weitere ähnliche Titel suchen. Dabei empfiehlt es sich, von einem Titel auszugehen, der möglichst mitten im Thema liegt – und nicht ganz am Rand. Um das zu beurteilen, muss man
aber wenigstens eine ungefähre Vorstellung vom Thema haben.

Die Differenzrecherche geht leichter mit dem Zeitschriften-Informations-Dienst (ZID)
von Kuselit[46], den man aber schon eine Weile abonniert haben muss, um offline auf dem
eigenen Rechner recherchieren zu können. Hilfreich können zudem die Veröffent-
lichungs-Newsletters der Verlage sein, die einen darüber in Kenntnis setzen, was gerade
frisch auf den Markt kommt. Ansonsten führt kein Weg daran vorbei, die neuesten Ausgaben der einschlägigen Fachzeitschriften per Hand in der Bibliothek oder in den Datenbanken, welche die Volltextsätze enthalten, auf neue Veröffentlichungen hin durchzusehen.

Die generelle und ausschließliche Recherche in gedruckten **Bibliographien**[47] ist dagegen   67
langwierig, wenn man größere Zeitspannen erfassen will. Wenn möglich wird man die
elektronische Datenbank vorziehen – oder sich auf eine Differenzrecherche für die jüngste
Vergangenheit beschränken.

b) Wo suchen?

aa) Wo findet man selbstständige Veröffentlichungen (Bücher)? In Bibliotheken –   68
natürlich! Die Online-Kataloge der Universitätsbibliotheken erlauben heute zumeist eine
bequeme Suche, d.h. das Drängeln vor den Zettelkatalogen und das Ärgern über heraus-
gerissene oder abgegriffene Bestandszettel sind zur seltenen Ausnahme geworden.

Es kann aber nicht schaden, sich zunächst den Umfang des elektronisch katalogisierten Bereichs einmal genauer anzuschauen. Die Existenz des Online-Katalogs ist nicht gleichbedeutend mit der vollständigen Erfassung des gesamten Bibliotheksbestands. Zur Recherche älterer bis alter Werke ist bis heute oft der Gang
zum Karteikasten unerlässlich, und gerade in Schwerpunktbereichsarbeiten kommt es nicht selten vor, dass
man auch solche alten Schinken einmal braucht. Wer hat schon Angst vor Frakturschrift?

Um die Bequemlichkeit noch zu steigern, gibt es mittlerweile nicht nur örtliche Katalog-   69
systeme, sondern auch regionale und neben diesen schließlich bundes-, europa- und welt-
weite Recherchemöglichkeiten.

Regionale Kataloge sind etwa der Hessische Verbundkatalog HeBis und der Bibliotheksverbund Bayern
BVB. Regionenübergreifend – und damit vornehmlich interessant – ist der **Karlsruher Virtuelle Katalog
KVK**[48].

Sehr nützlich ist der Katalog der Deutschen Nationalbibliothek[49], in dem die deutschspra-
chige Literatur zumindest seit 1945 vollständig (!) nachgewiesen ist. Dies betrifft insbesondere auch Dissertationen, die nicht über Verlage veröffentlicht wurden. Genutzt wer-

---

46 Zu abonnieren unter www.kuselit.de (kostenlos).
47 Spezialisiert: Karlsruher Juristische Bibliographie, allgemein: Börsenblatt für den deutschen Buchhandel.
48 www.ubka.uni-karlsruhe.de/kvk.html.
49 www.d-nb.de.

den kann der Präsenzbestand dieser Archivbibliothek aber nur an ihren Standorten Berlin, Leipzig und Frankfurt am Main.

70   Der unmittelbare Nutzen einer solchen überörtlichen Recherche erschließt sich natürlich nur in Verbindung mit der Option der **Fernleihe**, denn niemand hat die Zeit und die Ressourcen, durch die Welt zu reisen, um alle Bücher vor Ort einzusehen. Was jedoch für kleines Geld meistens zu haben sein wird, ist die Versendung eines Buchs von einer Bibliothek zur anderen oder zumindest, wenn man auf Grund eines bestimmten Zitats die genaue Fundstelle schon kennt, die Übersendung der entsprechenden Seiten in Kopie oder als elektronische Version.

In der UB Frankfurt am Main kostet eine Fernleihe 1,50 €. Für umfassend Interessierte gilt auch hier: Fragen Sie Ihre Bibliothekarin oder Ihren Bibliothekar! Eine schnelle und zuverlässige Möglichkeit, zu überschaubaren Kosten an einzelne Dokumente zu gelangen, bietet auch subito[50].

71   **(1) Volltextverfügbarkeit online**   Bislang ist es im Vergleich zur Masse der gedruckten Literatur die seltene Ausnahme, dass ein juristisches Fachbuch im Volltext im Internet zu haben ist.

Das ist kaum verwunderlich: Die Chance, das Buch zu verkaufen, sinkt auf beinahe Null, wenn es kostenlos im Netz zu haben ist. Deshalb stellt kein Verleger, der als Verleger Geld verdienen will, ein vollständiges Buch dauerhaft online.

Die Zahl der Bücher, die im Volltext online und zitierfähig zur Verfügung stehen, steigt jedoch stetig.

Hier sind erneut die – für Studierende und nutzungsberechtigte Doktoranden über Universitätsnetze kostenlosen Volltextonlinezugriff gestattenden – Großdatenbanken beck-online, juris, LEGIOS und Lexis Nexis zu nennen[51].

Es gibt aber auch etliche kleinere Plattformen, die Volltextversionen anbieten: Für den rechtshistorischen Bereich sei insoweit verwiesen auf den umfangreichen virtuellen Lesesaal des Max-Planck-Instituts für Europäische Rechtsgeschichte[52], der auch die Texte vieler eingescannter historischer Bücher enthält. Auch gibt es teils Online-Veröffentlichungen von Dissertationen, sei es im Rahmen eines universitätseigenen Publikationsservers oder über einzelne Verlage [53].

Eine zentrale Rolle für die rechtliche Informationsrecherche im Internet soll in Zukunft – jedenfalls nach dem Ansatz der Entwickler – die „Virtuelle Fachbibliothek Recht" spielen[54].

Inhaltsverzeichnisse und Stichwortregister von Büchern können zusätzlich zunehmend über Funktionen wie **search inside** bei amazon erforscht werden. Das kann beim Nachprüfen von ungenau zitierten Fundstellen in letzter Minute durchaus hilfreich sein.

Auf der Buchmesse 2006 haben die Verlage zudem angekündigt, ab Februar 2007 eine Datenbank mit dem Namen **Volltextsuche-Online** (VTO)[55] aufzubauen, die eine umfangreichere Online-Recherche ermöglichen soll, als dies bisher über die ins Netz gestellten Inhaltsverzeichnisse möglich ist. Darüber hinaus wird erwogen, ob dieses Programm mit dem von Google angebotenen Suchdienst[56] verknüpft werden soll.

---

50 www.subito-doc.de.
51 Eine Bewertung dieser Dienste bei *Noack/Kremer*, Die großen Vier: Kostenpflichtige Online-Dienste für Juristen im Test – Was bieten beck-online. juris, LEGIOS und LexisNexis?, 2. Auflage, 2006; kürzer *dies.*, NJW 2006, 3313 ff.
52 www.mpier.uni-frankfurt.de/virtuellerlesesaal/index.html.
53 Z.B. Tectum www.tectum-verlag.de/downloads.html.
54 Dazu www.vifa-recht.de.
55 www.volltextsuche-online.de.
56 www.books.google.de.

(2) Recherche online Deutlich besser sieht es bei den reinen Online-Recherchemög- 72
lichkeiten aus. Auch hier sei zunächst auf die großen Fachdatenbanken verwiesen: beck-
online, juris, LEGIOS und LexisNexis. Nicht selten wird aber auch eine Google-Recher-
che mit aussagekräftigen Suchbegriffen weiterhelfen.

Dennoch vorab eine Warnung: Wer heute studiert, ist in aller Regel mit dem Internet auf- 73
gewachsen. Das bedeutet nicht zwangsläufig, dass Sie auch souverän mit Suchmaschinen
umgehen können (schließlich können Sie nicht schon deswegen souverän mit Bibliotheken umgehen, weil Sie mit Büchern aufgewachsen sind). Wer das lernen will, übe (oder
ziehe zunächst die einschlägige Literatur heran und übe dann[57]).

So ist man etwa immer wieder überrascht, welche Schätze sich teilweise heben lassen, wenn man zum Beispiel Trefferlisten tatsächlich einmal komplett durchgeht (selbst wenn dies einige Stunden in Anspruch
nehmen kann). Gründlichkeit bei der Recherche ist auch dann ein wesentliches Gebot, wenn man online arbeitet.

Noch eine generelle Warnung: Juristische Informationen als solche sind, wenn sie nicht 74
wirr, falsch oder anderweitig unbrauchbar sein sollen, in aller Regel pflegebedürftig. Pflege ist Arbeit, Arbeit kostet Geld. Deshalb ist fast jede werthaltige juristische Information
nur entgeltlich zu haben. Es gibt Ausnahmen. So wirbt etwa mancher Rechtsanwalt durch
eine gut gepflegte Datenbank zu seinem Spezialgebiet[58]. Insgesamt aber: **Vorsicht mit
dem Internet**.

Andererseits: Wenn Sie nicht-juristische Informationen suchen, stellen Sie schnell fest, dass Sie sich zwar
mittlerweile ganz gut im Juristischen Seminar auskennen, aber bei weitem nicht so gut bei den Germanis-
ten oder Wirtschaftswissenschaftlern. Da ist die Mühe einer professionellen Bibliotheksrecherche überpro-
portional groß. Also kann man da eher einmal zum Internet greifen. (Zumal wenn man bedenkt, dass Juristen schlecht recherchierte juristische Informationen recht schnell identifizieren, fachfremde aber oft nicht
ohne weiteres.) Dennoch gilt auch hier: Ihr Anspruch ist ein wissenschaftlicher, sie dürfen nur Quellen verarbeiten, von deren Validität und Seriosität Sie sich überzeugt haben.

Insbesondere **Wikipedia** kann zwar bei der Recherche durchaus hilfreich sein, sollte aber 75
vor allem wegen der weiteren Links und Literaturhinweise verwendet werden. Da diese
Enzyklopädie jederzeit von jedem umgeschrieben werden kann (und wird), ist sie selbst
nicht hinreichend verläßlich, um als zitierte Quelle in Betracht zu kommen.

Schrifttumsempfehlungen von **online-Buchhändlern** (Typ: amazon): Manchmal emp- 76
fehlen die Online-Großhändler Bücher, die man noch nicht kannte. Problem: Letztendlich
spiegelt sich darin immer der Geschmack der Masse, Originelles ist also nur selten zu haben. Bei der Suche nach Lehrbüchern zum Schuldrecht hilft es also nichts; aber wenn man
in einem Gebiet sucht, in dem man sich nicht auskennt, kann die Empfehlungsfunktion
recht hilfreich sein. Je nach den eigenen Leseinteressen ist es zu empfehlen, für die fachliche Recherche ein neues Nutzerprofil anzulegen, damit die Empfehlungen nicht mit
privaten Präferenzen (*Winnie Pooh auf großer Fahrt* o.ä.) vermischt werden.

---

57 Internet: www.lfm-nrw.de/downloads/ratgeber_suchmaschinen.pdf; Schrifttum: die Nachweise auf S. 45 des vorgenannten Skripts.
58 Und nicht selten bieten Universitäts-Institute werthaltige und gut gepflegte Informationen an, z.B. http://www.
unikonstanz.de/rtf/ki/links.htm.

Auf längere Sicht ist vorstellbar, dass mit dieser Funktion viele wertvolle Empfehlungen zu haben sind – dazu müssten aber nicht nur Händler, sondern etwa auch Bibliotheken die Anfragen erfassen und miteinander in Beziehung setzen. Das kann noch dauern.

77 **bb) Wo findet man unselbstständige Veröffentlichungen?** Damit genug zu den Büchern und hin zu den oftmals kleineren und von einem anderen Medium abhängigen Beiträgen.

78 **(1) Zeitschriftenbeiträge** Prototyp der unselbstständigen Veröffentlichung ist ein Beitrag in einer Zeitschrift, in unserem Falle in einer juristischen Fachzeitschrift. Die Bandbreite dieser Beiträge reicht vom Standardaufsatz über Stellungnahmen, Berichte, Urteilsanmerkungen bis hin zu Lernbeiträgen wie etwa Grundfallreihen und Falllösungen.

Zu finden sind solche Beiträge am leichtesten, wenn schon ein anderer sich die Mühe gemacht hat, diese systematisch und für Dritte zugänglich zu erfassen. In gedruckter Version trifft dies auf Bibliographien und Fundstellenhefte zu. Schneller gestaltet sich die Suche wieder über die Online-Datenbanken.

Das sind beck-online, juris, LEGIOS oder LexisNexis. Ältere Jahrgänge bestimmter Zeitschriften sind zudem nicht nur beim virtuellen Lesesaal des Max-Planck-Instituts für Europäische Rechtsgeschichte, sondern auch über das DIGIZeitschriften-Projekt einsehbar[59]. Außerdem gibt es einen zentral von Regensburg aus verwalteten Katalog von online verfügbaren Zeitschriften: die Elektronische Zeitschriften Bibliothek[60].

79 **(2) Freundesgaben, Fest- und Gedächtnisschriften, Sammelwerke** Eine Spielart der unselbstständigen Beiträge stellen die zu unterschiedlichen Anlässen („runde" Geburtstage, Jubiläen, Tode) herausgegebenen Sammelwerke dar, in der sich mehrere Autoren zusammengefunden haben, um dem Anlass mit ihren Beiträgen einen möglichst wissenschaftlichen Rahmen zu verleihen. Daneben gibt es auch themenbezogene Sammelbände, vor allem so genannte Tagungsbände.

Festschriften sind aber nicht nur wegen der wissenschaftlichen Beiträge – Rat eines Professors an seinen Habilitanden: „Bringt nichts, liest sowieso keiner!" –, sondern manchmal auch deshalb interessant, weil sie ein Foto des Jubilars enthalten. Man kann sich auf diesem Wege also auch einmal ein Bild von bestimmten Personen machen.

Wer die als Festgaben veröffentlichten Beiträge von 1864–1979 aus Deutschland, Österreich und der Schweiz nachrecherchieren will, kann das über eine spezialisierte Bibliographie bewerkstelligen[61]. Außerdem sind sie laufend in der Karlsruher Juristische Bibliographie (KJB) nachgewiesen und werden auch für juris ausgewertet. Typischerweise trifft man auf diese Texte aber in der oben angesprochenen Lawine, wenn man die Fußnoten anderer Quellen nachliest.

80 **cc) Wo findet man Urteile?** Zur Durchsicht des relevanten Schrifttums tritt in der Regel die Notwendigkeit, richterliche Erkenntnisse zusammenzutragen. Wenn man genau weiß,

---

59 www.digizeitschriften.de/index.php?id=start.
60 http://rzblx1.uni-regensburg.de/ezeit/fl.phtml?bibid=UBR. Diese erfasst in großem Umfang auch ausländische, im Volltext zugängliche Zeitschriften (aktuell knapp 1.400 juristische Fachzeitschriften aus aller Welt) und ist daher gerade für Arbeiten mit ausländischem Bezug (Rechtsvergleich!) eine besonders wertvolle Quelle.
61 Dau (Hrsg.), Bibliographie juristischer Festschriften und Festschriftenbeiträge, Bielefeld, Karlsruhe, Berlin (verschiedene Verlage), 1963 ff.

welches Urteil man benötigt, führt eine Suche anhand der Kombination aus **Gerichtsbezeichnung**, **Aktenzeichen** und **Datum** der Entscheidung am schnellsten zum Erfolg. Um ein Themenfeld nach Entscheidungen zu durchforsten, empfiehlt sich dagegen eine schlagwortorientierte Suchroutine.

Hierfür bietet sich für den deutschsprachigen Raum juris als Rechercheinstrument an, weil dort die größte Zahl von Urteilen nachgewiesen wird.

dd) Amtliche Sammlungen   Bestimmte Entscheidungen der Bundesgerichte (für den   **81** ordentlichen Rechtszug: der BGH – s. Art. 95 I GG) werden in amtlichen Sammlungen (BGHSt, BGHZ) veröffentlicht. Diese Sammlungen sind jedoch bei weitem nicht vollständig, d.h. sie bilden nur einen Bruchteil der Spruchtätigkeit des Gerichts ab. Die Gerichte entscheiden selbst darüber, welche Urteile sie für wichtig genug halten, in die jeweilige Sammlung aufgenommen zu werden. Das Veröffentlichungsverhalten bietet damit eine erste Orientierung auch bei der Materialsuche für die eigene Arbeit: Was in der amtlichen Sammlung steht, ist wahrscheinlich besonders wichtig.

(2) Nichtamtliche Sammlungen   Nicht minder beachtenswert sind einige etablierte   **82** Entscheidungssammlungen, die in Fremdregie veröffentlicht werden, beispielsweise die kommentierte Sammlung der Rechtsprechung des BGH im Lindenmaier-Möhring (BGH-LMK) oder die Sammlung arbeits- und sozialrechtlicher Entscheidungen in der AP, die nicht nur die bundesgerichtliche Rechtsprechung berücksichtigt, sondern auch die der Instanzgerichte.

Abgesehen davon gibt es heute eine Vielzahl themenspezifischer Entscheidungssammlungen (zum Verkehrsrecht, zum Unterhaltsrecht, zum Umweltrecht, zum Baurecht etc.), die den Einstieg in die Suche erleichtern.

(3) Abdruck in Fachzeitschriften   Die Masse an aktuellen Veröffentlichungen von Ge-   **83** richtsentscheidungen erfolgt in den juristischen Fachzeitschriften – teils mit den Entscheidungsgründen, manchmal auch nur als Leitsatz. Nicht selten kommt es dabei zu Überschneidungen, d.h. eine Entscheidung wird gleich in unterschiedlichen Zeitschriften abgedruckt (**Parallelfundstellen**). Dies gilt auch für besonders grundlegende Entscheidungen, die für die amtliche Sammlung vorgesehen sind.

Ob eine solche Veröffentlichung in der amtlichen Sammlung erfolgen soll, erkennt man in den Fachzeitschriften regelmäßig an einer gesonderten Kennzeichnung (mit einem *, einem † o.ä.).

Wenn eine **amtliche Veröffentlichung** der Entscheidung dem Abdruck in der Zeitschrift nachfolgt, ist diese nach wissenschaftlichen Gepflogenheiten als Primärquelle **vorrangig** zu zitieren. Sie müssen daher nachrecherchieren, ob und wann die Entscheidung in der amtlichen Sammlung erschienen ist!

Die anderen Parallelfundstellen aufzusuchen bleibt daneben sinnvoll, da sich im Anschluss an die Entscheidung oft eine Anmerkung (also ein unselbstständiger literarischer Beitrag) findet, die vielleicht nützliches Argumentationsmaterial, zumindest aber eine Projektionsfläche für die eigenen Überlegungen bieten wird. Außerdem ist gerade in älteren Fachzeitschriften die redaktionelle Kürzung des abgedruckten Urteilstexts nicht immer gekennzeichnet, so dass die amtliche Sammlung gelegentlich den umfassenderen Text enthält.

84 **(4) Verfügbarkeit in Online-Datenbanken** Viel von dem, was an Gerichtsentscheidungen in gedruckter Form veröffentlicht wird, ist heute auch über die bereits mehrfach benannten Online-Datenbanken zu erhalten.

Das betrifft zum einen natürlich die juris-Datenbank, die bezüglich der Gerichtsentscheidungen wegen ihres Umfangs (noch) als Marktführer anzusehen ist. Abstriche sind jedoch diesbezüglich bei der Zitierfähigkeit zu machen, da juris keine Originalseitenzahlen für den Textfluss angibt, sondern nur eine (insoweit im Druckmedium jeweils nicht vorhandene) Randnummernzitierung erlaubt. An diesem Nachteil leidet auch die LexisNexis-Datenbank, d.h. in beiden Fällen bedarf es der Nachrecherche hinsichtlich des Printmediums, da dieses als Primärquelle zitiert werden muss.

Beck-Online bietet dagegen zitierfähige Volltext-Rechtsprechungsfundstellen sowohl zu LMK als auch AP sowie zu allen aktuell gängigen Zeitschriften an. Über die Legios-Datenbank ist u.a. zitierfähiger Online-Volltextzugang zum BGHReport und den OLGReporten zu erhalten.

Nur eingeschränkt online zugänglich sind dagegen ältere Bestände. Wer also etwas Rechtshistorisches benötigt, kommt an der altmodischen Handarbeit in der Bibliothek meistens nicht vorbei.

85 **(5) Verfügbarkeit im Internet** In den letzten Jahren stellen die obersten Bundesgerichte zudem ihre Urteile im Volltext großteils kostenlos und zitierfähig ins Internet[62]; das beschleunigt und erleichtert den Zugriff auf neuere Entscheidungen erheblich. Ältere Entscheidungen werden aber nicht rückwärts dokumentiert.

Achten Sie auch hier darauf, dass es noch ganz üblich ist, wenn möglich nach einem Abdruck in der amtlichen Sammlung oder einer Fachzeitschrift zu zitieren. Die Zitierung nach Originalurteilsseiten ist darum nur statthaft, wenn keine Veröffentlichung in Druckform erfolgt ist.

86 Eine Notlösung für alle, die keinen Zugang zu den kommerziellen Datenbanken haben, bietet zudem die kostenlose Recherchemöglichkeit in den online gestellten **Inhaltsverzeichnissen** von Fachzeitschriften[63].

87 **(6) Urteile über Gerichte beziehen** Wenn alles Suchen nichts hilft, ist das begehrte Urteil wahrscheinlich unveröffentlicht – ein Schicksal, das die meisten gerichtlichen Entscheidungen ereilt. In diesem Fall kann und muss man die Entscheidung nötigenfalls über das Gericht beziehen, das die Entscheidung erlassen hat. Dasselbe gilt, wenn man zwar eine Fundstelle hat, dort jedoch das Urteil nur zusammengefasst und unter verkürzter Angabe der Begründung wiedergegeben ist[64].

Das ist meist der langsamste und teuerste Weg, manchmal aber unvermeidlich. Man ruft das Gericht an und lässt sich mit der ausweislich des Aktenzeichens zuständigen Geschäftsstelle verbinden oder – im Fall des BGH – man wendet sich an die Gerichtsbibliothek. Für die Fertigung von anonymisierten Fotokopien des Urteils braucht die Geschäftsstelle in aller Regel einen Kostenvorschuss (der an die Gerichtskasse überwie-

---

62 BGH: www.bundesgerichtshof.de/index.php und www.rws-verlag.de/; BAG: www.bundesarbeitsgericht.de; BVerwG: www.bundesverwaltungsgericht.de/enid/253fd7af2b3befa45486d737c3624d20,0/Entscheidungen/ Entscheidungssuche_8n.html.

63 Z.B. JA unter www.ja-aktuell.de/ja/home.nsf/?OpenDatabase; JZ unter www.juristenzeitung.de; Übersicht über Online-Inhaltsverzeichnisse bei www.legios.de/pslegios/fn/page/sfn/legios/pid/309/POPWIDTH/570/PT/X/index. html.

64 Das betrifft oftmals ältere Urteile, die nur in der Berichtsspalte einer Fachzeitschrift erwähnt sind. Hier hat dann schon der Berichterstatter den Sachverhalt und die Gründe aus seiner Sicht „vorgefiltert", d.h. es handelt sich nicht um eine Primärquelle. Der Gang zu den Prozessakten des Gerichts bleibt einem in einem solchen Fall – will man wissenschaftlich arbeiten – daher nicht erspart.

sen werden muss) und Zeit. Selten fertigen Gerichte für wissenschaftliche Zwecke kostenfrei Ablichtungen. Wenn es eilt, kann man um Eile bitten. Im Allgemeinen müssen Sie ein Interesse an der Fertigung einer Urteilsabschrift darlegen. Dafür genügt erfahrungsgemäß Ihr Themenarbeitsprojekt.

dd) Wo findet man Gesetze, Verordnungen und die zugrunde liegenden Materia- 88
lien? Gewissermaßen in Umkehrung der Bedeutung am Schluss dieses Abschnitts noch ein paar Hinweise für die Recherche nach Gesetzestexten und anderen Normen.

Allein verbindlich sind auf bundesrechtlicher Ebene die **Bundesgesetzblätter** (Teil 1 oder Teil 2), auf Landesebene die **Landesgesetz- und Verordnungsblätter**. Die **Druckversionen** findet man in den Bibliotheken.

Die Sucharbeit nach dem reinen Gesetzestext wurde schon frühzeitig durch Gesetzes- 89
sammlungen erleichtert, die in gebundener und in mehr oder weniger umfangreicher Form heute zu fast allen Themengebieten zu haben sind – wenn auch nicht immer aktuell[65].

Über die großen Online-Datenbanken bekommt man selbstverständlich auch einfachen 90
Textzugriff auf eine Vielzahl von Vorschriften und Gesetzen. Wer die Bezahlversionen meidet, kann vielfach auf kostenfreie Anbieter ausweichen[66].

Da bei der Auslegung von Rechtsvorschriften regelmäßig auch die Entstehungsgeschich- 91
te, d.h. die parlamentarische Entstehungsgeschichte, eine Rolle spielt (historische Auslegung), ist es zudem vorteilhaft, über die Zugänge zu diesen **Quellen** informiert zu sein: Man kann die Bundestags- und Landtagsdrucksachen sowie die dazugehörigen Sitzungsprotokolle und Ausschussberichte in den Sammelbänden der Parlamente nachschlagen. Für die neueren Wahlperioden ist diese Arbeit allerdings leichter über die frei zugänglichen Online-Plattformen des Parlamentsspiegels[67] und – allein für den Bundestag relevant – den DIP-Parfors-Server[68] zu erledigen. Auf europäischer Ebene erfüllt diese Funktion die Eur-Lex-Datenbank[69].

Wenn es sich um ein aktuelles Gesetzesvorhaben (Referentenentwurf o.ä.) handelt, bei dem der parlamentarische Prozess noch nicht durch die Einbringung eines Gesetzesentwurfs eingeläutet ist, führt vielleicht eine Anfrage an das zuständige Fachministerium oder eine der zu beteiligenden gesellschaftlichen Gruppen weiter.

ee) Nichtjuristische Informationen Nicht wenige Themenarbeiten erfordern neben 92
der Recherche der klassischen fachjuristischen Quellen auch die Erarbeitung nichtjuristischer Zusammenhänge, vor allem von tatsächlichen Sachverhalten, die (anders als bei Gutachten) nur als Schlagwort angedeutet werden und deren genaue Rekonstruktion Teil der Aufgabe ist. Hier eröffnet sich nicht selten die Möglichkeit, eher **journalistische Techniken** einzusetzen. Insbesondere werden Sie auf Quellen wie Nachrichtendatenban-

---

65 Vom C.H. Beck Verlag seien hier die roten Standardwerke „Schönfelder I – Deutsche Gesetze" und „Sartorius I – Verfassungs- und Verwaltungsgesetze" benannt. Auch der Nomos Verlag hält viele Standardgesetzessammlungen in Form der farblich je nach Fachgebiet divergierenden „Ziegel" vor.
66 Zum Bundesrecht z.B. www.gesetze-im-internet.de; für die Landesrechte beispielsweise www.hessenrecht.hessen.de/ und http://sgv.im.nrw.de/.
67 www.parlamentsspiegel.de/portal/Parlamentsspiegel_neu/Webmaster/anfang.jsp.
68 http://dip.bundestag.de/parfors/parfors.htm.
69 http://europa.eu.int/eur-lex.

ken seriöser Zeitungen oder Magazine[70], Zeitungsarchive[71] oder eben Internet-Suchma-schinen zurückgreifen.

Gerade der letztgenannte Weg ist als Erstzugriff häufig der einfachste, aber riskant. Einerseits gilt auch hier, dass man nicht darum herum kommt, Trefferlisten vollständig abzuarbeiten. Andererseits muss man gerade bei dieser Art der Recherche sehr kritisch mit den Funden in Bezug auf ihre wissenschaftliche Verwertbarkeit umgehen. Zitieren Sie nichts, von dessen absoluter Verlässlichkeit Sie nicht überzeugt sind! Zitieren Sie nichts, von dem Sie nicht erwarten können, dass es zumindest mittelfristig unverändert wieder aufzufinden sein wird (deswegen nicht Wikipedia zitieren und Finger weg von Foren aller Art)! Wenn Sie Zweifel haben, sollten Sie die Quelle eher nicht verwenden – oder, wenn die enthaltene Information essentiell und nicht anders zu belegen ist, die Zweifelhaftigkeit der Quelle im Text offen legen.

93 **ff) Tipps zum Umgang mit den Rechercheergebnissen** Wenn man Quellen ausfindig gemacht hat, steht man meistens vor einem mehr oder weniger großen Berg an Papier und/oder einer Menge Daten, die jetzt ihrerseits eines systematischen Durcharbeitens bedürfen.

94 **Einlesen in das Problem** Je nach der Spezialität des Problems ist man anfangs der Bearbeitung schon recht sachkundig oder noch völlig ahnungslos. Im letzteren Fall muss man sich erst einlesen. Das ist nicht ehrenrührig, sondern normale juristische Arbeit. Wer sich einlesen will, sollte dazu die richtigen Texte heranziehen. Um zu entscheiden, was die richtigen Texte sind, braucht man eine grobe Übersicht über die verschiedenen Arten juristischer Texte. Dieses Verständnis wird für die Zwecke dieser Arbeitsanleitung als vorhanden vorausgesetzt.

Beispiel: Ein Grundlagenaufsatz aus der juristischen Ausbildungsliteratur ist meist für Anfänger verständlicher als ein hochspezialisierter Beitrag in einem Tagungsband. Ein Lehrbuch stellt regelmäßig mehr systematische Zusammenhänge her als ein Kommentar.

Man kann sich also Arbeit und Frustrationen ersparen, wenn man für den Einstieg etwas länger sucht, bis man einen geeigneten Text in der Hand hält. Aber wer hartnäckig genug ist, kommt auch mit einem weniger geschickt gewählten Ausgangspunkt ans Ziel.

95 **Die Lesefrüchte nicht verkommen lassen** Was Ihnen wichtig erscheint, sollten Sie schon beim ersten Lesen markieren. Sie suchen sonst elend lang nach einem Zitat, das Sie später brauchen, aber nur noch mit Mühe finden (*Das stand irgendwo auf einer linken Seite in der rechten Spalte – aber wo?*)

Natürlich entwickelt jeder im Lauf der Zeit sein eigenes Markierungssystem. Abzuraten ist dennoch vom populären inflationären Gebrauch von Textmarkern: Nicht alles, was man beim ersten Mal als besonderes erwähnens- und darum markierungswert empfand, behält diesen Status beim zweiten und dritten Lesen bei. Das selbe gilt umgekehrt. Wenn markiert wird, dann also mit Bleistift oder nur mit Zetteln, auf die man sich das Wesentliche kurz notieren kann, um den konkreten Bezug zur Textpassage herzustellen.

Wiederum gilt: Arbeitet man die gefundene Literatur direkt beim Lesen in eine schon vorhandene Textversion ein, kann man sich viel Malerei und vor allem viel späteres Heraussuchen wichtiger Zitate aus bereits gelesenen Texten ersparen.

---

70 Z.B. www.spiegel.de, www.zeit.de, www.faz.net, www.fr-online.de, www.handelsblatt.com, www.sueddeutsche.de; www.taz.de.
71 Viele Tageszeitungen unterhalten hervorragend zusammengestellte Pressearchive, aus denen man Presseübersichten zu vielen Themen erhalten kann – wenn überhaupt als Außenstehender aber nur kostenpflichtig.

Unbedingt (!) erforderlich ist es, beim Anfertigen von Fotokopien und Exzerpten immer **96** alle erforderlichen **bibliographischen Informationen sofort** verlässlich zu **erfassen** – entweder in das auf dem PC geführte Schrifttumsverzeichnis oder mindestens vollständig auf der Fotokopie(rückseite). Oft kopiert man von einem langen Aufsatz nur den einschlägigen Teil – und schon fehlen der vollständige Titel und die Anfangsseite. Immer sofort notieren[72]!

Es gibt kaum eine nervtötendere Tätigkeit, als mit einer fertigen Arbeit in der Hand verzweifelt durch die Bibliothek zu geistern, weil man das Literaturverzeichnis noch fertig stellen und dazu die genauen Titel, Erscheinungsjahre und andere Angaben der zitierten Literaturstellen suchen muss.

Auch für die **Ablage** des genannten Papierbergs muss jeder letztlich sein eigenes System **97** finden. Abheften ist gut, sortiert abheften ist für das Wiederfinden sicher besser. In vielen Fällen ist die ganz stupide Methode, Literatur alphabetisch nach den Namen der Autoren und Rechtsprechung chronologisch abzulegen, zumindest für das Wiederfinden das Einfachste. Hat man, wie oben empfohlen, die gefundene Literatur sofort in eine früh erstellte Textversion eingearbeitet, stellt sich das Problem des nochmaligen Suchens einer bereits gelesenen Stelle seltener, gerade dann aber ist die streng formale Ordnung sehr hilfreich.

Fotokopierexzesse   Das müssen Sie selbst lernen – aus der schmerzhaften Erfahrung, **98** für einen Haufen Geld einen Haufen unnützes Altpapier produziert zu haben. Hier aber trotzdem die übliche Warnung: *Kopieren* schreibt sich nur zufällig so ähnlich wie *kapieren*. Kopieren Sie also nur, was Sie auch lesen wollen – und realistisch lesen können. Alles andere ist Zeit- und Papier- und Tonerverschwendung.

Wenn Ihre Recherche in größerem Umfang **fremdsprachige Literatur** (vor allem englischsprachige) ergibt, heißt das weder, dass Sie diese einfach ignorieren dürften, noch bedeutet das die Notwendigkeit teurer Sprachkurse. Erstens liest man sich tatsächlich auch in Fremdsprachen, die man nur rudimentär zu beherrschen glaubt, relativ schnell ein. Zweitens gibt es leistungsfähige Übersetzungsdatenbanken wie Leo[73]. **99**

3. Anforderungen an die Wissenschaftlichkeit des Ergebnisses

Am Ende des wissenschaftlichen Vorgehens muss ein ebensolches Resultat vorliegen. **100** Ihre Ausarbeitung muss also den Anforderungen an eine wissenschaftliche Arbeit genügen.

a) Wissenschaftliche Ehrlichkeit

Alles, was Sie nicht selbst erdacht haben, sondern der Klugheit anderer Leute verdanken, **101** muss im Text auch diesen anderen Leuten zugeschrieben werden.

---

72 Wenn Sie solche Informationen nachrecherchieren müssen, aber gerade keinen Zugang zu einer Datenbank haben, versuchen Sie es mal mit der regelmäßig neu erscheinenden CD von Kuselit.
73 http://dict.leo.org/.

102 **Wörtliche Zitate** müssen durch Anführungsstriche und Angabe der Quelle in der Fußnote gekennzeichnet werden. **Sinngemäße Zitate** – also von Ihnen selbst formulierte Sätze zum Inhalt einer anderen Arbeit – werden nur durch Angabe der Quelle in der Fußnote kenntlich gemacht.

103 Alles andere ist ein **Plagiat** – und deshalb für den Erfolg Ihrer Arbeit ziemlich gefährlich.

Es mag sein, dass Plagiate so alt sind wie die Wissenschaft. Vielleicht gehört es auch Ihrer Auffassung nach zum guten Ton, gelegentlich einmal auszuprobieren, ob Ihnen die Leserin auf die Schliche kommt. Das ist in der Tat attraktiv, weil man sich durch Übernahme fremder intellektueller Leistungen eine Menge Arbeit sparen kann, während im Sommersemester der Baggersee oder im Wintersemester der Berg ruft. Und die Versuchung wird nicht kleiner, seit im Internet – oft auch noch umsonst oder für kleines Geld – fast alles zu haben ist, was jemals als Prüfungsarbeit geschrieben wurde. Allerdings fliegt dies im Zeitalter leistungsfähiger elektronischer Plagiatskontrollsysteme eben auch besonders schnell auf, weil diese Ihren Text mit allen verfügbaren Internetquellen abgleichen. Wenn Sie wollen, riskieren Sie es halt. Aber wenn Sie erwischt werden, fallen Sie durch. Vielleicht fliegen Sie auch ganz raus. Oder stehen auf einer hausinternen schwarzen Liste, ohne je davon zu erfahren (die Liste steht nämlich nicht im Internet)[74]. Wie hoch die Wahrscheinlichkeit ist, erwischt zu werden, kann Ihnen niemand genau sagen[75]. Was Plagiate für Ihre wissenschaftliche Selbstachtung bedeuten und wie sie sich auf Ihre Karriere auswirken, müssen Sie selbst überlegen.

104 Eine Selbstverständlichkeit sollte es sein, **sinnwahrend** zu zitieren. Das ist auch bei wörtlichen Zitaten nicht ohne weiteres gewährleistet, weil man nie den gesamten Zusammenhang wiedergeben kann. Also müssen Sie besondere Aufmerksamkeit darauf verwenden, durch die Wahl des Ausschnitts nicht den Sinn der Aussage zu verändern.

105 Wer alle fremden Gedanken im eigenen Text belegt, stellt vielleicht am Ende fest, dass gar nicht viele eigene Gedanken übrig bleiben. Kann passieren.

Das ist aber auch nicht so schlimm. Zum einen merkt man bei solchen Gelegenheiten, wie schwierig es sein kann, einen eigenen, tragenden Gedanken zu fassen. So lernt man, den Wert wissenschaftlich-kreativer Leistungen zu achten und zu schätzen – und hört (hoffentlich) schon deshalb mit Plagiieren auf bzw. fängt erst gar nicht damit an. Zum anderen kann die eigene Aufgabe gerade darin bestehen, Verstreutes zusammenzufassen und für andere verständlich zu machen. Das klingt nach Kärrnerarbeit – aber auch Genies leisten Kärrnerarbeit.

106 Insgesamt gilt bei Zitaten: Weniger ist mehr.

Das kommentarlose Zusammenstellen vielleicht einschlägiger Äußerungen anderer Autoritäten ist ein häufiger Anfängerfehler.

b) Vollständigkeit

107 Im Grundsatz wird von Ihnen erwartet, dass Sie das zur Verfügung stehende Material vollständig erfassen und auswerten.

108 Wie bereits angesprochen, gibt es natürlich Themen, die das nicht erlauben.

Beispiel: *Die Culpa in contrahendo in Geschichte und Gegenwart* mag als Doktorarbeit oder Habilitationsschrift Vollständigkeitsansprüche erheben, als Seminararbeit sicher nicht.

---

74 Selbstverständlich gibt es keine schwarzen Listen – das sind nur Gerüchte . . .

75 Sehen Sie sich einfach mal www.plagiarism-finder.de, www.turnitin.com und http://plagiat.fhtw-berlin.de/html/links/aufdeckung.html an, bevor Sie auf die Suche nach fremden Arbeiten gehen, die Sie übernehmen können.

Themen mit einem so globalen Zuschnitt und einer Fülle an verwertbarer Literatur werden gern in Seminaren für Anfänger gestellt, da hierzu jeder einschlägiges Material finden kann. Fortgeschrittenen-Übungen und –seminare werden meist speziellere Themen verhandeln, bei denen der Materialfundus kleiner ist. Jedenfalls dort ist also umfassende Auswertung Teil der Aufgabe.

Gemessen an einer klassischen Falllösung kann deshalb der Suchaufwand bei einer Themenarbeit ohne weiteres größer ausfallen. Während viele Falllösungen mit Standardkommentar- und Lehrbuchliteratur sowie einer Handvoll vertiefender Aufsätze zufrieden stellend oder besser zu bearbeiten sind, wird gerade bei seminaristischer Bearbeitung leicht einmal der Schwerpunkt des ertragreichen Schrifttums bei Festschriftenbeiträgen, exotischen Urteilsanmerkungen und ähnlichen, nicht ohne weiteres ins Auge springenden Quellen liegen.

Wo – wie so oft – Vollständigkeit nicht zu erreichen ist, muss wenigstens Repräsentativität **109** gewährleistet sein. Hier unterscheidet sich eine wissenschaftlich angelegte Arbeit von einem **Essay**. Letzterer stellt den originellen Gedanken oder den ungewöhnlichen Ansatz in den Vordergrund, baut vielleicht auch einmal auf die Zusammenschau des sonst nicht in Zusammenhang Gebrachten. Die wissenschaftliche Arbeit wird natürlich durch solche Elemente bereichert. Aber ihre Wissenschaftlichkeit bezieht sie zu einem wichtigen Teil daraus, dass sie die Leserin über den Meinungsstand informiert und es ihr erlaubt, den eigenen Standpunkt zum sonstigen Meinungsstand in Beziehung zu setzen. Deswegen darf sich eine wissenschaftliche Arbeit nicht darauf beschränken, in ungefähren Linien zu umreißen, was andere zum Problem sagen. Die Darstellung fremder Standpunkte gibt die Grundlage für die (ebenfalls verlangte) kritische Auseinandersetzung.

Kritische Auseinandersetzung – Für viele Studierende ein Rätsel[76]. **110**
Kritisch bedeutet nicht, dass man anderer Meinung sein muss als die anderen. Es bedeutet aber, dass man sich anderen Meinungen nicht kommentarlos anschließen darf. Sie dürfen fremden Standpunkten gern auch uneingeschränkt zustimmen. Es muss nur erkennbar werden, welche Überlegungen Sie dabei geleitet haben. Also muss die Darstellung Ihrer Argumentation erkennen lassen, dass Sie alle Ansichten in Frage gestellt haben – einschließlich derer, der Sie sich anschließen.

Zur Schärfung des eigenen Standpunkts können Sie gern probeweise an das Problem so herangehen, als sei es strikt verboten, sich einer bereits vertretenen Meinung vorbehaltlos anzuschließen. Suchen Sie einmal in den Krümeln.

c) Wissenschaftlicher Apparat

Von einer wissenschaftlichen Arbeit erwartet man einen wissenschaftlichen Apparat. Die- **111** ser besteht im Wesentlichen aus den **Fußnoten** und einem **Quellenverzeichnis** sowie einem dem Text vorangestellten **Inhaltsverzeichnis**. Erforderlichenfalls kommen Abkürzungsverzeichnis, Abbildungsverzeichnis und Ähnliches hinzu.

Diesen Apparat herzustellen kostet einige Mühe. Viele Studierende scheuen diesen Aufwand, wie man an den schlecht redigierten oder fehlenden Verzeichnissen, Fußnoten etc. merkt. Die Studierenden merken den Ärger der Veranstalter hierüber dann an den Noten.

---

76 Vermutlich eine Konsequenz der im Studium zu bewältigenden Stoffmasse, die zum Auswendiglernen einlädt statt zur kritischen Aneignung.

Trotzdem: Der wissenschaftliche Apparat ist **kein Selbstzweck**. Er gewährleistet auf äußerer (und untrennbar davon: inhaltlicher) Ebene die Nachprüfbarkeit, Objektivierbarkeit und damit Brauchbarkeit Ihrer Argumentation[77].

112   Sie können sich darauf verlassen, dass die Mühe, die Sie in die Anfertigung dieses Teils Ihrer Arbeit investieren, bemerkt und wertgeschätzt wird. Das gilt allerdings auch umgekehrt. Vielleicht wissen Sie schon nach zwei Semestern Studium, dass Sie nie wirklich wissenschaftlich arbeiten wollen oder werden (nicht jeder hat schließlich das nötige Talent oder auch nur den erforderlichen Ehrgeiz). Aber solange Sie noch Prüfungen bestehen müssen, sollten Sie Ihre universitären Prüfer nicht zu deutlich spüren lassen, dass Sie deren Lebensaufgabe für Unsinn halten.

113   Welche formalen Anforderungen an den wissenschaftlichen Apparat gestellt werden und wie man diese in der Hausarbeit praktisch erfüllt, ist im Anhang erläutert[78].

d) Objektivität

114   Was Objektivität im Kern ausmacht, ist nicht leicht zu sagen.

Besonders schwer fällt das in der Rechtswissenschaft, die von Wertungen, Abwägungen und Schwerpunktsetzungen lebt, nicht aber von Messungen, Beobachtungen, quantitativ exakten Vergleichen. Nachvollziehbarkeit ist also nur in einem übertragenen Sinne eine Anforderung, nicht in einem naturwissenschaftlichen.

Juristische Wahrheiten sind schwer, manchmal vielleicht auch gar nicht zu haben. Wo es sie gibt, kann zumeist ein Federstrich des Gesetzgebers sie entwerten. Auch der stetige Wandel der Gesellschaft und ihrer grundlegenden Anschauungen trägt seinen Teil dazu bei, dass juristische Erkenntnisse vielfach mit der Zeit an Wert verlieren, andere dagegen gewinnen[79].

Je weniger objektive Gewissheiten juristisch eine Rolle spielen, desto wichtiger wird es, diskursive Regeln einzuhalten. Wenn sich ein Ergebnis nicht ohne weiteres aus sich selbst heraus als richtig identifizieren lässt, bietet noch am ehesten der Weg, auf dem es erzielt wurde, Gewähr für seine (wenn auch nur vorläufige) Richtigkeit. In einem anständigen fachlichen Diskurs muss jede Meinung eine Chance auf Überzeugung und Durchsetzung haben[80].

115   Objektivität verbietet es aber jedenfalls, einen Standpunkt in einer Streitfrage nur deshalb unerwähnt zu lassen, weil die Widerlegung der für diesen Standpunkt sprechenden Argumente Ihnen schwer fällt. Sie bedeutet nicht, dass Sie keinen **eigenen Standpunkt** beziehen dürften (häufiges Missverständnis). Ganz im Gegenteil: Sie sollen und müssen einen eigenen Standpunkt entwickeln.

---

77 Das ist in den Rechtswissenschaften fast noch wichtiger als in anderen Wissensgebieten. Wenn man schon sowieso nicht sicher sein kann, dass die erzielten Ergebnisse „richtig" sind, muss man wenigstens Gewähr dafür bieten können, dass man alle einschlägigen Überlegungen in die Argumentation einbezogen hat. Wer vor Gericht unterliegt, will wissen, dass er nicht deswegen unterliegt, weil seine Argumente nicht gehört worden sind, sondern deshalb, weil das Gericht andere Argumente für überzeugender gehalten hat.

78 Unten Rn. 498 ff.

79 Die juristische Wahrheit ist dementsprechend keine absolute, sondern eine relative, umfeldabhängige. Wenn Sie sich einmal den Spaß machen und Diskussionen und Gesetzesänderungen in einem ganz bestimmten Bereich über Jahrzehnte zurückverfolgen, werden Sie erkennen, dass das Repertoire an Lösungsvorschlägen und Argumenten endlich zu sein scheint, allerdings je nach Zeitgeist die Überzeugungskraft einzelner Lösungen variiert und daher unterschiedliche Umsetzungen zu unterschiedlichen Zeiten erfolgen. In gewisser Weise liegt darin auch ein Trost, wenn die eigenen Ideen einmal keine Gefolgschaft finden: Vielleicht ist einfach die Zeit noch nicht reif oder, anders gewendet, Sie sind Ihrer Zeit voraus!

80 Diese kleine Arbeitsanleitung ist nicht der Ort, den Gedanken weiter auszuführen. Aber Sie dürfen ruhig gelegentlich mal näher darüber nachdenken, was für eine seltsame Wissenschaft Sie da studieren. Das gehört dazu.

Er soll aber nicht wortlos neben andere Positionen gestellt werden, sondern er soll aufgrund wertender Abwägung der für und gegen ihn und die anderen Meinungen sprechenden Argumente begründet werden. Mehr ist wohl nicht zu haben – aber weniger zu verlangen ist nicht genug.

e) Kann das jemand kontrollieren?

Das Vorstehende erweckt den Eindruck hoher Arbeitsintensität. Dieser Eindruck ist richtig. Eine wissenschaftliche Arbeit – sei sie klein oder groß – kostet (Arbeits-) Zeit. Wenn Sie die nicht investieren wollen, sollten Sie es sein lassen[81]. **116**

Weniger zu empfehlen ist es, einfach ein „dünnes Brett" zu bohren. Das fällt nämlich Ihren Lesern unangenehm auf. Entgegen Ihrer ersten Vermutung sind übrigens diese Leser in aller Regel recht gut imstande, sich ein Bild davon zu machen, in welchem Maß Sie die hier vorgestellten Anforderungen eingehalten haben. Die Kontrolle auf wissenschaftliche Ehrlichkeit, Vollständigkeit und Aktualität der Materialauswertung etc. ist manchmal anstrengend und zeitraubend – aber sie ist **möglich,** und so mancher hat, wenn er erst mal den Zipfel eines Verdachts der wissenschaftlichen Unehrlichkeit oder Ungebührlichkeit in den Händen hält, auch Spaß an der detektivischen Kleinarbeit. **117**

Die nach außen traurig wirkenden Gestalten, die Sie manchmal spät am Abend noch im Juristischen Seminar sitzen sehen, sind wissenschaftliche Mitarbeiterinnen, die Seminar- und Prüfungsarbeiten lesen und jedes Fehlzitat erbarmungslos kennzeichnen, damit die Lehrstuhlinhaberin dann eine Woche später ihr vernichtendes Urteil über die Arbeit sprechen kann.

III. Sprachliche Anforderungen an den Text

Hinsichtlich der reinen Äußerlichkeiten einer Themenarbeit gelten die gleichen Anforderungen wie in einem Gutachten, das als Prüfungsarbeit zu verfassen ist[82], so dass sofort die speziellen Anforderungen an das sprachliche Niveau einer Themenarbeit in den Blickpunkt der Betrachtung und Erläuterung gerückt werden können. **118**

1. Sachlichkeit in der Sache

Wie auch im Rechtsgutachten findet eine **erste Person** nicht statt[83]. **119**

Beispiele: *Ich bin nach Abwägung aller bisher erörterten Argumente der Ansicht, dass . . . In meinen Augen ist das ein falscher Ansatz . . .*

Ihr **Rechtsgefühl** als solches hat keine argumentative Bedeutung. Diese Empfindung wird unter Umständen von anderen auch nicht geteilt. Es gilt vielmehr, die anderen argumentativ zu überzeugen. Dafür genügt der Hinweis auf das, was Sie persönlich für gerecht hal- **119a**

---

81 Außer bei Pflichtleistungen natürlich; aber wenn Sie auf diese gar keine Lust haben, sollten Sie sowieso mal wieder zur Studienberatung gehen. Vielleicht stellt sich ja heraus, dass Sie mit einer soliden Berufsausbildung besser dran sind als mit einem Studium, zum Sie keine Lust haben.
82 *Standop/Meyer*, Die Form der wissenschaftlichen Arbeit, 17. Auflage, Wiebelsheim 2004.
83 Genauer gesagt: Ein *ich* ist nur versteckt zulässig, etwa in *Der Gegenansicht ist **nicht** beizupflichten; **rich**tig ist daran nur, dass . . .*

ten, fast nie, da es Ihnen regelmäßig an der notwendigen Autorität fehlen wird, um Rechtsempfindungen anderer zu beeinflussen.

120 Im mündlichen Vortrag nach vorherigem Ausprobieren (oder wenn Sie ein gutes Gespür dafür haben) sind ein paar gezielt eingestreute **Pointen** gut. Im schriftlichen Text ist **Humor** immer vorsichtig einzusetzen: Was geschrieben ist, bleibt stehen. Und muss auch wiederholtes Lesen aushalten. Allzu vordergründig dürfen also witzige Einfälle nicht ausfallen.

121 Ein guter Stil gebietet das Vermeiden von Umständlichkeiten. Das ist aber nicht immer möglich. Wo es für rechtliche Zwecke darauf ankommt – und die in Normen steckenden Imperative erfordern immer **Genauigkeit** – setze man Genauigkeit über Einfachheit.

> **Beispiel:** *Der Gesetzesentwurf sieht ein Verbot von Zigarettenautomaten in der Nähe von Schulen vor.* Das ist passabel verständlich und erfreulich kurz. Aber es ist an einer wichtigen Stelle ungenau: Wo von einem Verbot die Rede ist, muss mindestens in fachjuristischem Kontext die Handlung benannt werden, die verboten sein soll. Besser also: *Dem Gesetzesentwurf zufolge wird das Aufstellen von Zigarettenautomaten in der Nähe von Schulen verboten sein.* Diese umständliche Genauigkeit hat einen recht erhellenden Nebeneffekt: Wer den Satz so schreibt, fragt sich auch sofort, ob neben dem Aufstellen auch das Stehenlassen bereits installierter Automaten verboten sein muss. So führt nicht selten Genauigkeit auch zu Vollständigkeit. Die Frage des Bestandsschutzes wäre für eine gute Ausarbeitung gewiss wichtig.

Manche Wörter sind von vornherein Indizien für gedankliche Ungenauigkeiten und Schludrigkeiten.

> **Beispiel:** *Sich beziehen auf* ist nicht umsonst ein Lieblingswort der Siebzigerjahrewischiwaschisprache. Es geht noch locker durch in der Formulierung *Ich beziehe mich auf das gestern geführte Telefonat und schlage vor . . . .* Oft aber kommt es (auch rechtlich) darauf an, eine Beziehung zwischen zwei Gegenständen, Umständen usw. genauer zu beschreiben (etwa als eine ursächliche) – dann ist es meist viel zu ungenau.

2. Sachlichkeit in Sprache und Stil

122 Ihre **Sprache** soll sachlich und klar sein. Sie soll subjektive Wertungen vermeiden. Das heißt nicht, dass Sie nicht werten dürfen – aber anders als in Alltagsdiskursen verlangen Wertungen nach Begründungen. Wo irgend möglich soll die Beschreibung von der Wertung getrennt werden. Manchmal fällt das schwer – aber was man von jedem Journalisten erwartet, muss man von einem Wissenschaftler erst recht fordern dürfen.

123 Ihre Ausdrucksweise soll das Interesse der Leserin wecken, nicht lähmen. Bei juristischen Themen ist eine gewisse „Trockenheit" nicht immer zu umgehen – aber Sie müssen Sie auch nicht geradezu anstreben.

> **Beispiel:** Wer seine eigenen Sätze mit *Nach den obigen Ausführungen . . .* in Bezug nimmt, verkauft sich unnötig langweilig. *Ausführungen* weckt sofort die Assoziation von *einschläfernd*. Versuchen Sie es mal mit *Überlegungen* oder mit *Aufgrund der hier erörterten Argumente . . .*

124 Sachlichkeit bedeutet auch das **Vermeiden politischer Kampfbegriffe**.

> **Beispiele:** *Kalte Aussperrung*; *finaler Todesschuss* und *Rettungsschuss*

Das erfordert eine gewisse Sensibilität. Aber es lohnt sich: Wer durch die Wortwahl schon einen inhaltlichen Standpunkt signalisiert, bevor dieser argumentativ begründet ist, kann nicht hoffen, als objektiver Diskussionsteilnehmer wahrgenommen zu werden. Wenn Sie also solche Begriffe verwenden wollen (die eben oft pointiert sind und deshalb zur stichwortartigen Bezeichnung eines Problems recht nützlich), sollte das in Anführungszeichen geschehen. Wenigstens müssen Sie sich in der Einleitung Ihrer Arbeit kurz mit den terminologischen Schwierigkeiten auseinandersetzen, wenn Ihnen nichts Besseres einfällt als der Kampfbegriff.

Sehr vorsichtig sind **ironische Bemerkungen** und Seitenhiebe zu verwenden. In einer **125** schriftlichen Ausarbeitung wissenschaftlichen Zuschnitts sind sie grundsätzlich entbehrlich, jedenfalls aber wie das Salz in der Suppe zu dosieren. Ironie muss man sich leisten können, vorzugsweise kraft großer fachlicher Kompetenz. Daran hapert es oft bei einer Seminararbeit im fünften Semester.

Genau passend als Stilmittel ist Ironie – möglicherweise – im mündlichen Diskurs, als etwa als Reaktion auf unerwartete und unerwünschte Störungen beim Vortrag des Seminarreferats. Hier ist die richtige Dosierung einfacher, weil man sich auf Augenhöhe gegenübersteht. In der schriftlichen Fassung verliert Ironie schnell an Wirkung, wenn der Leser den Texte wiederholt liest.

Stellen Sie auf der sprachlichen Ebene vier Anforderungen an Ihren Text (die Reihenfolge **126** ist wertend)[84]:
- Er muss **orthographisch** und grammatikalisch korrekt sein.

  Das ist das Mindeste, was die Leserin erwarten kann[85].

- Er muss **fachsprachlich** korrekt sein.

  Sie müssen mit der Fachterminologie des Rechts umgehen können – und das auch zeigen.

- Er soll sich um **Verständlichkeit** bemühen, soweit das möglich ist.

  Das ist das interpretationsbedürftigste Kriterium, aber vielleicht auch der Punkt, mit Sie am meisten Sympathien und Punkte gewinnen können.

- Er soll ein bisschen **schön** sein.

  Das ist am schwersten zu erklären.

Was diese Kriterien für Ihre Schreibarbeit praktisch bedeuten, ist hier nicht abschließend darzulegen[86], sondern nur anhand einiger ausgewählter, besonders wichtiger Gesichtspunkte zu umreißen.

---

84 Hier nur eine einzige Empfehlung zur Pflege Ihrer sprachlichen Fähigkeiten: Lesen! Und zwar nicht juristische Lehrbücher (die lesen Sie sowieso in Massen, und viele davon zeichnen sich nicht eben durch Sprachgefühl aus), sondern zum einen Belletristik, zum anderen gute juristische Sachprosa. Bei **Belletristik** suchen Sie sich aus, was Ihnen gefällt. Jährlich erscheinen ca. 70 000 Buchtitel in Deutschland neu – da wird schon etwas dabei sein. Wenn Sie möchten, versuchen Sie es einmal mit Dichterjuristen (zu denen des 18. und 19. Jahrhunderts: *Wohlhaupter*, Dichterjuristen, drei Bände, Tübingen 1953–1957; für das 20. Jahrhundert vielleicht Franz *Kafka* oder Herbert *Rosendorfer* oder Bernhard *Schlink* oder Georg *Oswald*). Bei **juristischer Sachprosa** nehmen Sie beispielsweise einmal *Kittner*, Arbeitskampf, München 2005 oder *Wesel*, Geschichte des Rechts, 3. Auflage, München 2006 oder *Großfeld*, Zeichen und Zahlen im Recht, 2. Auflage, Tübingen 1995. Oder schauen Sie in die jährlich in NJW und JZ veröffentlichten Leseempfehlungen *Die juristischen Bücher des Jahres*.
85 Sie glauben nicht, was Korrektoren an Hochschulen und Fachhochschulen zu lesen bekommen. Wenn Sie nicht sicher sind, ob es stimmt, was Sie so schreiben, kaufen Sie sich einen Duden. Das ist nicht ehrenrührig – im Gegenteil.
86 Wahrscheinlich ist das sowieso nicht möglich. Weiter entfaltet ist der Gegenstand bei *Schimmel*, Juristische Klausuren und Hausarbeiten richtig formulieren, 7. Auflage, München 2008, Rn. 324 ff. mit zahlreichen Beispielen.

3. Fachsprache

127 Ihre Ausarbeitung richtet sich an Fachangehörige und darf sich also der Fachsprache bedienen. Es gibt keinen Grund zur Scheu vor der Fachterminologie. In juristischen Argumentationen ist das zwar nicht immer ganz offenkundig, aber es stimmt trotzdem: Fachsprache bedeutet Gewinne an Genauigkeit, Unterscheidungsfähigkeit – und damit an Schnelligkeit und Verlässlichkeit der Kommunikation.

128 Wo ein Fachbegriff zur Verfügung steht, soll er verwendet werden.

129 Es muss aber nicht immer zwangsläufig der fremdsprachige Fachbegriff sein.

Beispiel: Ob *konkludent* gegenüber *schlüssig* einen Genauigkeitsgewinn mit sich bringt, darf man bezweifeln – und deshalb gern auch *schlüssig* schreiben.

130 Fachbegriffe wollen richtig gebraucht werden. Sie müssen davon ausgehen, dass die falsche Verwendung von Fachvokabular immer auffällt.

Beispiel: Schreiben Sie nicht *Klage*, wenn Sie *Klageschrift* meinen.

131 Wo ein Fachbegriff umstritten ist, muss seine Verwendung erklärt werden.

Der richtige Ort hierfür kann das Einführungskapitel sein (wenn der Begriff geradezu zentral für Ihr Thema ist) oder der Punkt, an dem der Begriff zum ersten Mal verwendet wird (im Text, vielleicht auch mal in einer Fußnote, wenn der Begriff nur am Rand wichtig ist).

132 Die Fachsprache ist an etlichen Stellen pingelig, an denen die Alltagssprache ein Auge zudrückt.

Beispiel: Juristische Laien verwenden gern einmal den Begriff *geltende Rechtsprechung*. Fachsprachlich geht das nicht. *Geltung* kommt einem Gesetz zu, eine *Rechtsprechung* ist *verbreitet, überwiegt, ist einheitlich, gefestigt, allgemein anerkannt* oder *herrschend*. Der kleine Lapsus im Ausdruck verwechselt eben zwei Staatsgewalten. Das darf Fachangehörigen nicht passieren.

Selbst wenn man den Bedeutungsunterschied nicht kennt, sondern nur erahnt, ist in aller Regel der gesetzliche oder fachsprachliche Begriff vorzugswürdig gegenüber dem allgemeinsprachlichen[87].

Beispiel: Allgemein spricht man meist von *Mehrwertsteuer*; das UStG spricht von *Umsatzsteuer*.

Gelegentlich darf man sich vielleicht eine Ausnahme erlauben: Wenn der fachsprachliche Begriff allzu sperrig ist und keinen Erkenntnisgewinn verspricht, versuche man es mit dem alltagssprachlichen.

Beispiel: Wer es mit richtig unschöner Verwaltungssprache zu tun hat, versuche es mit *Gefängnis* statt *Justizvollzugsanstalt* - es muss ja nicht gleich *Knast* heißen.

133 **Genauigkeit** ist mehr als nur eine juristische Sekundärtugend.
Mündliche Kommunikation von Angesicht zu Angesicht erlaubt mehr Ungenauigkeiten, weil sie auch Fragen zulässt. Im Schriftlichen gehen Ungenauigkeiten zu Ihren Lasten,

---

87 Wer bei der Verwendung von Fachtermini unsicher ist (als Anfänger ist man das fast zwangsläufig), kann sich angewöhnen, in einem Rechtswörterbuch nachzusehen. In der Bibliothek benutze man das große Deutsche Rechts-Lexikon (Hrsg. *Tilch*, 3. Auflage, München 2001); privat erwäge man den Kauf des kleinen Rechtswörterbuchs von *Creifelds/ Weber* (19. Auflage, München 2007).

schon weil Sie meist keine Gelegenheit zu unmittelbarer nachträglicher Aufklärung haben. Oft mag sich zwar der Leser schon das Richtige denken – aber wollen Sie sich darauf verlassen?

Beispiel: In einem Artikel in einer Tageszeitung mag die Verkürzung *Das Endlager steht also kurz bevor* gerade noch durchgehen (schön ist sie übrigens nicht), in einem Referat muss es aber genauer heißen *Die Errichtung/Inbetriebnahme/Genehmigung des Endlagers steht kurz bevor.*

Die Empfehlung, auch einmal eine „journalistische" Art der Einführung zu erwägen[88], **134** darf nicht dazu führen, dass Sie in einen journalistischen Sprachduktus verfallen.

Beispiel: Der Tagespresse vorbehalten bleiben muss *Karlsruhe erklärt . . . für unzulässig.* Sie schreiben *Der BGH* (oder: *Das BVerfG*) *hat mit Urteil vom . . . eine Vertragsgestaltung wegen <Norm> für nichtig erklärt, der zufolge der Schuldner einer Geldforderung . . .*

Fachliche Genauigkeit geht vor leichter Konsumierbarkeit.

Stilebenen 135

Wie ausdifferenziert Germanistinnen und Linguisten usw. die Frage nach Stilebenen des Deutschen betrachten, muss hier nicht interessieren. Es genügt die Alltagserfahrung, dass es recht unterschiedliche Stilebenen gibt; einerseits etwa *Konkretkrasskorrektweißtu*, andererseits ein Gedicht oder ein Gesetz.

Wer nicht gerade ständig Texte mit wissenschaftlichem Anspruch verfasst, kommt sich oft ein bisschen seltsam vor, wenn er eine Sprache benutzen soll, wie sie ihm sonst aus Lehrbüchern und Kommentaren entgegenleuchtet.

Denken Sie aber daran: Was geschrieben ist, wird vielleicht öfter als nur einmal gelesen, vielleicht auch von mehreren Lesern. Also lieber eine Stilebene höher greifen. Sie können das zur Not beim mündlichen Vortrag wieder auf die „richtigen" Füße stellen.

Stilübungen 136

Seien Sie sich nicht zu schade, einmal eine Stilkunde zu lesen[89] (und vielleicht immer mal wieder zu üben). Das ist zwar heute nicht mehr so modern. Aber gerade dadurch können Sie sich leicht vom Durchschnitt Ihrer Mitbewerber abheben.

Regeln für „guten Stil" sind schwer aufzustellen.
Darüber, was „guter Stil" ist, lässt sich streiten. Aber schlechten Stil zu vermeiden, ist **137** immer einen Versuch wert.

Beispiel: Wer einen Satz mit *zwar* beginnt, muss entweder noch im gleichen Satz mit *aber* fortfahren oder wenigstens im nächsten. Das erwartet der Leser nicht nur aus Gewohnheit, sondern auch, weil es einem ganz verbreiteten Argumentationsmodell entspricht. Natürlich kann man solche Erwartungen absichtlich enttäuschen, wenn man damit einen Zweck verfolgt. Aber man sollte es nicht versehentlich tun, weil man beim Verschieben eines Satzes nicht auf den gedanklichen Zusammenhang zum vorigen und folgenden Satz geachtet hat. Der Leser verwendet nämlich einen Teil seiner Aufmerksamkeit darauf, nach dem *aber* zu suchen. Dieser Teil steht Ihnen für die inhaltliche Nachricht nicht mehr zur Verfügung.

---

88 Dazu unten Rn 177 ff.
89 Es gibt eine Reihe guter Texte, bei denen manchmal noch das Lesen Spaß macht.

4. Verständlichkeit

138 Verständlichkeit ist ein relatives Kriterium – es kommt eben darauf an, wen man sich als Leser vorstellt. Als Anforderung an Sie ist Verständlichkeit aber nicht aussagelos.

Verständlichkeit ist näherungsweise erreicht, wenn Sie Ihren Text auch **vorlesen** könnten. Das schließt einige Formen juristischer „Monstersätze" aus.

Beispiel: *Die Artikel 43 EG und 48 EG stehen beim derzeitigen Stand des Gemeinschaftsrechts einer Regelung eines Mitgliedstaats nicht entgegen, die es einer gebietsansässigen Muttergesellschaft allgemein verwehrt, von ihrem steuerpflichtigen Gewinn Verluste abzuziehen, die einer in einem anderen Mitgliedstaat ansässigen Tochtergesellschaft dort entstanden sind, während sie einen solchen Abzug für Verluste einer gebietsansässigen Tochtergesellschaft zulässt. Es verstößt jedoch gegen die Artikel 43 EG und 48 EG, der gebietsansässigen Muttergesellschaft eine solche Möglichkeit dann zu verwehren, wenn die gebietsfremde Tochtergesellschaft die im Staat ihres Sitzes für den von dem Abzugsantrag erfassten Steuerzeitraum sowie frühere Steuerzeiträume vorgesehenen Möglichkeiten zur Berücksichtigung von Verlusten ausgeschöpft hat, gegebenenfalls durch Übertragung dieser Verluste auf einen Dritten oder ihre Verrechnung mit Gewinnen, die die Tochtergesellschaft in früheren Zeiträumen erwirtschaftet hat, und wenn keine Möglichkeit besteht, dass die Verluste der ausländischen Tochtergesellschaft im Staat ihres Sitzes für künftige Zeiträume von ihr selbst oder von einem Dritten, insbesondere im Fall der Übertragung der Tochtergesellschaft auf ihn, berücksichtigt werden*[90].

Beim probeweisen Vorlesen können aber auch andere Schlampereien zum Vorschein kommen.

Beispiel: *Die NS-Vergangenheit des einflussreichen Zivilrechtslehrers L stand seiner akademischen Laufbahn nach dem Krieg nicht im Weg.* – Das mag inhaltlich zutreffen. Aber wie heißt *NS-Vergangenheit* ausgesprochen? Löst man die gängige Abkürzung auf, liest es sich *Nationalsozialismus-Vergangenheit*. Gemeint ist aber wohl *nationalsozialistische Vergangenheit* (unpräzise genug, oder?). Das darf aber nicht als Substantiv abgekürzt werden[91].

139 Da der Inhalt Ihrer Texte meist kompliziert und anspruchsvoll ist, muss die Form umso einfacher sein. Bestenfalls sollte die Leserin den Text in der **Badewanne** lesen können. Die Leistung einer wissenschaftlichen Arbeit besteht nicht zuletzt darin, das schwer Verständliche verständlich zu machen.

Beispiel: *Gesetze* ist kürzer und verständlicher als *legislative Maßnahmen.*

140 In wissenschaftlichen Texten ist das nicht ganz einfach – und auch nicht besonders verbreitet; trotzdem: Schreiben Sie **kurze Sätze**! Und achten Sie auf einen übersichtlichen Satzbau. Man kann sich damit leicht aus der Masse der Mitbewerber abheben[92]. Am besten transportieren Sie je Satz einen Gedanken – und bilden je Gedanke nötigenfalls mehrere Sätze.

Als Leitlinie für den **Satzbau** können Sie es einmal versuchen mit: Ein Hauptsatz, ein Nebensatz. Manchmal geht auch: Ein Hauptsatz, Punkt, noch ein Hauptsatz. Nötigenfalls: Ein Hauptsatz, Komma, ein Nebensatz, Komma, noch ein Nebensatz.

Wenn länger klarer ist, schreibe man länger. Aber Kürze ist fast immer beim Leser willkommener als Langatmigkeit. Die beliebten **Ankündigungen** etwa kosten Zeit und Platz.

---

90 EuGH BB 2006, 23. Das Vorlesen mag beim ersten Satz noch funktionieren – beim zweiten eher nicht mehr.
91 Das ist typische Journalistensprache.
92 Und das wollen Sie doch – oder?

Beispiel: *An dieser Stelle sei nochmals erwähnt, dass* – das ist Verschwendung. Der Leser merkt, was Sie erwähnen, auch ohne dass Sie ihm sagen, dass Sie es erwähnen. Bestimmt.

Wo ein konkreter und **aussagekräftiger Ausdruck** möglich ist, wähle man diesen statt **141** des abstrakteren.

Beispiel: *Der Wagen steht bei . . .* statt *Das Kraftfahrzeug befindet sich derzeit bei . . .*

Das **farblose** und **aussagearme** Verwaltungsdeutsch vermeide man. **142**

Umgekehrtes gilt, wenn Sie gerade auf der Suche nach allgemeinen oder verallgemeinerungsfähigen Aussagen sind.

Beispiel: Versuchen Sie es mit *Gegenstände* statt *Objekte*. Wenn Sie aber *Sachen* meinen – schreiben Sie einfach *Sachen*.

Ein Weniger an **Fremdwörtern** bedeutet oft ein Mehr an Verständlichkeit. Wo sie nicht er- **143** forderlich sind, lasse man die Fremdwörter weg. Das übt. Eine einfache Sprache ist schwerer zu schreiben als eine anspruchsvolle.

Beispiel: *Verfügen über* statt *disponieren über*

Das Geringste, was man für die Verständlichkeit des eigenen Texts tun kann, ist, die Be- **144** deutungen der Wörter zu respektieren, die man verwendet. Unglaublich oft kennen die Verfasser von Arbeiten nicht den Unterschied zwischen *und* und *oder*. Achten Sie ruhig einmal darauf. Viele Leute verwenden *beziehungsweise* als Synonym für *und* oder *oder*, nur selten dagegen für *und/oder*, wie es richtig wäre. Damit erweckt man leicht den Eindruck von **Denkfaulheit.**

Es kann nicht schaden, wenn Sie sich mit **Juristenlatein** zurückhalten. Man vermisst **145** es nämlich nicht. Oft wird Latein aus reiner Angeberei zu Blendzwecken eingesetzt. Ihre Aufgabe verlangt nur ganz selten von Ihnen, römisches Recht anzuwenden. Der Rückgriff auf lateinische Rechtsregeln ersetzt nicht die inhaltliche Begründung Ihres Standpunkts.

Beispiel: Die beiden Sätze *Nach dem Grundsatz falsa demonstratio non nocet kommt es für die rechtliche Einordnung eines Vertrags nicht auf die Bezeichnung seitens der Parteien, sondern auf den Parteiwillen an* und *Nach dem Grundsatz de minimis non curat praetor ist eine Leistungsklage, die sich auf Zahlung einer Summe von weniger als € 2,50 richtet, zwar möglicherweise begründet, aber wegen fehlenden Rechtsschutzbedürfnisses immer unzulässig* unterscheiden sich in einer Hinsicht: Der eine ist richtig, der andere falsch. Man merkt das nur nicht gleich, weil aus beiden die scheinbare Autorität des römischen Rechts strahlt. Sobald man aber für die jeweilige Aussage einen Beleg in Form einer Vorschrift des geltenden Rechts oder wenigstens eines Urteils oder eines Lehrbuchs angeben will, stellt sich heraus, was stimmt und was nicht. Argumentieren Sie deshalb lieber mit Argumenten als mit lateinischen Rechtsregeln[93].

Wenn die Verwendung lateinischer Sentenzen keinen Erkenntnisgewinn für den Leser verspricht, schenken Sie sich solche Angebereien. Dass Sie ein kluger Kopf sind, können Sie auch anders zeigen. Dass Sie eine altsprachliche Schule besucht haben, müssen Sie nicht zeigen.

Beispiel: Statt *expressis verbis* schreiben Sie also einfach *ausdrücklich.*

---

93 Anders liegen die Dinge bei einer Digestenexegese.

146 Auch **Englisch** wird gern recht unreflektiert verwendet. Die Versuchung ist groß, weil das in der Alltagssprache ständig geschieht. Hier kann man mit Zurückhaltung positiv auffallen.

Beispiel: *Nachstellen* statt *stalking*[94] – seit Einführung des neuen § 238 StGB werden die Täterinnen wegen *Nachstellens* verurteilt, nicht wegen *stalkens* oder *Stalkings*. Wenn das aber schon im Urteil steht, kann man es auch in den eigenen Sprachgebrauch übernehmen.

5. Schönheit

147 Das in Themenarbeiten anzustrebende Ziel ist eine **unprätentiöse Sachprosa**. Um diese zu schreiben, muss man kein Dichter sein und noch nicht einmal den Unterschied zwischen Trochäen und Trophäen kennen. Man muss sich nur Mühe geben. Die sprachlich gute Form fällt nicht vom Himmel. Selbst die guten Leute müssen üben und sich eine Weile lang arg am Riemen reißen.

Aber: Was man klar denken kann, kann man auch klar schreiben. Und wenn das gelingt, ist es schön genug.

148 Schwerfällig wirkt das übertriebene **Passiv** (allerdings ganz typisch für Beamtensprache).

Beispiele: *Dieser Ansicht kann nicht gefolgt werden.* Das fragt sich die Leserin gleich *Durch wen kann der Ansicht nicht gefolgt werden?* Die Antwort müsste dann wohl lauten *Durch den unterfertigten Verfasser der vorliegenden Untersuchung kann der vordiskutierten Ansicht nicht gefolgt werden.* Noch Fragen? (Aus einer Diplomarbeit:) *Einerseits wird auf den Wortlaut des § 251 BGB verwiesen und damit begründet, dass eine Unterscheidung von wirtschaftlichen und technischen Totalschäden dort nicht vorgenommen wird.* Das ist halbwegs verständlich, aber nicht schön. Man kann das Passiv vermeiden, die unnötige Substantivierung und die etwas gespreizte Wendung mit *vornehmen*, indem man schreibt *Die Vertreter der zuletzt genannten Ansicht verweisen auf den Wortlaut des § 251 BGB, der nicht zwischen wirtschaftlichen und technischen Totalschäden unterscheidet.* Sogar ein bisschen kürzer wird der Satz.

Teils macht das Passiv die Aussage zudem schwerer verständlich.

Beispiel: *Von A und B wird verlangt, die offenen Forderungen sollten sofort beglichen werden.* Hier bleibt unklar, ob A und B es sind, die etwas verlangen, oder ob andere von A und B etwas verlangen.

149 Man vermeide **Substantivhäufungen**, wenn es geht.

Beispiel: *Hieraus entwickelte die Rechtsprechung unter Zuhilfenahme der Grundsätze über den Wegfall der Geschäftsgrundlage ein Recht zum Widerruf betrieblicher Versorgungsrechte wegen wirtschaftlicher Notlage.* – Klar ist das schön dicht – aber lesen Sie einmal siebzig solcher Sätze hintereinander!

150 Die **Kontrolle der sprachlichen** Form ist leichter verlangt als verwirklicht. Wenn Sie sich Ihrer Sache nicht sicher sind, sollten Sie jemanden gegenlesen lassen. Die späteren Leserinnen werden es Ihnen danken. Der Gegenleser muss kein Deutschlehrer sein. Aber schaden kann das nicht. Inzwischen gibt es auch elektronische Hilfsmittel[95].

---

94 *v.Pechstaedt*, NJW 2007, 1233 ff.; *Mitsch*, NJW 2007, 1237 ff.
95 Beispielsweise den Floskelscanner von *Steinborn* unter www.floskelscanner.de/. Mit Installation und Funktionsweise solcher Programme sollte man sich aber nicht erst in letzter Sekunde befassen.

Die Wahl der richtigen **Sprachebene** ist nicht immer ganz einfach. Je mehr juristische   **151**
Lektüre man genossen hat, desto mehr neigt man aufgrund professioneller Deformation
zu einem Stil, der in der Schule als *elaborierter Code* bezeichnet wird. Schön oder auch
nur nötig ist er meist nicht.

Beispiel: Das Aufhübschen von Hilfsverben wirkt oft gar nicht so souverän wie es soll. Zugegeben sind *haben* und *sein* manchmal recht farblos. Ob man sie aber deswegen durch *besitzen* und *sich befinden* ersetzen muss, ist doch zweifelhaft. *B befindet sich im Irrtum über* statt *B ist im Irrtum über* oder einfach *B irrt sich über* ...

Grobe Verschlagwortungen und Pointierungen vertragen sich mit wissenschaftlichem   **152**
Vorgehen nur schlecht. Wer sich die Mühe macht, differenzierende Lösungsvorschläge für
fiese Probleme zu entwerfen, sollte diese Mühe nicht durch **plumpe Zuspitzungen** entwerten.

Beispiel: Ein aus der Politikersprache in die Alltagssprache herübergesickertes Wort, ohne das die Welt besser dran wäre, ist *-feindlich*: Arbeitszeiten sind *frauenfeindlich*, Kindergärten sind *kinderfeindlich*, das EStG ist *familienfeindlich*. Abgesehen davon, dass *feindlich* eigentlich nur über Menschen oder menschliche Gesinnungen eine Aussage trifft (nicht aber über Kindergärten, Arbeitszeiten oder Gesetze) – in Wirklichkeit meint dieses *feindlich* meist nur *nicht freundlich, nicht förderlich*. Eine frauen- kinder-, familienfeindliche Gesinnung hat doch eigentlich niemand und kann sich unter Gutmenschen auch keiner leisten. Eine Attribuierung als *-feindlich* ist also meist nur undifferenzierte politische Kampfrhetorik.

Schönheit entsteht manchmal allein schon durch Kürze.   **153**

Unnötige Sätze, Wörter und Silben lassen Sie einfach weg. Der Leser dankt es Ihnen – und
Sie haben mehr Platz für das Wichtige.

Beispiel: *Hilfe* statt *Mithilfe*

Mit dem Vermeiden überflüssiger Längen fängt man am besten im Kleinen an – dann wird
es nämlich im Großen zur Selbstverständlichkeit anstatt zur mühevollen Übung.

Beispiel: Eine Norm kann man identifizieren als *§ 517 Abs. 2 S. 1 lit. a) Ziff. 2.*, aber auch als *§ 517 II 1 a) 2.*. Die Platzersparnis macht sich auf Dauer bemerkbar – und man erspart zugleich dem Leser die Albernheit, ihn darüber zu belehren, dass nach *Ziff* eine Ziffer kommt und nach *lit.* ein Buchstabe (als ob er das nicht auch selbst merkte!)

IV. Wie gliedern?

An die Recherche- und Lesearbeit schließt sich die Mühe der Strukturierung an, da man   **154**
die zu gewinnenden Erkenntnisse ja auch möglichst sinnvoll an die Frau oder den Mann
bringen muss. Allgemeine Regeln für diesen Bereich aufzustellen ist schwierig. Man
braucht aber in jeder Art von Themenarbeit wenigstens eine Minimalübersicht.

Eine Gliederungsmöglichkeit bietet die **„klassische" Herangehensweise** *1. Einleitung,*   **155**
2. Hauptteil, 3. Schluss. Das ist nicht sehr originell, funktioniert aber als erster Ansatz oft
überraschend gut – und ist kaum angreifbar. Je weniger Bearbeitungszeit Sie haben, desto
weniger Brillanz kann man in dieser Hinsicht von Ihnen erwarten.

Neben dem klassischen Ansatz sind andere, unkonventionellere Herangehensweisen möglich. Die sollte man wählen, wenn sie sich von der Sache her geradezu aufdrängen. Die folgenden Erläuterungen beziehen sich dagegen auf den Normalfall, der gerade bei Unsicherheit über das eigene Vorgehen als sichere Bank zu empfehlen ist.

156 Im Folgenden wird dieser Aufbau als Rahmen für Hinweise zum Inhalt von Themenarbeiten verwendet. Da wir uns immer noch im Allgemeinen Teil unserer Erwägungen befinden, bleiben diese Tipps ebenfalls häufig etwas unspezifisch, gelten dafür aber für fast alle Themenarbeiten.

1. Einleitung

157 Die Einleitung soll (wenigstens) zwei **Funktionen** erfüllen. Zum einen soll sie die Aufmerksamkeit des Leser wecken, ihn also neugierig auf den eigentlichen Text machen. Zum anderen soll sie ihn so an den Gegenstand heranführen, dass er diesen gut verstehen kann.

158 Wenn nach dem aufmerksamen Lesen des Einführungsabschnitts der Leser in zwei oder drei Sätzen sagen kann, an welchem Thema Sie sich abarbeiten und warum es nötig ist, sich mit diesem Thema zu befassen, ist Ihre Einführung gelungen.

159 Fast immer ist es sinnvoll, das Einführungskapitel **zuletzt** zu schreiben. Erst wenn die Arbeit fertig ist, wissen Sie genau, worauf Sie die Leserin vorbereiten müssen.

Trotzdem sollten Sie schon recht früh einen Entwurf für die Einleitung skizzieren. Mit diesem Entwurf vergleichen Sie dann gegen Ende Ihre Ausarbeitung – manchmal treten dabei ganz erstaunliche Lücken zutage . . . Wer mit dem Einführungskapitel beginnt, vergesse nicht, es am Ende noch einmal gründlich zu redigieren.

a) Überschrift

160 Natürlich kann man für die Einleitung die Überschrift *Einleitung* wählen. Aber das ist wirklich alles andere als originell. Vielleicht fällt Ihnen etwas Schöneres ein, das die Leserin wenigstens ein bisschen neugierig macht. Die Überschrift darf themenspezifisch gewählt werden.

Beispiele: *Mobbing – sozialdarwinistische Personalpolitik im ausgehenden 20. Jahrhundert?* – das ist zwar etwas reißerisch, aber doch allemal pfiffiger als *Einleitung*. Oder? Bescheidener ist etwa *Vorvertragliche Pflichten – eine erste Bestandsaufnahme*.

161 Die Einleitung heißt nicht *Vorwort*. Dazu ist die Arbeit im Allgemeinen zu kurz. Außerdem brauchen weder Sie noch der Leser ein Vorwort[96]. In einem vor der Einleitung stehenden Vorwort würde man – etwa bei einer Doktorarbeit – die geschuldeten Danksagungen platzieren, erklären, woher die Anregung zu der Arbeit kam, und eine Bemerkung zum Charakter als Doktorarbeit unterbringen, wenn es sich um eine im Text überarbeitete Fassung handelt. Das alles ist in einer normalen Studienarbeit nicht nötig.

---

96 Anstelle eines Vorworts kann aber eingangs ein **Sperrvermerk** nötig sein, wenn die Arbeit vertrauliche Daten enthält. *Kohler-Gehrig*, (Fn. 35), S. 18, empfiehlt folgenden Text: *Die Arbeit enthält vertrauliche Daten von . . . Veröffentlichung oder Vervielfältigung sind ohne ausdrückliche Genehmigung von . . . nicht gestattet. Die Arbeit ist nur den Gutachtern und den Mitgliedern des Prüfungsausschusses zugänglich zu machen.* Weitere Vorschläge bei *Gerhards*, (Fn. 35), S. 163 ff.

b) Umfang

Der Umfang der Einleitung muss in einem vernünftigen Verhältnis zu dem des Hauptteils **162**
stehen. Betrachten Sie **10–15 % des Textumfangs** als Richtwert. Es darf manchmal etwas
mehr sein, wenn alle hier genannten typischen Elemente einer Einleitung wirklich unter-
gebracht werden müssen. Bei einer längeren Arbeit kann es aber auch leicht weniger werden[97].

c) Aufbau

Eine gute Einleitung kann aufgebaut sein wie ein **Trichter**. Sie beginnt am oberen Rand **163**
des Trichters recht breit und allgemein und wird dann von Satz zu Satz oder von Abschnitt
zu Abschnitt enger und spezieller, bis sie die Leserin auf das Spezialitätsniveau der übrigen Ausarbeitung gebracht hat. Das erfordert Konzentration beim Abfassen, wird aber
von der Leserin bestimmt wohlwollend bemerkt.

Gelingt eine solche trichterartige Einleitung, kann der Leser immer genau feststellen, wo
sein eigenes Vorwissen nicht mehr ausreicht, um dem Gedanken zu folgen. Dann weiß er
aber eben auch, bei welcher Problemtiefe er ansetzen muss, wenn er sich in den Gegenstand einlesen will. Gelingt es der Verfasserin, schon in der Einleitung in den Fußnoten
Nachweise zu geben, dieses Einlesen ermöglichen, wird der Leser das selbst dann positiv
bewerten, wenn er diese Nachweise nicht braucht.

Gerade bei Seminararbeiten bietet es sich an, in der Einleitung einen Bogen vom Thema des Seminars zum **164**
Gegenstand des Referats zu schlagen. Das kann schwierig werden, wenn das Seminarthema lautet *Neuere
Entwicklungen im Recht des . . .* und lauter verschiedene Einzelfragen zusammenfasst. Aber einen Versuch
ist es immer wert.

d) Herangehensweise

Man kann die Leserin auf verschiedene Arten an den Gegenstand heranführen. Hier finden
Sie zwei Vorschläge.

Natürlich gibt es noch viel mehr Ansätze – und alle möglichen Kombinationen. Denken Sie sich ruhig
selbst etwas Gutes aus.

aa) Juristischer Ansatz   Die etwas trockene typisch juristische Herangehensweise an **165**
das Problem ist der Normalfall der Einführung. Sie legt weniger Wert auf die gesellschaftliche oder wirtschaftliche Bedeutung des Themas. Stattdessen lokalisiert sie es möglichst
genau im System des geltenden Rechts und arbeitet eingangs die Frage heraus, welche
Rolle das Problem in der **Rechtswissenschaft** spielt.

Beispiel: *Das sachenrechtliche Traditionsprinzip hat seinen Ursprung in . . . und bezieht seine Funktion
aus . . . Die rechtsdogmatische und rechtspraktische Bedeutung der Traditionsprinzips erfasst man aber
erst zutreffend, wenn man sich Klarheit über die Ausnahmen verschafft, die Rechtsprechung und Wissenschaft im Lauf der Zeit anerkannt haben. Die vorliegende Arbeit nimmt daher eben diese Ausnahmen in den
Blick. . . .*

Von der Rechtswissenschaft kann man überleiten zur **juristischen Praxis**. **166**

---

97 *Esselborn-Krumbiegel*, Idee, S. 142, empfiehlt bis zu 10 %.

Beispiel: *In der Rechtsanwendung seitens der <zuständigen Verwaltungsbehörden> zeigt sich das Problem immer, wenn ... Die Rechtsunsicherheit setzt sich in der Entscheidungspraxis der Gerichte fort, die bei der Auslegung des ...begriffs zu unterschiedlichen Ergebnissen gelangen: ...*

167   Man gibt also gar nicht erst vor, die Wichtigkeit der eigenen Überlegungen einem Fachfremden plausibel machen zu wollen, sondern spricht von vornherein die eigene scientific community an. Für diese reicht meist schon der Hinweis, dass eine Frage **umstritten** sei, um sie zu einem prinzipiell interessanten Referatsthema zu machen.

Beispiel: *Seit Inkrafttreten des ... und bis in die Gegenwart herrscht über ... Streit.*

Man vermeide dabei aber – wie überall – abgegriffene Allgemeinplätze.

Beispiel: *Eine kontrovers diskutierte Fragestellung im Recht der ... ist ... – das schreibt wirklich jeder[98].* Lassen Sie sich etwas Besseres einfallen!

168   Wer den Leser nicht mit der recht dürftigen Information alleinlassen will, dass er jetzt 20 Seiten Text über ein umstrittenes Problem lesen muss, wird versuchen, eingangs wenigstens noch ein bisschen zu moderieren. Meist geht das recht leicht.

169   Hat man das Thema erst einmal als **streitig** identifiziert, braucht man nur noch einen kleinen Bogen zu schlagen, um zu erklären, **warum** darüber gestritten wird.

170   Der nächstliegende Ansatz besteht darin zu erklären, welche Sachverhalte rechtlich unterschiedlich einzuordnen sind, je nachdem, welchem Standpunkt man sich in der streitigen Frage anschließt. Wie in einem Rechtsgutachten erklärt man also, warum die Streitfrage sich auf das Ergebnis auswirkt.

Beispiel: Besonders plastisch werden solche Einordnungen, wenn sie über die Strafbarkeit oder Nicht-Strafbarkeit eines Verhaltens entscheiden – oder über das Bestehen oder Nicht-Bestehen eines Anspruchs.

171   Ein weiterer Ansatz besteht darin, das Thema als **stellvertretend interessant** zu identifizieren. Das bietet sich etwa dort an, wo eine neue Fallgruppe für eine schon etablierte Rechtsfigur aufzutauchen verspricht. Gleiches gilt, wenn ein Rechtsproblem sich bisher nur in sehr komplizierten tatsächlichen Zusammenhängen gestellt hat, die eine sinnvolle Thematisierung im Lehrbuch oder im Seminar nicht zulassen, während nun eine erfreulich einfache Variante zur Diskussion steht. Stellvertretend interessant kann ein Rechtsproblem aber auch für eine **gesellschaftliche Entwicklung** sein.

Beispiel: Datenschutzrechtliche Zulässigkeit von Mautsystemen stellvertretend für massenhafte Datenerfassung ohne Einverständnis der Betroffenen

172   **Anbindung an standardisierbare soziale Konflikte:** Das Interesse des Lesers zu wecken gelingt leichter, wenn man ausgehend von der Norm oder der Normengruppe eine Verbindung zum typischerweise deren Anwendung erfordernden sozialen Konflikt herstellt. Das geht unterschiedlich leicht, je nachdem, ob es sich um ein eher spezielles Problem handelt

Beispiel: *Grenzen des Anspruchs des Vermieters auf Stellung einer Mietsicherheit*

oder um ein sehr allgemeines.

---

98 Zudem ist es unnötig aufgebläht: Statt *Fragestellung* genügt *Frage*, für *kontrovers diskutiert* genügt *streitig* oder *kontrovers*.

Beispiel: *Die Rechtsscheinvollmacht*

Wenn es nicht geht, muss man es lassen. So ist es beinahe aussichtslos, zu begründen, warum die Anwendung einer Vorschrift im allgemeinen Leistungsstörungsrecht soziale Schieflagen erzeugen soll: Selbst wenn man die Norm etwa als gläubigerbenachteiligend identifizieren kann, wird es schwer fallen zu verdeutlichen, warum von der Vorschrift eine bestimmte gesellschaftliche Gruppe besonders betroffen ist. Nach den meisten Verträgen hat eben jeder Beteiligte die Stellung des Gläubiger und des Schuldners inne. Das kann aber etwa im obigen Beispiel im Verhältnis zwischen Mieter und Vermieter schon wieder ganz anders aussehen.

Manchmal bieten die **eigenen Erfahrungen beim Erschließen des Themas** einen funktionierenden Einstieg in die schriftliche Präsentation[99].   **173**

Beispiel: *Das Verhältnis von . . . und . . . gilt rechtswissenschaftlich im Wesentlichen als geklärt. Der Eindruck erweist sich indessen bei näherer Betrachtung als wenigstens zum Teil trügerisch. Zum einen wirft die begrifflich trennscharfe Unterscheidung zwischen . . . und . . . eine ganze Reihe von praktischen Schwierigkeiten bei der richtigen Einordnung häufig vorkommender Fälle auf (dazu unten B.). Zum anderen sind zwei Probleme in Rechtsprechung und Rechtswissenschaft nach wie vor streitig: . . . (dazu sogleich A.). Dass beide Fragen keine randständigen Details sind, zeigt sich, wenn man . . . Ohne eine verlässliche Antwort auf . . . lassen sich die Tragweite des . . .prinzips und damit Umfang und Grenzen des . . . nicht rechtssicher beschreiben. Nach einer Übersicht über den Streitstand erörtert die vorliegende Arbeit die wichtigsten Argumente (unten D.) und versucht anschließend, ein eigenes Abgrenzungskriterium für . . . zu skizzieren (unten E.).*

Wenn Sie eine Seminararbeit zu verfassen haben und das Thema in inhaltlichem Bezug zu den anderen Themen steht, können Sie vielleicht auch an die bereits gehaltenen (oder zumindest Ihnen schon vorliegenden) Ausarbeitungen **anknüpfen.**   **174**

Beispiel: *Wie der Eigentumsvorbehalt und die Sicherheitsübereignung gehört die Forderungsabtretung zu den Realsicherheiten. Anders als die genannten Sicherungsrechte ist sie aber dadurch gekennzeichnet, dass . . .*

Oft gelingt es leichter, das Interesse zu wecken, wenn Sie kleine **Denkfiguren** im Kopf der Leserin abrufen können. Das müssen keine juristischen Figuren sein. Vielmehr funktioniert das auch mit ganz alltäglichen Mustern des Typs „Kleine Ursache – große Wirkung".   **175**

Beispiel: *Der Gesetzgeber hat gelegentlich der Schuldrechtsreform 2002 das bis dahin aus dem Anwendungsgebiet der AGB-Vorschriften ausdrücklich ausgeklammerte Arbeitsrecht in die AGB-Kontrolle einbezogen. Die wenigen Worte in § 310 IV BGB „die im Arbeitsrecht geltenden Besonderheiten" haben regalmeterweise Schrifttum produziert.*

Man muss ein bisschen darauf achten, dass man nicht bei dem Versuch, mit einer bekannten Denkfigur den Zugang zu erleichtern, langweilig und abgedroschen wirkt.

Fast immer interessant ist die **wirtschaftliche Bedeutung** des Themas. Die kann, muss aber nicht statistisch belegt werden[100].   **176**

Beispiel: *Durch Diebstähle seitens des Personals erleidet der Einzelhandel in Deutschland aktuellen Schätzungen zufolge Verluste von . . . € jährlich; das entspricht etwa . . . % des Umsatzvolumens.*

---

99 Natürlich muss man Betroffenheitsgedusel des Typs *So schwierig, wie es dann geworden ist, hatte ich mir das Thema gar nicht vorgestellt. . .* vermeiden. Das gelingt am besten, wenn man sich kurz fasst.
100 Dazu noch unten Rn. 183.

Auch ohne Zahleninformationen kann ein Hinweis auf die wirtschaftlichen Folgen einer bestimmten rechtlichen Problemeinordnung informativ sein.

Beispiel: *Je nach der Zuordnung des . . .risikos zum . . . oder zum . . . muss sich der Risikoträger Versicherungsschutz beschaffen und diese Notwendigkeit in seine Preiskalkulation und seine unternehmerische Planung einstellen.*

Mit solchen Arten der Annäherung an das Thema ist man schon beinahe beim hier als „journalistischer Ansatz" bezeichneten Weg, der nicht die fachwissenschaftliche Bedeutung des Themas in Blick nimmt, sondern dieses in erster Linie auf seine Bedeutung für die Menschheitsgeschichte hin untersucht[101].

177   **bb) Journalistischer Ansatz**   Ein „**Aufreißer**" am Anfang ist immer eine Überlegung wert. Mit einer juristischen Themenarbeit muss man zwar nicht so hart um die Aufmerksamkeit des Lesers kämpfen wie ein Journalist mit einer Reportage oder ein Werbetexter mit einer Anzeige. Im Gegenteil ist der Leser meist öffentlichrechtlich verpflichtet, Ihren Text zu lesen. Aber es kann nicht schaden, ihn neugierig zu machen. Natürlich geht das nicht immer gleich einfach – und manchmal geht es vielleicht gar nicht, weil das Thema gar zu trocken ist. Aber man kann es doch mal versuchen[102].

Wenn es aber nicht gelingt, soll man es auch von Herzen bleiben lassen. Um Originalität bemühte Einführungsabschnitte berühren teils die Leserin geradezu peinlich. Diese Wirkung gilt es zu vermeiden. Außerdem bedeutet *journalistisch* natürlich nicht *BILD-journalistisch*.

178   Wie sieht also ein Aufreißer aus – unter den bescheidenen Verhältnissen wissenschaftlichen Arbeitens?

Nahe liegender Anknüpfungspunkt ist die **Aktualität** des Themas.

Beispiele: *Bürgschaften naher Angehöriger beschäftigen seit einigen Jahren in vorher nicht gekanntem Maß die Gerichte* oder *Vor wenigen Wochen hat das Arbeitsgericht Wuppertal in einer mit Spannung erwarteten Entscheidung die Frage entschieden, ob der Arbeitgeber seinen Arbeitnehmern in einem hausinternen Verhaltenskodex verbieten darf, Liebesbeziehungen mit Kolleginnen einzugehen* oder *Nachdem „Folter" im Geltungsgebiet des Grundgesetzes jahrzehntelang nur ein Thema der Berichterstattung aus Drittweltländern und den Kriegsgefangenenlagern der USA war, ist das Thema durch einen ungewöhnlichen Vorfall im Frankfurter Polizeipräsidium wieder auf die rechtspolitische Tagesordnung geraten. Spätestens seit den Äußerungen eines namhaften Staatsrechtslehrers, welche die Wiedereinführung der staatlichen Folter in bestimmten Situationen erörterten, beschäftigen die damit verbundenen Fragen nicht mehr nur die Stammtischrunden.*

179   Statt dessen oder verbunden damit kann man auf das allgemeine oder **weite Interesse** an einem Thema hinweisen:

Beispiele: *Weit über den fachlichen Diskurs hinaus wurde immer wieder auch in der Tagespresse (oder: in den Medien) darüber gestritten, ob* oder *Unter lebhafter Anteilnahme der Öffentlichkeit hatte das Oberlandesgericht Frankfurt am Main im Revisionsverfahren über . . . unlängst die Frage zu beantworten, wie . . .* oder *Die Entscheidung des BGH zu . . . hat schon vor ihrer Verkündung großes Interesse in den Medien gefunden. Dabei stand – anders als im fachjuristischen Streit der letzten Jahre – die Frage im Vordergrund, ob . . .*

---

101 Das ist ganz legitim: Schließlich sind die Rechtswissenschaften Gesellschaftswissenschaften. Das vergisst man manchmal, wenn man sich an einem Problem rein dogmatisch festbeißt.

102 Ganz pfiffig z.B. der Beitrag von *Gregor*, JA 2005, 820 ff., der schon mit dem Titel *Zitronen, Möhren und der merkantile Minderwert* neugierig macht (nicht zuletzt wegen der hübschen Alliteration). Lesen Sie mal die knappe und knackige Einführung – wer da nicht neugierig wird, ist selbst schuld.

Die Leserin erwartet dann aber natürlich Belege für die Behauptung, diese oder jene Frage sei in allen Medien erörtert worden.

Ein solcher Einstieg gelingt leicht bei einem tagesaktuellen laienverständlichen rechtsdogmatischen Thema, kaum jemals bei einer abseitigen Detailfrage des internationalen Zivilprozessrechts oder einer sehr abstrakt formulierten Grundlagenfrage der allgemeinen Rechtsgeschäftslehre – und nur selten bei rechtsgeschichtlichen Themen. Möglicherweise sind vom Thema gar nicht so viele Menschen betroffen – aber diejenigen, die es angeht, sind besonders schwer oder sogar existentiell betroffen. Auch das kann einen guten Einstieg bieten.

Vielleicht hat das Thema zwar nur geringe praktische, aber hohe **symbolische Bedeutung**.   **180**

Beispiel: Die Zahl der hartnäckigen Holocaust-Leugner ist objektiv betrachtet eher vernachlässigbar. Gleichwohl sind Holocaust-Überlebende, Staat und Rechtsordnung an dieser Stelle empfindlich. Verständlicherweise.

Ähnlich liegt es in Situationen, in denen ein Problem oder Konflikt zunächst gar nicht   **181** rechtlicher Art zu sein scheint, gleichwohl aber rechtlich thematisiert wird (weil sich immer jemand findet, der ein Gericht zur Streitentscheidung anruft). Hier kann man als Einstieg in die Bearbeitung darstellen, unter welchen juristischen Vorzeichen der **kulturelle Konflikt** zwischen ... und ... ausgefochten wird. Die Arbeit muss dazu nicht zwangsläufig interdisziplinär angelegt werden. Aber es schadet gewiss auch nicht, wenn man auch einmal die Grenzen juristischer Problembewältigungskapazität in den Blick nimmt.

Ein anderer Ansatz liegt darin, weniger die Aktualität als die ungebrochene Aktualität   **182** einer Frage herauszuarbeiten, also darzulegen, dass und warum es sich um einen „**Dauerbrenner**" oder „**Klassiker**" handelt.

Beispiel: *Wie ... von ... abzugrenzen ist, darf als eine der noch offenen Fragen des Rechts gelten. Zwar wird eine ganze Reihe von Kriterien vorgeschlagen, doch hat sich keines bislang durchgesetzt: Die Rechtsprechung der Obergerichte vermeidet eine eindeutige Stellungnahme, während im Schrifttum wenigstens drei grundverschiedene Ansätze einander gegenüberstehen.*

Damit muss man aber ein wenig vorsichtig sein, weil eine zu großspurige Ankündigung sofort die Frage im Kopf des Lesers nach sich zieht, was man als Verfasser einer Seminararbeit denn Neues zu bieten habe.

Von einem Einstieg mit der juristischen Bedeutung lässt sich oft ein Bogen schlagen zur   **183** **gesellschaftlichen, wirtschaftlichen, kulturellen Bedeutung des Themas**. Das bietet sich schon deshalb an, weil man den Gedanken in der Schlussbemerkung aufgreifen kann. **Statistik** ist besonders dann gut, wenn Sie verlässliche Zahlen vorliegen haben.

Beispiele: *Von der Frage betroffen sind schätzungsweise 25 % aller abhängig Beschäftigten* oder *Entgegen dem ersten Anschein ist der Anteil von ... an ... hoch:* oder *Während das Problem noch vor zwei Jahren kaum eine Rolle spielte, gehen aktuelle Umfragen/Erhebungen/Statistiken/vorsichtige Schätzungen von Experten mittlerweile von ... aus.*

Solide statistische Informationen bekommt man etwa vom Statistischen Bundesamt[103]; mögliche Informationsquellen sind aber auch Verbände, Forschungsinstitute und Unternehmen.

Wer sich die Mühe macht, nicht allgemein verfügbare statistische Informationen herbeizutelefonieren, kann fast sicher sein, etwas zu präsentieren, was der Leser so auch noch nicht gewusst hat – und oft schon deshalb wertschätzen wird.

184 Reizvoller als das allgemein Bekannte zu belegen ist es, **überraschende Zahlen** zu präsentieren. In erster Linie wird das möglich sein, wenn eine statistisch zu beschreibende Erscheinung in der allgemeinen Wahrnehmung unterschätzt wird.

185 Allerdings sollte man es mit Statistik nicht übertreiben, weil zu viele Zahlen den Leser schnell langweilen. Betrachten Sie **acht Zahlen als Obergrenze** für das Einführungskapitel; bedenken Sie dabei, dass auch Datumsangaben aus Zahlen bestehen. Je mehr Zahlenmaterial Sie zur Verfügung haben und präsentieren wollen, desto mehr gedankliche Arbeit muss in die Auswahl und aussagekräftige Zusammenstellung investiert werden. Tabellen und Grafiken, auf die man aus dem laufenden Text verweisen kann, fassen Zahlen oft leichter verständlich zusammen als ausformulierte Sätze.

186 Wo es sich anbietet, kann man den gedanklichen Bogen weiterführen, indem man etwa eine **Hypothese** bildet,

Beispiel: Nahe liegt es, dieses Interesse an . . . auf die Änderungen im . . . gesetz zurückzuführen, die das Interesse an (z.B. steueroptimaler Behandlung des . . .) haben steigen lassen.

die auf den weiteren Verlauf der Erörterung hinweist.

Beispiele: Ob diese Annahme zutrifft, wird im Verlauf der Erörterung untersucht werden oder *Diese Vermutung wird unten (C.) noch einmal aufgenommen.*

Zu achten ist dann aber darauf, dass die Hypothese nicht in der Luft hängen darf, sondern spätestens im Schlussteil der Arbeit wieder aufgegriffen wird – wenn sie nicht überhaupt das zentrale Thema vorwegnimmt. Man kann sich und der Leserin einen Gefallen tun, indem man die Hypothese so fasst, dass die Lektüre spannend bleibt (also nicht das Ergebnis vorwegnehmen, vielleicht auch einmal eine provokante Hypothese formulieren etc.).

187 Bei geeigneten Themen kann die Annäherung auch über den Hinweis auf ein falsches oder ungenaues **Rechtsverständnis der Allgemeinheit** geschehen.

Beispiel: Der Satz „Eltern haften für ihre Kinder" ist von Baustellenwarnschildern auf kürzestem Weg in das Rechtsbewusstsein weiter Bevölkerungskreise gewandert. Rechtlich gesehen ist er gleichwohl falsch. Die vorliegende Ausarbeitung konturiert die Voraussetzungen (und Rechtsfolgen) der Haftung des Aufsichtspflichtigen.

Passende Belege für solche Fehlinterpretationen oder Vergröberungen sind oft aber nicht ganz einfach zu finden. Man bedenke daher, dass diese Art der Einleitung an Pfiffigkeit stark einbüßt, wenn die Leserin das – angebliche – Fehlverständnis gar nicht kennt.

188 Ein schöner Aufhänger kann darin liegen herauszustellen, dass zwar der zugrunde liegende soziale Konflikt praktisch jeden Tag stattfindet, aber weit und breit **keine einschlägige Rechtsnorm** zu finden ist. Damit hat man dann einen guten Einstieg in die Erklärung etwa

---

103 Dazu oben Fn. 39.

einer unerwartet komplizierten rechtlichen Konstruktion, mit deren Hilfe das Problem etwa von Gerichten bewältigt wird.

Beispiel: Mobbing am Arbeitsplatz

Manchmal kann man als Einstieg die ersten paar Sätze über einen Gegenstand verlieren, **189** der zunächst mit dem Thema nichts zu tun zu haben scheint. Weil die Leserin das Thema kennt, entsteht daraus günstigstenfalls eine Spannung, die sie gerade erst richtig neugierig macht. (Aber nicht übertreiben!)

Gelegentlich hilft ein **Zitat** aus der belletristischen Literatur oder von einer juristischen Autorität oder ein **190** Aphorismus als „Aufreißer". Die müssen aber passen und dürfen nicht mühsam gesucht wirken. Seien Sie vorsichtig – die erste Idee ist nicht immer die beste.

Überhaupt bieten eine **ungewöhnliche Perspektive** oder ein unerwarteter Perspektiv- **191** wechsel am Anfang fast immer eine gute Möglichkeit, die Aufmerksamkeit des Lesers einzufangen.

Am einfachsten gelingt das, wenn der Gegenstand der Ausarbeitung an sich schon interessant, originell, ungewöhnlich ist. Das hat man als Bearbeiter meist nicht in der Hand[104]. Aber bei einem Standardproblem einen ungewöhnlichen Zugang zu finden, hebt die Ausarbeitung erst recht aus der Masse hervor.

Die Aufmerksamkeit der Leserin gewinnt man am leichtesten mit etwas **Unerwartetem** **192** ganz am Anfang. Das kann sein: etwas (scheinbar!) fern Liegendes, etwas sehr Abstraktes, etwas sehr Konkretes, etwas Zugespitztes, Pointiertes, absichtlich Vergröbertes usw.

Immer wieder die gleiche Warnung: Das kann funktionieren, muss aber nicht. Wenn Sie selbst von Ihrem originellen Einstieg nicht überzeugt sind – verwerfen Sie ihn. Durch künstliche aufgesetzte Originalität verliert man mehr, als man durch echte gewinnt.

Zweite Warnung: Einen essayistischen, pfiffigen, originellen Einstieg kann man sich als Bearbeiter nur **193** leisten, wenn man im Haupttext solide gearbeitet hat und nach den luftig-assoziativen Gedanken am Anfang im Hauptteil Substantielles bietet. Anderenfalls sieht man sich dem Verdacht ausgesetzt, man habe zwar fröhlich herumassoziiert, aber die Mühe gescheut, die mit systematischer Materialdurchdringung und Suchen von Schrifttumsbelegen nun einmal verbunden ist.

e) Elemente der Einleitung

Es gibt ein paar typische Fragen, die üblicherweise und sinnvollerweise in der Einleitung **194** behandelt werden.

Nicht alle kommen in jeder Einleitung vor. Gerade in einer knappen Einleitung müssen sie meist keine eigene Überschrift erhalten. Vielmehr gelingt es oft gut, die meisten oder alle diese Elemente in einem fließenden Text so abzuarbeiten, dass der Leser sie gleichwohl erkennt. Das wirkt weniger holprig.

aa) Präzisierung des Themas Oft wird es eingangs der Arbeit einer gedanklichen und **195** meist auch im Text festgehaltenen inhaltlichen Präzisierung bedürfen. Besonders gilt das für nicht selbst gewählte Themen.

Dies erfordert große **Sorgfalt**. Mit der themenarbeitentypischen Freiheit in der inhaltlichen Konkretisierung geht die Gefahr des *Thema verfehlt* einher. Im Allgemeinen hat der Aufgabensteller nämlich durchaus eine Vorstellung davon, was zum Thema gehört und

---

104 Näher dazu noch unten Rn. 425.

was nicht. Er kann meist auch recht gut sagen, was er für zentral und unentbehrlich hält – und was für eher marginal. An diesen Erwartungen darf die Verfasserin nur dann ganz vorbeischreiben, wenn es nicht um das Bestehen einer Prüfung geht.

Nicht immer ist durch Rückfrage Aufklärung zu erlangen[105]. Wenn Sie bei der Präzisierung der Aufgabe auf sich allein gestellt sind, wird es sinnvoll sein, möglichst am Anfang der Ausarbeitung zu erklären, wo und warum Sie die Schwerpunkte gesetzt haben.

Beispiele: *Während <Aspekt 1> wegen ... als im Wesentlichen akademische Frage gelten darf, ist um <Aspekt 2> aufgrund seiner praktischen Bedeutung für ... ein heftiger Streit im juristischen Schrifttum entbrannt. Dessen Aufarbeitung soll hier im Mittelpunkt stehen. – Zwar fehlt es an einer ... für <Problem>, doch lässt sich dies durch Übertragung des Rechtsgedankens aus ... leicht bearbeiten; viel weniger offenkundig ist dagegen der richtige Umgang mit <Problem>, der deshalb hier in erster Linie zu untersuchen sein wird.*

196 Dabei ist möglichst die **Wiederholung** des dem Leser sattsam Bekannten zu **vermeiden**

Beispiele: Langweilig werden beim 53. Lesen Formulierungen wie *Wegen der enormen Stofffülle war eine Beschränkung auf ... unabdingbar.* oder *Die knappe Bearbeitungszeit sowie die Seitenzahlbegrenzung erforderten eine konsequente Konzentration auf ...*

oder wenigstens knapp zu halten. Versuchen Sie es mit weniger gequält wirkenden Formulierungen.

Beispiele: *Eine Schwerpunktsetzung bei ... bot sich wegen der unerwarteten Aktualität gerade dieses Problemausschnitts an* oder *In den Mittelpunkt der Aufmerksamkeit rückt dabei ... Die so zu gewinnenden Erkenntnisse versprechen eine leichte Verallgemeinerbarkeit.*

Am besten gelingt das, wenn Ihre Erklärung für thematische Beschränkungen den Eindruck von Faulheit oder Willkür bei der Begrenzung vermeidet.

Beispiele: *Ausgeklammert bleiben konnte für die Zwecke der vorliegenden Untersuchung der Fragenkreis ..., der durch eine Reihe jüngerer höchstrichterlicher Entscheidungen als geklärt zu betrachten ist. – Mit Blick auf die aktuellen Untersuchungen von <Autor> und <Autorin>, die sich auf ... und ... konzentrieren, bot sich eine Schwerpunktsetzung bei <Aspekt des Themas> an.*

197 Wenn man schon darüber spricht, worüber in der Arbeit nicht gesprochen wird, soll das wenigstens nicht zu abgedroschen klingen.

Beispiel: *Hier ist nicht der Ort, um ... zu ...* oder *... muss daher ... vorbehalten bleiben* langweilt die Leserin, weil sie das schon zu oft in größeren und klügeren Texten gelesen hat.

Wer in einer zwanzigseitigen Arbeit eine Seite damit verschwendet, dem Leser zu erklären, was er bedauerlicherweise (!) nicht hat erörtern können, schneidet sich selbst den Weg zu inhaltlichen Erörterungen ab.

Um Bescheidenheit angesichts eines großen Themas zu signalisieren, schreiben Sie etwa *... wird hier skizziert/umrissen. Zu ... schlägt die Arbeit einige Argumente vor, die ein von der bisher überwiegenden Ansicht abweichendes Ergebnis tragen können. Bei ... versucht die Arbeit, einen bislang nicht gezogenen Vergleich mit ... für ... fruchtbar zu machen.*

---

105 Bei Seminarreferaten aber ist eine Rückfrage unbedingt geboten. Die Enttäuschung über eine das Thema verfehlende Ausarbeitung ist regelmäßig an sich schon groß; sie steigert sich aber noch, wenn das Thema in einem inhaltlichen Zusammenhang mit anderen ausgegebenen Themen steht, der durch die Fehlleistung zerstört wird. Das schlägt fast immer auf die Bewertung durch.

Das Mindeste, was der Leser von Ihnen erwartet, ist, dass Sie Ihren **eigenen Themenrah-** **198**
men ausfüllen – wenn Sie schon mit der Ausarbeitung nicht genau das treffen, was er sich
vorgestellt hat. Dazu muss aber eben Ihr Verständnis des Themas einleitend wenigstens
umrissen werden.

Achten Sie deshalb kurz vor der Fertigstellung noch einmal darauf, dass Ihre Ankündigung im einleitenden
Kapitel mit dem Haupttext übereinstimmt. Gerade bei frühzeitigem Abfassen der Einleitung und längerer
Bearbeitungszeit für den Haupttext können hier echte Überraschungen passieren.

Die Beschränkung auf das Wesentliche erfordert teils klare **Einschnitte**; diese sollte man **199**
in der Einleitung **ankündigen**.

bb) Annahmen, Vorverständnisse, Ausgangspunkte   Die Darstellung oder Argumen- **200**
tation, die Sie in Ihrer Ausarbeitung entwickeln, mag in sich noch so überzeugend sein –
sie wird den Leser gleichwohl nicht überzeugen, wenn Ihr Ausgangspunkt „falsch" ist.
Falsch in diesem Sinne ist vielleicht schon ein Ausgangspunkt, den Ihr Leser nicht teilt.
Um diese Frage überhaupt sinnvoll thematisieren zu können, müssen Sie Ihren **Ausgangs-**
punkt selbst formulieren (können). Nur dann kann Ihr Leser – mit dem Sie doch in einen
wenigstens hypothetischen Diskurs treten sollen und wollen – mit Ihnen darüber streiten,
ob Sie nicht am falschen Punkt nachzudenken begonnen haben.

Nötigenfalls müssen Sie deshalb nicht nur im Kopf, sondern auch in der schriftlichen Fassung die Voraussetzungen dokumentieren, die Sie im Folgenden nicht weiter in Frage stellen wollen. Das können **Annahmen** über tatsächliche oder rechtliche Umstände sein.
Oder wissenschaftliche **Glaubenslehren**, denen Sie sich anschließen.

Beispiel: Wenn Sie der Ansicht sind, die Rechtsordnung lasse sich allein aus wirtschaftlicher Vernunft erklären und menschliches Verhalten sei mit dem Modell des homo oeconomicus zu beschreiben, können Sie
damit gewiss Recht haben. Sie sollten den Leser Ihren Standpunkt aber nicht ganz langsam während der
Lektüre entdecken lassen, sondern ihn darüber in der Einführung aufklären. Das erleichtert die gedankliche
Auseinandersetzung und vielleicht auch Kritik.

In einer ganz kleinen Arbeit genügt meist der Platz nicht, um das alles zu abzuhandeln.
Aber in einer Abschlussarbeit oder Doktorarbeit wird dieser Aufwand zu Recht von Ihnen
verlangt.

cc) Stand der Diskussion/Forschungsstand   Ihr Ausgangspunkt wird nicht zuletzt **201**
durch den bisher erreichten Stand der Diskussion gekennzeichnet. Gerade bei Fragen, die
schon länger erörtert werden, erwartet der Leser hierüber Aufschluss.

In einer größeren monographischen Arbeit wird dazu ein eigener Abschnitt erforderlich sein; in einem
Seminarreferat fasst man sich knapper. Auch dort ist es aber oft sinnvoll, eingangs moderierend zu erwähnen, dass durch die jüngeren Gerichtsentscheidungen (oder: Beiträge im Schrifttum) das Thema besonders
aktuell ist.

Dieser Abschnitt gibt Ihnen Gelegenheit, den Leser binnen weniger Zeilen oder Seiten davon zu überzeugen, dass Sie nicht nur ein paar wenige ausgewählte (?) Entscheidungen
und Aufsätze in der Hand hatten, sondern auf dem vollständigen aktuellen Stand waren,
als Sie zu schreiben begonnen haben.

202 **dd) Gang der Darstellung** Je länger der Text insgesamt wird und je selektiver er sich dem Thema nähert, desto mehr ist es sinnvoll oder sogar nötig, in der Einleitung einige Sätze zum Gang der Erörterung (die auch so überschrieben sein dürfen) zu verlieren.

Anders als in einem Rechtsgutachten dürfen Sie den **Aufbau erklären**, wenn Sie meinen, dass das der Leserin hilft. Zwar soll der Aufbau möglichst schon beim ersten Lesen der Gliederung stimmig wirken; aber vielleicht haben Sie einen ungewöhnlichen und deshalb eben doch erläuterungsbedürftigen Ansatz gewählt. Meist gibt es bei Themenarbeiten eben mehrere gleich attraktive Annäherungen an das Thema, so dass auch mehr Erklärungsbedarf besteht als in einem Rechtsgutachten.

203 Viele Leser wissen es zu schätzen, wenn sie vor der Lektüre des „dicken Brockens" Hauptteil ungefähr darüber informiert werden, was sie erwartet. Oft lässt sich eine solche Übersicht über den Verlauf der Darstellung zwanglos mit der Erläuterung der eigenen Schwerpunkte, des besonderen Blickwinkels auf das Problem etc. verbinden. Zudem liegt es in Ihrem Interesse, den Leser **an die Hand** zu **nehmen** – Sie wollen ihn gedanklich nicht zu sehr auf Abwege geraten lassen, sondern ihn davon überzeugen, dass die von Ihnen gewählte Herangehensweise die beste ist.

Das kann ungefähr so aussehen wie im Beispiel in Rn. 173, aber auch viel umfassender ausfallen – abhängig nicht zuletzt vom Umfang des Texts und Komplexität des erörterten Problems.

204 Sie müssen nicht die Gliederung im Einzelnen kommentieren und damit letztendlich den Hauptteil vorwegnehmen, sondern sollen nur einen **ungefähren Aufriss** geben.

Bei einer Seminararbeit von knapp 20 Seiten kann die Übersicht über den Gang der Darstellung wegfallen oder kurz bleiben (weil man das Wichtige mit einem Blick über die ein- bis zweiseitige Gliederung erfasst). Hier wirkt eine ouvertürenhafte Einführung fehl am Platz, nicht zuletzt weil sie die Neugier raubt. Bei einer dreimal so langen Abschlussarbeit ist ein kleiner Abschnitt zum Gedankengang aber fast unabdingbar.

205 Bei kürzeren Arbeiten muss man darauf achten, nicht zu viel des knappen Platzes zu verschwenden, indem man den Aufbau erläutert. Bis 20 oder 25 Seiten Umfang darf man darauf vertrauen, dass sich die Sinnhaftigkeit des Aufbaus aus der Gliederung ergibt und nicht breit dargelegt werden muss. Bei längeren Texten liegt das oft anders.

206 Wie viel **Wissenschaftsjargon**

Beispiel: *Das Phänomen des . . . wird im Folgenden zunächst dargestellt und auf seine gesellschaftspolitische Relevanz untersucht, um sodann kritisch reflektiert und im Spannungsfeld von . . . und . . . verortet zu werden.*

Sie dabei von sich geben, ist eine Frage Ihrer individuellen Peinlichkeitsresistenz. Zurückhaltung tut gut.

207 **ee) Ergebnis** Manchmal kann man im Anschluss an die Übersicht zum Gang der Untersuchung sogar schon das **Ergebnis vorwegnehmen**. Das kann gut passen, wenn man zunächst das Problem einigermaßen dramatisch dargestellt hat. Am besten eignet sich solches Vorgehen, wenn das Ergebnis ungewöhnlich oder unerwartet ist, also etwa im Widerspruch zu einer ganz herrschenden Ansicht steht. Dann bleibt die Spannung beim Leser erhalten, weil er jetzt auf die solide Begründung für das unerwartete Ergebnis wartet.

208 Es ist dann sinnvoll, in den Ankündigungen zum Vorgehen (anders als in Gutachten) zumindest die Tendenz Ihrer Ergebnisse bereits anzudeuten: *Aus der folgenden Darstellung der bisherigen Behandlung der ,Schrottimmobilien'-Fälle in der Rechtsprechung (1.) wird sich die Inkonsistenz und mangelnde praktische Handhabbarkeit der Judikatur ergeben. Daher soll nachfolgend eine geschlossene, an den gesetzlichen Begrifflichkeiten orientierte Lösung der Problemfälle versucht werden (2.).* Eine solche Vorwegnahme der kommenden Ergebnisse ermöglicht ein Lesen des folgenden Texts unter ganz anderen Vorzeichen und vermeidet Missverständnisse. Dagegen ist es für den Leser höchst unerfreulich, wenn unter einer neutralen Überschrift alle bisherigen Ansichten dargestellt werden, die Ablehnung aller Ansichten aber völlig überraschend kommt, weil damit der gesamte vorherige Text im schlimmsten Fall noch einmal darauf gelesen werden muss, ob er dieses Ergebnis denn auch trägt.

f) Akzente setzen

Oft hat Ihre Leserin etliche Arbeiten zu lesen und zu bewerten, schlimmstenfalls haben **209** alle das gleiche Thema. Ein solider Text mit nur wenigen Schwächen verschwindet da leicht in der Masse – und wird nur durchschnittlich bewertet. Wenn Sie Ihre Arbeit einprägsam, identifizierbar, erinnerbar gestalten wollen, dürfen Sie nicht ausschließlich auf inhaltliche Brillanz setzen. Manchmal genügt schon ein **kleiner ungewöhnlicher Schlenker**. So können Sie etwa im Einführungs- oder im Schlusskapitel eine unerwartete Information unterbringen, die auch für die Leserin neu ist.

Beispiele: Das kann eine rechtshistorische Parallele zum gerade bearbeiteten Problem sein oder eine etymologische Information zur Terminologie oder ein pfiffiger rechtsvergleichender Hinweis oder eine bemerkenswerte Personalie. Oder die Frage, wo ein bekanntes Problem zuerst aufgetaucht ist – wenn das keiner mehr so recht weiß.

Sie sollen natürlich nichts erfinden und müssen sich auch nicht künstlich um Originalität bemühen. Man darf nicht erwarten, dass solcherlei Zusatzinformationen in jedem Lehrbuch und Kommentar zu finden sind; sie gehen ja gerade über das Standardrepertoire hinaus.

Wenn Sie aber etwas Taugliches gefunden haben, setzen Sie es ein. Die Chancen stehen nicht schlecht, dass die Leserin bei der Bewertung Zusatzpunkte vergibt.

Mit den kleinen funkelnden Originalitäten kann es so und so gehen: Manche fallen einem zufällig kraft Allgemeinbildung oder kraft vertieften Fachwissens in den Schoß, viele ergeben sich aber nur als Früchte intensiver Forschungsarbeit.

Positiv fällt auf, wer der Leserin etwas liefert, was sie selbst noch nicht kannte, aber für die eigene Arbeit **210** brauchen kann. Wie das geht, hängt davon ab, woran die Leserin gerade arbeitet und wofür sie sich überhaupt interessiert. Manchmal geht es vielleicht überhaupt nicht.

Pfiffig kann auch der Einstieg mit einer **überraschenden oder besonders schön pointierten These** sein. Die These muss dann aber eben weiterverfolgt und erklärt oder widerlegt werden; sie darf nicht einfach als Aufreißer in der Luft hängen bleiben. **211**

Beispiel: Recht anschaulich die These vorangestellt hat etwa *Kitz*[106], der in seinem Text kritisiert, dass der Gesetzgeber ohne Not das Prinzip *pacta sunt servanda* aufgebe.

Wenn das Thema den Titel der Ausarbeitung nicht zwingend vorgibt, kann man eine kleine originelle Note schon in der **Überschrift** unterbringen, **212**

Beispiel: Einen ganz guten eye catcher gibt der Aufsatztitel *Profilbildende Maßnahmen: Möglichkeiten der Unterbindung virtueller Mund-zu-Mund-Propaganda*[107] ab. Bei den *Profilbildenden Maßnahmen* denkt man zuerst an die Zwischenüberschrift eines Arbeitsblatts aus einer Unternehmensberatung, dann vielleicht an ein Problemschlagwort aus einem leicht esoterisch angehauchten Seminar zur Persönlichkeitsentwicklung – und am Ende an die eBay-Bewertungen, um die es in dem Beitrag geht.

---

106 ZRP 2006, 183 ff.
107 *Janal*, NJW 2006, 870 ff.

Das funktioniert aber natürlich nur solange gut, wie es die Ausnahme bleibt – und die meisten Überschriften knochentrocken darum bemüht sind, den Inhalt des Texts zu verschlagworten.

Damit hebt man sich – vielleicht – von Standardtiteln

Beispiel: *<Problem> zwischen <Aspekt> und <Aspekt>*

ab.

2. Hauptteil

Wie der Hauptteil Ihrer Arbeit aufgebaut ist und welche Schwerpunkte Sie setzen (sollten), hängt in erster Linie vom Thema und von der Art der Themenarbeit ab. Hinweise zu verschiedenen Typen von Themenarbeiten finden Sie unten[108]; hier schließen sich einige allgemeine Empfehlungen an.

a) Überschrift

213   Bezeichnen Sie den Hauptteil nicht als *Hauptteil*. Das ist ganz farb- und phantasielos. Prinzipiell braucht der Hauptteil der Arbeit gar keine eigene Überschrift, vielmehr beginnt er mit der ersten inhaltlichen Überschrift, die dann auf gleicher Gliederungsebene wie die Einleitung und der Schluss steht. Achten Sie nur darauf, dass Sie für den Fall, dass Ihre Einleitung Erläuterungen zum Gang der Darstellung enthalten, Sie auch den Hauptteil entsprechend dieser Ankündigung beginnen lassen.

b) Umfang

214   Der Hauptteil nimmt regelmäßig etwa **70–80 % des Gesamtumfangs** ein. Es ist auch inhaltlich der Teil, der weitestgehend die Bewertung der Arbeit bestimmt. Hier wird die eigentliche Bearbeitung des Themas dargestellt, werden also alle klugen Gedanken verarbeitet, die man sich zu dem Thema gemacht hat. Wenn Sie feststellen, dass der Anteil am Gesamtumfang wesentlich geringer ist, sollten Sie noch einmal nachdenken, ob nicht etwa Ihre Einleitung zu wasserköpfig ausgefallen ist und zuviel vom eigentlichen Inhalt der Arbeit vorwegnimmt.

c) Herangehensweise

215   Es ist für einen Leitfaden wie den vorliegenden nicht möglich, alle denkbaren Probleme anzusprechen, die sich aus der inhaltlichen Bearbeitung eines Themas ergeben. Andererseits zeigt aber die Erfahrung, dass es eine ganze Reihe typischer Fehlerquellen bei der Themenbearbeitung gibt, die vermieden werden könnten und die nach der Lektüre dieses Werkes hoffentlich nie wieder auftreten. Im Folgenden werden zunächst einige allgemeine Tipps zum Umgang mit der Aufgabe und zur Darstellung und Argumentation gegeben, bevor Besonderheiten häufiger auftretender Typen von Themenarbeiten näher beleuchtet werden.

216   Gleichwohl stößt hier eine Arbeitsanleitung an ihre Grenzen. Im Kern besteht der Hauptteil Ihrer Arbeit aus einer **guten Idee** – oder aus mehreren. Eine gute Idee zu haben hängt von Faktoren wie gründlicher Problemdurchdringung, Inspiration, Glück, Genie und ähn-

---

108 Rn. 337 ff.

lichem ab. Gegenüber diesen Faktoren bleibt eine Anleitung wie diese zwangsläufig oberflächlich und aussagearm.

Kurz: Die gute Idee zu haben nimmt Ihnen keiner ab. Dafür ist es aber auch Ihr Verdienst, wenn Sie eine haben (oder mehrere).

d) Umgang mit der Aufgabe

Wenn Sie entsprechend dem oben Ausgeführten (Rn. 20 ff.) Ihre Aufgabe verstanden und **217** soweit eingegrenzt haben, dass Sie wissen, worüber Sie schreiben wollen, ist schon eine Menge erreicht. Im Hauptteil der Arbeit müssen Sie das nur noch zu Papier bringen. Dabei ist es wichtig, dass Sie sich auch **beim Schreiben Ihre Themenstellung immer vor Augen halten**. Der Hauptgrund für unerwartet schlechte Bewertungen ist erfahrungsgemäß, dass Bearbeiter ihr Thema ganz verfehlen oder über weite Strecken des Texts aus den Augen verlieren.

Wenn Sie sich unsicher sind, wo die Reise hingehen sollte, weil Sie nur eine Überschrift als Aufgabe in der **218** Hand haben, versuchen Sie als erstes, nachdem Sie sich ein wenig eingearbeitet haben, selbst zu ergründen, wo die wichtigen Probleme liegen[109].

Bei einem Seminar oder einer vergleichbaren Veranstaltung sollten Sie dabei auch das Gesamtthema bedenken und auch das Verhältnis Ihres Themas zu den übrigen. Genügt dies nicht, um die Aufgabe hinreichend zu umreißen, fragen Sie den/die VeranstalterIn (oder seine/ihre Mitarbeiter). Dies ist nicht nur zulässig, sondern den meisten Lehrenden lieber, als im Seminar dann Arbeiten diskutieren zu müssen, die am Thema vorbei gehen.

e) Arbeiten an der Aufgabe

Wesentlich bei der Erstellung des Hauptteils Ihrer Arbeit ist, dass Sie sich auf das konzen- **219** trieren, was die Bearbeitung Ihrer Aufgabe weiter bringt. Dies muss Ihnen als Leitbild beim Abfassen des Texts immer präsent bleiben.

aa) Abschweifungen vermeiden   Themenarbeiten verführen dazu, angelesenes Wissen **220** weitergeben zu wollen. Sie werden bei der Einarbeitung in Ihr Thema eine Menge Informationen verarbeiten, die kaum oder gar nicht zu Ihrem Thema gehören. **Widerstehen Sie dem Drang, alles sagen zu wollen, was Sie wissen!** Es gibt kaum etwas Unschöneres als Arbeiten, die vom Hundertsten ins Tausendste kommen und dabei die selbst definierte Fragestellung nicht mehr beachten. Sie werden solche Aufsätze in Festschriften und Archivzeitschriften (AcP, ZStW, AöR etc.) schon gelesen haben. In den Text gehört jedenfalls nichts, was Sie der unmittelbaren Bearbeitung Ihres Themas nicht zuordnen können. Zwar sind die Regeln dafür, was überflüssig ist, nicht so streng wie in einem Gutachten. Dennoch bleiben Sie in der Pflicht, sich **so kurz wie möglich und nur so ausführlich wie nötig** zu äußern. Den Bezug Ihrer Gedanken zum Thema müssen Sie im Text selbst herstellen; Sie müssen erläutern können, warum die dargestellten Erwägungen für das Verständnis des Themas wesentlich sind. Wenn Sie dies nicht erklären können, gibt es eine

---

109 Siehe oben Rn. 23 ff.

sehr starke Vermutung dafür, dass Sie dabei sind, vom eigentlichen Thema abzuschweifen. Lassen Sie es!

221 **bb) Erklärungen zur Bedeutung des Vorgetragenen** Auch für den Hauptteil des Texts ist es wichtig, dass Sie erklären, **wie und warum gerade dieser Gedanke zu Ihrem Thema gehört**.

> **Beispiel:** Wenn Sie unter der Überschrift *Sterbehilfe als straf- und zivilrechtliches Problem* Ausführungen dazu machen wollen, dass es sinnvoll sein kann, für Grenzfragen, für deren Bewältigung es keine zufrieden stellenden einfachen materiellen Kriterien zu geben scheint, auf prozedurale Absicherungen für ethisch richtige Entscheidungen auszuweichen, muss sich aus Ihrem Text ergeben, was dies mit dem Thema der Arbeit zu tun hat. Idealerweise erklären das die bisherigen Ausführungen aus sich heraus. Meist werden hier aber erläuternde Wendungen nötig sein wie: *Da die bisherigen Überlegungen gezeigt haben, dass es für die Abgrenzung zwischen aus ethischer Sicht zulässiger oder gar gebotener Sterbehilfe und ihrem Missbrauch keine Kriterien gibt, die einfach und sicher zu handhaben wären, gilt es nun, über Alternativen nachzudenken. Dies führt zu Überlegungen, die Zulässigkeit von Sterbehilfe prozedural abzusichern.*

> Solche Überleitungen kosten zwar Platz, sind aber für die Verständlichkeit der Darstellung sehr förderlich. Anders als in einem Gutachten, in dem Erklärungen zur Wesentlichkeit der bearbeiteten Punkte verpönt sind, sind solche Erläuterungen in einer Themenarbeit wichtig. Vergessen Sie nicht, dass es hier keine „Musterlösung" wie für eine Falllösung gibt. Wenn Sie dem Leser erklären, warum Sie etwas für wichtig halten, wird er dies meist so akzeptieren (es sei denn, Sie vergreifen sich total).

222 **cc) Gesamtthema der Veranstaltung im Blick behalten** Wichtig ist in Seminaren oder vergleichbaren Veranstaltungen auch, dass Sie beim Abfassen Ihrer Hauptgedanken auch den **Bezug zum Gesamtthema der Veranstaltung** im Hinterkopf behalten. Bei der Planung eines Seminars hat der Veranstalter meist eine recht konkrete Vorstellung davon, wie sich das Gesamtthema über die Einzelarbeiten erschließen soll. Zumindest sollten Sie eine solche Vorstellung erst einmal unterstellen. Für die Bewertung wirkt es sich sicher nicht negativ aus, wenn Sie diese Erwartung zu erfüllen versuchen.

223 **Beispiel:** Wer in einer Veranstaltung zur Organhaftung bei Kapitalgesellschaften im Umfeld weiterer rechtsvergleichender Themen etwas zum Sarbanes-Oxley-Act schreiben soll, kann davon ausgehen, dass es dem Veranstalter dabei vor allem um die Haftungsnormen ging und in diesem Zusammenhang wohl auch um den so genannten Bilanzeid. Wer dann aber in eine heftige Kritik dieses eher archaischen Rechtsinstituts eintreten will, bedenke, dass es im Kern um die Haftung der Mitglieder der Organe der Gesellschaften gehen soll und nicht um rechtstheoretische Erwägungen oder gar rechtshistorische Vergleiche. Beides ist durchaus zulässig, muss aber eben in den Hauptkontext eingebettet werden und dieser muss als Hauptschwerpunkt erkennbar bleiben.

f) Gedankliche Strukturen

224 Der Hauptteil der Arbeit besteht im Wesentlichen aus der Entwicklung (oder zumindest der Wiedergabe) Ihrer Gedanken zu dem vorgegebenen Thema. Sie müssen also Ihre Gedanken in eine **plausible Abfolge** bringen und sie in dieser Form an Ihren Adressaten weitergeben. Jedes Thema ist anders und jeder, der über ein Thema schreibt, sollte einen eigenen Weg finden, es zu bearbeiten. Dennoch gibt es allgemeine Tipps, die mehr oder weniger ausgeprägt für alle Themenarbeiten gelten. Häufig hilft es schon, sich bestimmter Dinge bewusst zu sein, den Blick für wiederkehrende Strukturen zu schärfen, um sich auch ein eigenes Repertoire an Darstellungstechniken und -methoden anzulegen, aus dem man bei der Abfassung des Hauptteils der Arbeit schöpfen kann.

Das Folgende soll sich zunächst aus verschiedenen Perspektiven einer Themenarbeit insbesondere im Schwerpunktbereich nähern, woran sich einige kurze Bemerkungen zu Argumentationstechniken anschließen.

g) Erste Annäherung: Parallelitäten und Unterschiede zu Gutachten

In der Ausbildung liegt das Schwergewicht der Methodenvermittlung auf der Gutachtentechnik. Diese bekommen die Studierenden ab dem ersten Semester in Übungen, Arbeitsgemeinschaften und Propädeutika an der Universität beigebracht. Soll dann im Schwerpunktbereich plötzlich ein wissenschaftlicher Text zu einem Thema verfasst werden, wird eine Anleitung hierfür schmerzlich vermisst. Die nach drei bis fünf Semestern intensiven Gutachtentrainings aufgesetzten Scheuklappen führen teils dazu, dass nicht einmal mehr der Leistungsstand des Abiturs bei der freien Abfassung eines Aufsatzes erreicht wird. **225**

Daher hilft es, sich zu verdeutlichen, wo die Unterschiede, aber auch wo die Parallelitäten zwischen Fallbearbeitung und Themenarbeit liegen. Ein Bewusstsein für letztere kann die Themenbearbeitung sehr erleichtern.

aa) Häufige Struktur: Sachverhalt und rechtliche Würdigung

aa) Häufige Struktur: Sachverhalt und rechtliche Würdigung Beim Gutachten besteht die Aufgabe in der rechtlichen Würdigung eines vorgegebenen Sachverhalts. Um eine solche rechtliche Beurteilung eines Sachverhalts geht es auch in vielen Themenarbeiten, insbesondere zu aktuellen Themen. Hat man ein solches Thema zur Aufgabe, kann die gedankliche Struktur des Hauptteils zu einem guten Teil an die Struktur eines Gutachtens angelehnt werden – man bewegt sich auf „vertrautem" Terrain. **226**
Allerdings ist auch bei solchen Arbeiten immer zu bedenken, dass es gravierende Unterschiede zum Gutachten gibt. Diese bergen Chancen ebenso wie Risiken.

Ein wesentlicher Unterschied zwischen Themenarbeiten und Gutachten liegt darin, dass bei den erstgenannten der **Sachverhalt** regelmäßig nicht vorgegeben ist. Vielmehr gehört dessen Erarbeitung zur Aufgabe. Das ist für Jurastudierende ungewohnt, werden sie doch in den Übungen und im Klausurentraining darauf geeicht, den vorgegebenen Sachverhalt als „Bibel" unhinterfragt als gegeben anzunehmen. Dass ein großer Teil der praktischen juristischen Arbeit darin bestehen wird, eben diesen Sachverhalt überhaupt erst einmal herauszufinden, bildet das Studium gar nicht (und auch das Referendariat nur teilweise) ab. Bei Themenarbeiten wird dagegen oft erwartet, dass Sie aus einem Schlagwort in einer Überschrift einen Sachverhalt entwickeln, um diesen dann rechtlich zu beurteilen. **227**

Beispiel: Wenn Sie in einem Seminar zum Völkerstrafrecht mit dem Thema *Khaled el-Masri und die CIA – Bewertung der Methoden des US-Geheimdiensts* konfrontiert sind, verweist dies auf einen konkreten Fall (*Khaled el-Masri*), aber auch auf einen weiterreichenden Sachverhaltskomplex (*Methoden des US-Geheimdiensts*), für den der konkrete Fall als Beispiel stehen soll. Sie müssen also am Beispiel des Falls el-Masri eine rechtliche (Gesamtthema beachten: völkerstrafrechtliche) Bewertung des Vorgehens der CIA im so genannten Krieg gegen den Terror erarbeiten.

Dafür müssen Sie zunächst ermitteln, was im Fall Khaled el-Masri überhaupt passiert ist. Diese Arbeit, die eher einer journalistischen Recherche als dem an der Universität trainierten juristischen Arbeiten entspricht, braucht große Sorgfalt, denn wenn Sie der rechtlichen Bewertung den falschen Sachverhalt zugrunde legen, ist die gesamte Arbeit kaum noch verwertbar. Genau hier besteht aber auch die große Gefahr, wenn Sie an das Schreiben des Hauptteils Ihrer Arbeit gehen. Denn wenn Sie sich mit viel Mühe und großem Zeitaufwand eine umfassende Sachkenntnis erarbeitet haben, ist die Versuchung groß, dieses umfassende Wissen auch mitzuteilen. Anders als im Gutachten, wo die Kriterien für die Relevanz des Geschriebenen sehr strikt sind, gibt es in der Themenarbeit zudem keine genauso strengen Kriterien dafür, was in den Text gehört und was nicht. Die für das zweite Staatsexamen wichtige Relationstechnik, mit der (unter **228** anderem) das Herausfiltern des wesentlichen Sachvortrags aus den Schriftsätzen der Prozessparteien ermöglicht werden soll, haben Sie noch nicht gelernt; dies hätte hier helfen können[110].

So bleibt Ihnen nichts weiter als die allgemeine Überlegung, dass auch in einer Themenarbeit die Darstellung des Sachverhalts sich auf die für die rechtliche Würdigung relevanten Informationen beschränken sollte. Im Beispiel bedeutet dies, dass zwar darzustellen ist, dass el-Masri von Agenten der CIA in Mazedonien entführt, später nach Afghanistan gebracht und dort mehrere Monate festgehalten, verhört und nach eigenen Angaben auch misshandelt worden ist. Dagegen haben die politischen Auswirkungen des Falls in Deutschland mit dem Thema nur sehr am Rande zu tun. Da der Fall als Beispiel verwendet werden soll, ist es legitim, auf ähnliche Fälle so genannter *extraordinary renditions* zu verweisen. Schon deren Sachverhalte sollten nicht mehr detailliert geschildert werden.

229 In der Themenarbeit können Sie zwar auch weiterführende und vertiefende Sachverhaltsinformationen vermitteln (auch ein wesentlicher Unterschied zum Gutachten), Sie müssen aber darauf achten, dass der Schwerpunkt der Faktendarstellung klar bei den für die Würdigung **wesentlichen Abläufen** bleibt. Für das Beispiel bedeutet das, dass es zwar legitim sein kann, auf die Geschichte sehr fragwürdiger Aktionen der CIA zu verweisen, keinesfalls aber darf hier detailliert darauf eingegangen werden, was die Agency in den 50 Jahren ihres Bestehens alles an Flecken auf ihrer Weste gesammelt hat.

Insgesamt ist es wichtig, gerade **bei der Darstellung eines Sachverhalts kritisch mit sich selbst** umzugehen und hier am ehesten bereit zu sein, angesammeltes Wissen für sich zu behalten. In einer Dissertation von mehreren hundert Seiten fände sich vielleicht der Raum für eine umfassende Präsentation der eigenen Rechercheergebnisse, selbst dort wäre diese aber in den allermeisten Fällen deplatziert.

Denken Sie gerade in Seminaren daran, dass es mit der schriftlichen Arbeit nicht getan ist. Heben Sie sich Ihre weiterführenden Rechercheergebnisse vor allem für die dem Vortrag folgende Diskussion auf, in der Sie dann mit Hintergrundinformationen glänzen können. Das wirkt sich häufiger als gemeinhin angenommen positiv auf die Gesamtbewertung aus.

230 Der **Schwerpunkt** einer rechtswissenschaftlichen Arbeit sollte immer auf der **juristischen Beurteilung** liegen. Diese muss deutlich den breitesten Raum einnehmen. Hier sollen Sie die fachlichen Fähigkeiten zeigen, die Grundlage der Bewertung der Arbeit als Prüfungsleistung sind.

Gerade bei Seminararbeiten oder vergleichbaren Texten mit einem von vornherein begrenzten Umfang müssen Sie die Sachverhaltsarbeit soweit konzentrieren und kürzen, dass genügend Raum für die primäre Arbeit der rechtlichen Bewertung bleibt. Dies gilt im Übrigen nicht nur für die schriftliche Arbeit; auch Vorträge, die nur Fakten darstellen und die Bewertung derselben höchstens noch andeuten, führen nicht zur Aufwertung.

231 Strukturell sind Sie nicht daran gebunden, Sachverhalt und Würdigung strikt zu trennen: Sie schreiben kein Urteil, wo dies erwartet wird. Es kann der Lesbarkeit des Texts förderlich sein, zu Beginn des Hauptteils oder auch noch als Teil der Einleitung nur die wesentlichen Umrisse des tatsächlichen Geschehens mitzuteilen und die Details erst dort auszuführen, wo sie für die rechtliche Beurteilung relevant werden. Auch dann sollten Sie aber

---

110 Dennoch ist es wahrscheinlich nicht sinnvoll, sich in die umfangreiche Literatur zu diesem Thema schon im Studium einzuarbeiten, außer man will schon einmal für das Referendariat „vorlernen". Trotzdem: *Anders/Gehle*, Das Assessorexamen im Zivilrecht, 9. Auflage Neuwied 2007; *Olivet*, Juristische Arbeitstechnik in der Zivilstation, 3. Auflage, Heidelberg 2005; *Schellhammer*, Die Arbeitsmethode des Zivilrichters, 15. Auflage, Heidelberg 2005. Hineinschauen kostet in der Bibliothek nichts – außer Zeit. . .

immer daran denken, dass die Faktendarstellung nur Anlass für die juristischen Überlegungen ist, letztere aber der wesentliche Teil der Prüfungsleistung sind.

In diesem „Hauptteil des Hauptteils" der Arbeit, also **bei der rechtlichen Bewertung des Hauptproblems** der Arbeit, sind die **Parallelen zu einem Gutachten** potentiell **am größten**. Die Ausnahme hiervon sind echte Grundlagenarbeiten zu Rechtsphilosophie, Rechtstheorie oder Rechtsgeschichte, bei denen die Dogmatik ohnehin völlig in den Hintergrund tritt. Geht es aber um Rechtsdogmatik, ist das Anlehnen an eine Fallbearbeitung grundsätzlich zulässig und sinnvoll. **232**

Es sollte zwar klar sein, dass Sie kein vollständiges Gutachten abliefern müssen. Für die Verständlichkeit des Textes gerade bei ebenfalls juristisch (ver- oder) vorgebildeten Adressaten ist es aber vorteilhaft, wenn Ihre Darstellung in der Reihenfolge den Prüfungspunkten einer Fallbearbeitung grundsätzlich folgt. Anders als im Gutachten brauchen Sie in einer Themenarbeit nur auf die Punkte einzugehen, die tatsächlich zu diskutieren sind, während Sie alles übrige ganz weglassen oder höchstens lapidar feststellen. Auch brauchen Sie sich in der Darstellung nicht an den vom Gutachten bekannten juristischen Syllogismus zu halten. Sie müssen weder Obersätze bilden noch subsumieren. Dafür müssen Sie die Probleme deutlich machen und im Kontext des Gesamtthemas auf den Punkt bringen.

Beispiel: Wenn Sie in einem Seminar zum Kapitalmarktrecht eine Arbeit zur persönlichen Haftung für Fehlinformationen des Börsenpublikums schreiben, ist es sinnvoll, sich im Hauptteil am üblichen Anspruchsschema zu orientieren, also etwaige vertragliche oder quasivertragliche vor deliktischen Ansprüchen zu diskutieren. Dabei müssen Sie nicht im Einzelnen die Modalitäten prüfen, unter denen ein Anleger etwa in den Schutzbereich eines Vertrags mit Schutzwirkung zugunsten Dritter einbezogen sein kann, sondern die Möglichkeit der Einschlägigkeit dieses Instituts allgemein darstellen und seine Anwendungsbedingungen erläutern. Auch bei den deliktischen Ansprüchen brauchen Sie beispielsweise nicht im Rahmen von § 823 II BGB das Vorliegen von §§ 263 oder 264a StGB detailliert durchzuprüfen. Auf die typischen Probleme für Anleger in solchen Konstellationen müssen Sie aber eingehen. **Die Gliederung folgt also in großen Zügen einer Fallbearbeitung, wird aber im Detail anders aufgefüllt**. Zudem müssten Sie in diesem Beispiel, und hier geht die Themenarbeit deutlich über das Gutachten hinaus, auch etwa auf laufende gesetzgeberische Entwicklungen eingehen, hier etwa den vorgelegten Entwurf eines Kapitalmarktinformationshaftungsgesetzes (KapInHaG) und dessen Schicksal. **233**

Außer der groben gedanklichen Gliederung können auch im Detail Anleihen beim Gutachtenstil sinnvoll sein. Da der Kern einer Themenarbeit sehr häufig die Aufarbeitung eines oder mehrerer umstrittener Probleme ist, kann es helfen, sich bei deren Darstellung an den Regeln der Streitdarstellung im Gutachten zu orientieren[111]. Dies bedeutet, dass auch in einer Themenarbeit die Ansichten zunächst nacheinander dargestellt werden sollten. Auch sollte, wenn es um einen festen oder typischen Sachverhalt geht, dieser unter jede Ansicht subsumiert werden, um die Auswirkungen der verschiedenen Ansichten aufzuzeigen. Anders als im Gutachten ist aber in der Themenarbeit eine Diskussion der Ansichten auch dann zulässig und je nach Thema auch nötig, wenn die Ergebnisse im Einzelfall gleich sind. Denn in einer rechtswissenschaftlichen Arbeit kann und soll auch die Schlüssigkeit und Überzeugungskraft der Herleitung eines Ergebnisses bewertet werden. **234**

---

111 Dazu ausführlicher *Schimmel* (Fn. 86), Rn. 158 ff.

235 **Beispiel:** Während also in einem strafrechtlichen Gutachten etwa die Feststellung, dass sowohl nach der Tatherrschaftslehre als auch nach der subjektiven Täterlehre im konkreten Fall von einer Täterschaft des A auszugehen ist, eine Entscheidung zwischen diesen Ansätzen unnötig und damit falsch macht, ist dies in einer Themenarbeit anders. Hier kann es gerade darauf ankommen zu zeigen, dass die Rechtsprechung ausgehend von einer subjektiven Abgrenzungslehre zwar zu sehr ähnlichen Ergebnissen wie die Lehre von der Tatherrschaft kommt, der zugrunde liegende Täterbegriff aber ein diametral anderer ist und dass es sinnvoll ist, sich zwischen einem restriktiven und einem extensiven Täterbild zu entscheiden.

236 **bb) Beschreibung und Bewertung** Verallgemeinert man die oben beschriebene **Struktur** von Sachverhalt und rechtlicher Würdigung, kommt man zu einer in fast jeder Themenarbeit zu findenden Abfolge von **Beschreibung und Wertung**. Selbst Grundlagenthemen, Überblicksarbeiten und andere von der dogmatischen Würdigung eines Sachverhalts abweichende Aufgaben lassen sich mit dieser Struktur bearbeiten. Vom Gutachten weicht sie allerdings deutlich ab, da dieses keinen beschreibenden Teil enthalten soll (der Sachverhalt ist ja vorgegeben). Deshalb sollte man sich bei der Bearbeitung einer Themenaufgabe diese beiden Teile und ihre Gewichtung bewusst machen.

237 Fast alle Themenarbeiten erfordern **einen deskriptiven und einen normativen Teil**. In ersterem wird das zu behandelnde Thema beschrieben, in letzterem werden die auftretenden Rechtsprobleme erklärt, gewürdigt, diskutiert und gegebenenfalls aus eigener Sicht bewertet. Diese Teile können im Text strikt getrennt werden, müssen es aber nicht. Dennoch empfiehlt es sich, auf das Einbeziehen beider Elemente zu achten und keines zu kurz kommen zu lassen.

Gerade weil Seminararbeiten als Teilleistungen im Schwerpunktbereich direkt in die Examensnote einfließen können, werden Arbeiten, die sich in einer reinen Beschreibung des Problems ohne Diskussion und Bewertung der Probleme erschöpfen, nicht besonders hoch bewertet. Im schlimmsten Fall (vor allem, wenn selbst die Beschreibung fehler- oder lückenhaft ist) fallen inzwischen auch Seminararbeiten durch[112].

238 Dabei soll nicht das Missverständnis entstehen, der beschreibende Teil sei deckungsgleich mit einer **Sachverhaltsdarstellung**. Vielmehr ist letztere, wenn erforderlich, meist nur ein **Teil der Deskription**. Diese umfasst außerdem auch die **Beschreibung der Rechtslage**, insbesondere die Information über die einschlägigen Normen (was in randständigen Rechtsgebieten eine anspruchsvolle Aufgabe sein kann) und den Umgang der Rechtsprechung mit dem Problem (wenn vorhanden). Je nach eigenem Stil kann auch die **Darstellung eines Diskussionsstands** rein deskriptiv erfolgen, was insbesondere bei der dogmengeschichtlichen Aufarbeitung aktuell nicht mehr relevanter Streitigkeiten sinnvoll ist.

Diese Beschreibung **kann, muss aber nicht zwingend wertungsfrei** erfolgen. Es kann sprachlich und gedanklich wesentlich sinnvoller sein, Beschreibung und Bewertung beieinander zu halten, vor allem, wenn die Aufgabe mehrere Problemschwerpunkte enthält. Es ist letztlich Übungssache, beides so ineinander greifen zu lassen, dass der am Ende entstandene Text auf den Leser überzeugend und spannend wirkt.

Für die Klarheit der Gedankenführung ist es wichtig, selbst den Überblick zu behalten, wo man nur etwas wiedergibt und wo man bewertet. Gerade wenn man Darstellung und rechtliche Würdigung fließend ineinander übergehen lassen will, so dass der Leser den Übergang im Idealfall gar nicht als kategorialen Wechsel erfasst, ist es wesentlich, selbst genau zu wissen, wo „der eigene Mist" anfängt, da man diesen anders als

---

112 Und zwar mit steigender Quote.

die reine Beschreibung begründen und verteidigen können muss und, will man überzeugen, zumindest die Begründung auch mitliefern sollte.

Sie sollen **in jeder Themenarbeit** zu den aufgeworfenen Problemen **selbst Stellung**   **239**
beziehen. Es genügt nicht, nur Fakten und bereits geäußerte Meinungen zu sammeln. Der Aufgabensteller will Ihren Standpunkt zu den relevanten Fragen erfahren. Beim Setzen der Schwerpunkte genießen Sie gewisse Freiheiten. Wichtig ist dabei aber, dass die Schwerpunkte dort gesetzt sein sollten, wo Sie Ihre Bewertung einbringen wollen.

Dabei gilt einerseits, dass Sie sich auch dann eine eigene Meinung zu einem Diskussionsstand zutrauen dürfen, wenn Sie das Gefühl haben, die sich äußernden Vertreter der verschiedenen Ansichten seien doch alle viel schlauer als Sie (oder viel renommierter, älter, erfahrener . . .). Erstens trügt dieser Eindruck häufiger, als man denken sollte. Zweitens haben Sie den Vorteil, alle vorgebrachten Argumente zur Kenntnis nehmen zu können. Sie müssen das Rad nicht neu erfinden, sondern innerhalb bestehender Meinungsstände äußern, welche der vorgebrachten Ansichten Sie warum für sinnvoll halten.

Wichtig ist dabei, dass Sie begründen können, warum Sie zu Ihrer Bewertung kommen. Die Qualität dieser Begründungen ist ein wesentliches, wenn nicht das wichtigste Bewertungskriterium. Hier müssen braucht es Energie, Zeit, Genauigkeit und Gründlichkeit.

Um es ganz deutlich zu sagen: **Eine eigene Meinung muss keine neue Meinung sein**. Es   **240**
erwartet niemand mehr, als dass Sie sich mit plausibler Begründung einer der bereits vorhandenen Ansichten anschließen. Wenn das Thema aber tatsächlich eigene, neue Ideen hergibt, kann es sehr positiv wirken, diese auch darzulegen. Allerdings ist dann die Qualität der Argumentation noch wichtiger[113]. **Anstoß erregen** ist zum Beispiel in solchen Situationen gut (oder: immer eine Überlegung wert) – aber nicht an der falschen Stelle. Die falsche Stelle ist unter anderem die, wo der Anstoß Ihnen nicht helfen, sondern nur schaden kann. Dazu gehören etwa die unnötigen Festlegungen.

Beispiel: Eine unnötige Festlegung steckt oft in Sätzen wie *Wichtigster Anwendungsfall von x ist y*. Meist lässt sich sofort darüber streiten, ob wirklich y der wichtigste Anwendungsfall von x ist. Wenn für Ihre Argumentation nicht gerade die Aussage *wichtigste* eine Rolle spielt, versuchen Sie es doch statt dessen mit *Wichtiger Anwendungsfall*.

Bewusste Provokationen sind allemal gut – aber man muss sie sich leisten können. Wer provoziert, muss souverän mit der provozierten Situation umgehen können. Das erfordert Fachwissen und zumindest unter Anwesenden eine gewisse Reaktionsschnelligkeit.

cc) Weiterführende Überlegungen   Ein ertragreicher Ansatz liegt auch darin, den   **241**
Lesern einen **Zugang zur** gerichtlichen, vertragsgestaltenden etc. **Praxis** zu erschließen. Darüber freuen sich die Mitstudierenden (im Fall der Seminararbeit) und nicht selten auch die Professorin. Die ist nämlich meist (aber nicht immer) mit der „theoretischen" Seite des Problems besser vertraut als mit der „praktischen". (Das liegt an der Arbeitsteilung, die es akademischen Lehrern nicht immer erlaubt, auch umfassend als Richter oder Rechtsanwälte tätig zu sein.)

Man übe aber als Bearbeiterin ein bisschen Zurückhaltung bei vollmundigen Erklärungen, die häufig zu pauschal geraten und spätestens dadurch unangenehm **besserwisserisch** klingen.

---

113 Fragen Sie einmal jemanden, der seine Doktorarbeit schon hinter sich hat. . .

Beispiel: *Die Praxis löst das Problem durch einen einfachen Rückgriff auf* . . .

Zudem erwartet an solcher Stelle der Leser Belege. Die können etwa aus der sonst seltener zitierten Praktikerliteratur kommen, etwa aus Formularbüchern, oder auch direkt aus der Rechtsprechung.

Man kann sich als Bearbeiter aber auch die Mühe machen, einmal praktisch mit dem jeweiligen Problem befasste Juristen nach deren Zugang zu fragen. Solche empirische Mühe wird meist nicht erwartet, aber oft honoriert, selbst wenn sie nicht sozialwissenschaftlichen Standards entspricht.

242   Während Sie sich in Übungsgutachten mit **rechtspolitischen Überlegungen** immer Zurückhaltung üben mussten, dürfen Sie bei Themenarbeiten in dieser Hinsicht großzügiger sein. Manchmal ist es geradezu Teil der Aufgabe, Vorschläge für eine sinnvolle zukünftige Regelung zu skizzieren.

Beispiel: Relevant ist dies vor allem bei Arbeiten, die aktuelle Gesetzgebungsvorschläge kommentieren sollen, etwa *Vorschläge für eine Neuregelung der persönlichen Außenhaftung von Organmitgliedern in Kapitalgesellschaften* oder *Die Gesetzgebungsvorschläge zur Kodifikation des „Deals" im Strafverfahren.*

Trotzdem ist es Ehrensache, auf eine möglichst klare **Trennung** der Ausführungen zur geltenden und zur wünschenswerten künftigen Rechtslage zu achten. Der Leser hat ein Interesse daran zu wissen, was schon oder noch gilt (das kann man überschreiben mit *Situation de lege lata*) und was als Regel erst noch in Kraft zu setzen ist oder überhaupt gelten sollte (*Argumente de lege ferenda*)[114].

243   Von rechtspolitischen Überlegungen ist der Weg nicht weit zu **Gesetzgebungsvorschlägen**[115]. Eine universitäre Arbeit wird meist „nur" den Inhalt einer als sinnvoll vorgeschlagenen gesetzlichen Regelung skizzieren. Wer aber darüber hinaus einen ausformulierten Gesetzgebungsvorschlag präsentieren möchte, muss sich ein wenig mit Gesetzgebungstechnik auseinandersetzen.

Zu Beachten sind hier etwa Fragen wie: Wohin gehört die Regel? Welche Norm ersetzt sie? Auf welche Vorschriften nimmt sie Bezug? Wie muss sie sinnvollerweise formuliert werden?

Erwartet wird solches nur in spezialisierten Seminaren. Aber mit einem Abschnitt zu Regelungsmöglichkeiten de lege ferenda kann man schön zeigen, dass man ein bisschen über den Tellerrand des geltenden Rechts hinaus geschaut hat. Je deutlicher man die bestehenden Normen kritisiert hat, desto näher liegt dies.

Häufiger bietet es sich auch an, einen Abschnitt zur **Vertragsgestaltung**[116] zu schreiben.

244   **dd) Darstellung der Argumentation im Allgemeinen**   Wichtig für den Erfolg jeder Art von Arbeit ist vor allem eine **überzeugende Begründung** für die von Ihnen vertretene Position. Dies bedeutet zunächst, dass Sie sich diese Argumentation selbst zu eigen machen müssen, um überzeugen zu können. Die (in Fallbearbeitungen häufige, aber auch

---

114   Quellen für derartige Überlegungen sind häufig in Zeitschriften wie der ZRP, der KJ oder KritV zu finden. Aktuelle Gesetzgebungsinitiativen lassen sich meist über die Webauftritte der involvierten Ministerien/Parteien/Gruppierungen finden. Kommentare zu aktuellen Vorschlägen sind häufig auf den Internetseiten der einschlägigen Lobbygruppen zu finden wie dem DAV, der BRAK, dem BDI, der SdK, amnesty international, Greenpeace, etc.

115   *Schneider*, Gesetzgebung; zu den technischen Aspekten: Handbuch der Rechtsförmlichkeit (hrsg. vom Bundesjustizministerium, 2. Auflage 1999 (www.bmj.de/rechtsfoermlichkeit/).

116   Für den Einstieg z.B. *Rehbinder*, Vertragsgestaltung, 2. Auflage, Neuwied etc. 1993, *Langenfeld*, Vertragsgestaltung, 3. Auflage, München 2004; *Eckert/Everts/Wicke*, Fälle zur Vertragsgestaltung, München 2007..

dort sehr unschöne) Methode, die in Rechtsprechung und Literatur aufgefundenen Argumente nur beschreibend darzustellen, um dann mit dem schwächlichen Satz *Weil für die Meinung B die besseren Argumente sprechen, schließe ich mich dieser Ansicht an* die eigene Position einzunehmen, sollten Sie dringend vermeiden. Um andere zu überzeugen, müssen als erstes Sie selbst überzeugt wirken, und dies heißt weitgehend, dass Sie die Argumente für Ihre Ansicht auch als eigene vertreten. Dass Sie sich das nicht alles selbst ausgedacht haben, weiß jeder Leser, weil Sie es mit den Fußnoten klarstellen. Durch das eigene Eintreten in die Diskussion machen Sie aber deutlich, dass dies Ihr Standpunkt ist und Sie genau diese Argumente für richtig halten.

Es ist auf jeden Fall gewinnbringend, sich mit der **Theorie juristischer Argumentation** einmal gründlicher auseinanderzusetzen[117]. Jedenfalls sollte sich der fortgeschrittene Studierende im Hauptstudium darüber klar werden, was Argumentation in der Rechtswissenschaft bedeutet. Da es bei der rechtlichen Bewertung von Sachverhalten als der Kerntätigkeit der Juristen kein Richtig oder Falsch im Sinne einer strengen Logik gibt, weil es eben um normative Bewertungen geht, kommt der Argumentation eine zentrale Rolle zu. Gerade in Themenarbeiten, in denen noch stärker als bei der Fallbearbeitung in den Vordergrund tritt, dass die Qualität und Schlüssigkeit einer Begründung das alleinige Kriterium für die Frage ist, ob das gefundene Ergebnis vertretbar und damit richtig und auch überzeugend begründet und damit legitimiert ist, müssen Sie Ihr Möglichstes versuchen, um den Adressaten von der Richtigkeit der eigenen Argumente zu überzeugen. **245**

Dafür ist es hilfreich, Argumente nicht wahllos nebeneinander zu stellen, sondern sich sowohl über ihr inhaltliches Verhältnis zueinander als auch über ihre strukturellen Besonderheiten Gedanken zu machen. Wenn Sie Argumente aus den Quellen übernehmen, reihen Sie diese nicht einfach irgendwie auf (dies kommt leider viel häufiger vor, als man denken sollte). Erst wenn Sie die Ausführungen in den Quellen verstanden haben, können Sie diese zueinander in Beziehung setzen und zu einem vernünftigen Ganzen zusammenschnüren. Idealerweise zeigen Sie auf, wo sich aus einem Aspekt der nächste ergibt. Wo das nicht geht, stellen Sie verschiedene Punkte zwar inhaltlich nebeneinander, machen Sie dies aber auch deutlich: *Für die hier vertretene Ansicht spricht außerdem, dass . . .*, oder *Aus ganz anderem Blickwinkel lässt sich hierfür zudem anführen, dass . . ..* Sie zeigen so, dass Sie nicht nur gelesen, sondern das Gelesene auch verstanden haben. So erwecken Sie den Eindruck, Ihre Ansicht beruhe nicht nur auf einem Bauchgefühl, sondern auf einer fundierten Durchdringung des Themas.

Dabei ist ein Vorteil (und ein Risiko) der Themenarbeit, dass anders als im Gutachten nicht zwingend eine endgültige und vollständige Entscheidung der auftretenden Fragen nötig (oder auch nur möglich) ist. Gerade bei aktuellen Fragen, deren Behandlung im Fluss oder deren weitere faktische Entwicklung noch gar nicht absehbar ist, hat jeder Text dazu immer nur den Charakter einer Momentaufnahme, die schon vom Ansatz her keine endgültigen Erkenntnisse und Gewissheiten enthalten kann. **246**

Dies entbindet Sie aber nicht davon, **in der Bewertung so weit fortzuschreiten, wie die vorhandene Sach- und Rechtslage dies zulässt**. Über künftige tatsächliche Entwicklungen können Sie zwar nur spekulieren (auch dies kann aber, mit entsprechender Begründung, erforderlich sein), was die aktuelle Bewertung Ihres Problems angeht, sollte Ihr Ergebnis aber so eindeutig wie möglich sein.

---

117 Dazu etwa *Alexy*, Theorie der juristischen Argumentation, 3. Auflage, Frankfurt am Main 1996; *Clemens*, Strukturen juristischer Argumentation, Berlin 1977; *Haft*, Juristische Rhetorik, 5. Auflage, Freiburg 1985, *Neumann*, Juristische Argumentationslehre, Darmstadt 1986.

Beispiel: Wenn im Rahmen einer Arbeit zum ständigen Internationalen Strafgerichtshof in Den Haag (ICC) die ablehnende Haltung der USA zu diesem Gericht und die Versuche, seine Tätigkeit zu hintertreiben, diskutiert werden, müssen Sie zu den seitens der USA geäußerten Vorbehalten Stellung nehmen. In dieser Bewertung sollten Sie unter Verarbeitung sowohl völkerrechtlicher als auch strafprozessualer Erwägungen Ihre Ansicht zu dem Vorgehen der USA begründen. Das weitere Verhalten der USA können Sie natürlich nicht mit Sicherheit vorhersagen, aus bestimmten Entwicklungen in der jüngsten Vergangenheit können Sie aber durchaus begründen, dass es hier Bewegung weg von einer Fundamentalopposition gibt. Dieser etwas spekulative, aber begründbare Ausblick muss aber verbunden sein mit einer klaren und gut begründeten Meinung zum bisherigen Verhalten der USA.

247   In Ihrer Arbeit sollte **Originalität** kein Selbstzweck sein, aber vielleicht doch ein erwünschtes Nebenziel. Jeder Leser (vor allem der mit der Notenliste) ist für eine gelungene überraschende Gedankenführung dankbar.

Als Bearbeiterin muss man sich aber darüber klar werden, dass Originalität nur selten und kaum je in erster Linie ein Ziel der eigenen Mühe ist. Das mag sich später anlässlich Ihrer Habilitationsschrift ändern, vorläufig ist es noch so. Rechtsfragen zielen ihrer Natur nach auf die Lösung (oder wenigstens: Kanalisierung) gesellschaftlicher Konflikte. Da sind oft die Grenzen für originelle Lösungen von vornherein eng gesteckt. Und oft haben einfach alle anderen am Konflikt Beteiligten oder Interessierten schon so gründlich darüber nachgedacht, dass kaum Raum ist für ganz neue Ansätze. Das schließt nicht aus, dass gerade Sie mit einem neuen Gedanken die Debatte neu aufrollen. Aber es ist eben auch nicht zwingend erforderlich. Wenn Ihnen also nichts Originelles einfällt, haben Sie eben nichts Originelles zu präsentieren.

Unter juristischen Rahmenbedingungen ist Originalität übrigens manchmal schon in recht kleiner Münze zu haben. Wo ein ganzer Berufsstand durch den Satz *Hier ist zu differenzieren: ...* beschrieben wird, kann schon ein Lösungsansatz als originell gelten, der eine eingeführte Differenzierung für überflüssig erklärt und die einheitliche Behandlung zweier ähnlicher Fragen vorschlägt.

Ein neuer oder bemerkenswerter Aspekt Ihrer Arbeit kann aber nicht nur darin bestehen, dass Sie einen bislang nicht vertretenen Standpunkt einnehmen oder überhaupt ein ganz neues Problem „entdecken".

Manchmal finden Sie „nur" einen neuen Aspekt des Problems, also etwa eine „Nebenfrage" aus einem angrenzenden oder fern liegenden Rechtsgebiet, die im Zusammenhang mit dem eigentlichen Problem bislang niemand aufgeworfen geschweige denn beantwortet hat.

Beispiele: Vielleicht ist bislang ausschließlich über die Zulässigkeit eines staatlichen Eingriffs in eine Rechtsposition des Bürgers diskutiert worden, aber noch niemand hat über mögliche Entschädigungsansprüche nachgedacht. Oder Sie stellen etwa in gesellschaftsrechtlichen Zusammenhängen die Frage nach den strafrechtlichen Folgen von Pflichtverletzungen (§ 266 StGB). Oder Sie streuen einige rechtsvergleichende Aspekte ein, die zwar nicht direkt vorgegeben waren, aber neue Einsichten ermöglichen können. Das kann sehr effektvoll sein. Immer noch wirkungsvoll ist häufig auch die Einbeziehung von nicht unbedingt allgemein bekannten einschlägigen europarechtlichen Normen (obwohl sich dies heute eigentlich von selbst verstehen sollte...)

Originell kann schon eine gelungene Art der Darstellung sein.

248   Gelegentlich bietet es sich an, das falsche Ergebnis **anzutäuschen**, also einen nahe liegenden Weg vom Problem zur Lösung zu gehen, um dann nach anderthalb Seiten überraschend den einfachen Weg als falsch oder vollständig indiskutabel zu brandmarken. Wenn man das gut hinbekommt, kann das für den Leser einen echten Augenöffner-Effekt haben – vielleicht nicht für den seminarleitenden Professor, aber doch für die Mitstudierenden (für die schreibt man schließlich auch). Mit einer solchen Darstellungsform sollte man allerdings vorsichtig sein, weil sie zu Missverständnissen führen kann. Zumindest muss hier sprachlich ganz eindeutig bleiben, dass man den scheinbaren Standpunkt nur als Möglichkeit erwägt, ihn sich aber nicht zu Eigen macht (Konjunktiv!).

ee) Beachten: Keine Falllösung Bei der Formulierung des Hauptteils Ihrer Arbeit soll- **249**
ten Sie sich aber auch immer darüber im Klaren sein, wo die **kategorialen Unterschiede
zwischen Themenarbeit und Gutachten** liegen. Letzteres ist auf eine bestimmte Beant-
wortung der Fallfrage gerichtet, also auf eine festgelegte und eindeutige Lösung der Aufgabe. Dabei sind sowohl die zu bearbeitenden Probleme als auch der Aufbau weitgehend
durch den Fall vorgegeben. Genau darum geht es aber in der Themenarbeit nicht.

Vielmehr sollen Sie ein vorgegebenes Thema selbst eingrenzen und innerhalb dieser
Grenzen umfassend bearbeiten. Dies führt anders als im Gutachten dazu, dass Sie häufig
nicht einen Fall, sondern eine größere Anzahl verschiedener Fallgestaltungen und -varia-
nten im Blick haben müssen. Denn nur so können Sie sicher sein, dass die von Ihnen vertretene Ansicht auch praktisch tauglich ist, weil sie eben in möglichst allen denkbaren Fällen zu brauchbaren Ergebnissen führt. Genau deswegen müssen Sie andererseits eben
auch nicht vollständige Subsumtionen abliefern, sondern eben nur die für ihr Problem relevanten Aspekte der Fallbeispiele erörtern.

Wenn Sie mit Fallbeispielen arbeiten, vermeiden Sie den sehr häufigen Fehler, nur von den pathologischen **250**
Problemfällen auszugehen. Stellen Sie zunächst sicher, dass die **Kern- und Normalfälle** zufrieden stellend
bearbeitet werden können, bevor Sie an die „Standardprobleme" und etwaige noch verzwicktere Spezial-
fragen gehen. In einer Arbeit zur Irrtumslehre im Strafrecht ist es beispielsweise nicht sinnvoll, direkt die
Feinheiten der verschiedenen Varianten der eingeschränkten Schuldtheorie zu diskutieren, bevor man sich
vergewissert hat, wie die Grundunterscheidungen zwischen Tatbestands- und Verbotsirrtum funktionieren
sollen. Es ist ein ständiger Vorwurf an die Juristenausbildung, dass Juristen immer nur an den Problemfällen geschult werden und dabei den Normalfall aus dem Auge verlieren. Helfen Sie dabei, diesem schlechten Ruf entgegenzuwirken, der Qualität Ihrer Arbeit wird es sicher nicht schaden.

Geräusche der Unsicherheit: Im Unterschied zur Fallbearbeitung sind Themenarbeiten **251**
Teil eines fachwissenschaftlichen Diskurses, nicht Teil eines forensischen Diskurses.
Während also ein Gutachten zwingend einen Entscheidungsvorschlag enthalten muss, der
wiederum so autoritativ wie möglich begründet sein soll, kann eine Seminararbeit Zweifel
offen lassen.

Daher gilt manches Tabu aus der Übung im Seminar nicht. Man darf also etwa schreiben
Die Fälle von A wird man wohl als B zu behandeln haben, was im Gutachten zu vermeiden
ist zugunsten von *A ist danach ein Fall von B.*

Wer in einer Themenarbeit eine noch nicht abgeschlossene Rechtsentwicklung referiert,
muss nicht so tun, als ob er gottgleich deren Ende schon voraussagen könne. Ungewisshei-
ten dürfen als solche bezeichnet werden. Gleichwohl dürfen und sollen Sie einen Standpunkt beziehen.

Beispiel: *Konsequenter wirkt die zuletzt dargestellte Argumentation. Nicht zuletzt wegen ... ist anzunehmen, dass diese sich auch vor den letztinstanzlich zuständigen Gerichten durchsetzen wird.*

Anders als im Rechtsgutachten gilt das **Verbot des Verweises nach unten** in der Themen- **252**
arbeit nicht bedingungslos. Wenn die Darstellung es erfordert (!), darf man nach unten verweisen. (Aber eben nicht aus Bequemlichkeit.)

Fast immer wirken solche Verweise unschön und erwecken den Eindruck eines nicht recht
durchdachten Aufbaus.

Beispiel: Mit *Aus Gründen, die später (unter B.II.1.a) aa) -2–) noch zu erläutern sein werden, kann es sich bei ... nicht um ... handeln* mutet man der Leserin zu, eine Aussage (wenn auch nur vorläufig) unhinterfragt und unbegründet als wahr zu unterstellen. Das mag die Leserin nicht.

Wenn Frage a für Frage b vorgreiflich ist und zugleich Frage b für Frage a, diskutiert man eben die eine vor der anderen. Was soll man sonst auch tun? Gleichzeitig diskutieren verbietet sich fast immer. Dann also lieber diejenige zuerst darstellen, die in geringerem Umfang Informationen benötigt, die erst später präsentiert werden können.

253 Im Gegensatz zum Gutachten, wo dies verpönt ist, sind in der Themenarbeit auch **Exkurse oder die Diskussion von Parallelfällen** manchmal nicht nur zulässig, sondern geradezu nötig. Allerdings sollten Sie mit diesen Stilmitteln sparsam sein, da schon der Begriff „Exkurs" andeutet, dass Sie vom eigentlichen Thema abweichen. Sie erlegen sich dann selbst die Pflicht auf, den Bezug zum Thema der Arbeit wieder deutlich zu machen.

Je kürzer eine Ausarbeitung ist, desto weniger Exkurse verträgt sie. Exkurse bilden Nebenäste, die erst in längeren Arbeiten willkommen sind. Bei einer zwanzigseitigen Seminararbeit ist wenig oder gar kein Platz für Exkurse. Jedenfalls sollte man sie dann kurz halten – und wie immer solide darüber nachdenken, ob sie wirklich nötig sind.

Der Verzicht auf einen sich zunächst aufdrängenden Exkurs beweist nicht nur Ihre moralische Größe. Sie haben zudem den Vorteil, sich den Stoff aufbewahren zu können für den mündlichen Vortrag (wenn es einen mündlichen Vortrag gibt). Recht oft bemerkt man nämlich beim Seminarreferat, dass der Vortragende alles, was er weiß, in den Texte gepackt hat, und im Vortrag nichts Neues mehr präsentieren kann. Während das im Vortrag selbst zwar langweilig ist, aber gerade noch funktionieren kann, ist es für die sich anschließende Diskussion meist tödlich.

Wer einen Exkurs „einschaltet", darf ihn nicht beliebig mitten in den Text reinholzen, sondern muss ihn an die systematisch sinnvollste Stelle setzen. Der Exkurs muss eine eigene Überschrift nebst Gliederungsziffer erhalten.

h) Zweite Annäherung: Den Leser im Auge behalten

254 Wichtig bei der Abfassung einer Themenarbeit ist es, möglichst leserfreundlich zu bleiben. Der wichtigste Leser ist derjenige, der Ihre Arbeit benotet. Dessen gute Laune wird der Bewertung sicher nicht abträglich sein. Schreiben Sie daher so, dass Sie selbst das Gefühl haben, jeder, vor allem aber dieser Leser, könne Ihrem Text jederzeit folgen und sich darin orientieren.

Dafür sind zwei Punkte wesentlich: Die Schlüssigkeit Ihrer Überlegungen und die Lesbarkeit Ihres Textes. Ersteres bezieht sich eher auf Fragen des Aufbaus und der Struktur, letzteres auf die verwendete Sprache. Investieren Sie in beides Mühe, sie wird dankbar zur Kenntnis genommen.

255 **aa) Schlüssigkeit der eigenen Darstellung** Ihr Text muss so strukturiert sein, dass die Abfolge der Darstellung auf den Adressaten plausibel wirkt und dieser Ihren Gedanken folgen kann. Alles andere ist zwar leider in Seminararbeiten (und anderen Texten) nicht selten, erschwert aber den Umgang mit ihnen und führt daher letztlich jedenfalls nicht zu besseren Noten.

So ist es wichtig, nicht nur in der Gliederung, sondern auch im Text selbst immer einen **256** **klaren Aufbau** zu zeigen. In einem Gutachten ergibt sich der Aufbau aus der Aufgabe und den dogmatischen Regeln zur Fallbearbeitung, so dass Sie dort diesbezüglich nichts erklären müssen (oder auch nur dürften). In einer Themenarbeit ist es hingegen durchaus sinnvoll, zu Beginn eines Abschnitts den Verlauf der folgenden Darstellung anzukündigen.

Dies kann mit Formulierungen wie dieser geschehen: *Im Folgenden wird zunächst eine dogmengeschichtliche Rekonstruktion der Herkunft der Tatherrschaftslehre Roxins dargestellt (I.), bevor ihre wesentlichen Merkmale erläutert werden (II.) und die Kritik an Roxin zusammengefasst wird (III.). Anhand einzelner problematischer Konstellationen soll die Leistungsfähigkeit der vorgestellten Begrifflichkeit untersucht werden (IV.) bevor eine eigene Bewertung folgt (V.).* Solche „Inhaltsverzeichnisse" bieten sich für jede Stufe der Untergliederung an, wenn die entsprechenden Ausführungen größeren Raum beanspruchen und nicht auf einen Blick zu erfassen sind.

Aber auch wenn diese Ankündigungen dem Leser das Verständnis erleichtern, dürfen Sie **257** deswegen Ihre Gedanken nicht beliebig aneinander reihen. Ihre **Gedankenführung** muss nachvollziehbar im Wortsinne sein, das heißt es muss möglich sein, durch Ihren Text nicht nur Ihre Gedanken selbst, sondern auch deren Verhältnis zueinander zu verstehen. Im Gutachten müssen Sie sich dazu kaum Gedanken machen, weil die Ihnen bekannten Aufbauschemata gerade die Aufgabe haben, eine plausible Abfolge der Prüfung sicher zu stellen. In einer Themenarbeit sind Sie hier wesentlich freier, müssen dementsprechend aber auch selbst viel stärker darauf achten, dass die Abfolge Ihrer Darstellung als aufeinander aufbauend oder wenigstens gedanklich nachvollziehbar wahrgenommen wird.

Beispiel: Wenn Sie in einem Seminar zu Ideologie und Recht eine Arbeit schreiben sollen zum Streit um die Zulassung von Lehramtsreferendarinnen, die auf das Tragen eines Kopftuchs bestehen, so können Sie an die Frage, ob, wo und wie eher ideologische als rechtliche Argumente eine Rolle spielen, auf sehr verschiedene Weisen herangehen. Wenn Sie etwa mit einer Schilderung des Ablaufs des Rechtsstreits um Frau Ludin beginnen, um dann sowohl die Judikate als auch die folgenden Gesetzgebungsaktivitäten der Politik daraufhin zu prüfen, ob und wo ideologisch argumentiert wird, dürfen Sie nicht den Fehler machen, etwa die Perspektiven zu verwischen. Hier ließe sich sicher allen Beteiligten eine ideologiegefärbte Argumentation nachweisen, deren Gegensätzlichkeit darf aber in ihrem Text nicht verwischt werden. Vor allem müssen Sie gerade in solchen Fällen darauf achten, dass Sie selbst einen wissenschaftlichen, also neutralen Standpunkt beibehalten und auch die eigene Position wissenschaftlich fundieren. Wenn Sie stattdessen hier eine eigene Grundposition mit der Darstellung und Kritik der verschiedenen Äußerungen aller Beteiligten vermischen, werden Sie angreifbar und müssen letztlich mit einer unerfreulichen Bewertung rechnen.

Wenn Sie eine **eigene Position** vertreten, müssen als erstes Sie selbst sich bewusst sein, **258** dass es hier um Ihre Ansicht geht, welche Sie nicht nur beschreiben, sondern eben auch selbst für richtig halten. Für den Leser kann das Verständnis der Ausführungen sehr schwierig werden, wenn Sie zwar implizit einen bestimmten Standpunkt beziehen, sich aber nie dazu äußern, dass Ihre Überlegungen gerade diese **Grundannahmen** voraussetzen und Sie daher von bestimmten Prämissen ausgehen. Es geschieht leider oft, dass solche Grundpositionen eben nicht offen gelegt und vor allem dann auch nicht begründet werden. Damit machen Sie sich inhaltlich angreifbar, vor allem aber ist es für den Leser anstrengend, sich aus Ihrem Text erst Ihre Prämissen zu erschließen. Machen Sie Ihrem Leser deutlich, dass Sie Position beziehen, und begründen Sie diese. Dann können Sie auch aus Ihrer Grundansicht Folgerungen ziehen.

Im letzten Beispiel gibt es verschiedene gleichermaßen vertretbare Grundpositionen, etwa ein Beharren auf **259** der strikten Säkularität der staatlichen Verwaltung oder eine stärkere Betonung der Religions- und Berufsfreiheit auch für Lehrer. Auch die Annahme, das von sich selbst als gläubig ansehenden Musliminnen getragene Kopftuch sei gar kein religiöses, sondern ein politisches Symbol und der genau entgegengesetzte Standpunkt sind solche Grundannahmen. Bevor aus diesen Grundpositionen Folgerungen gezogen werden können, müssen sie selbst begründet werden. Seien Sie gegenüber den Voraussetzungen Ihrer Begründungen kritisch; spielen Sie hier ruhig einmal den Teufelsadvokaten und hinterfragen gerade das, was Ihnen selbstverständlich erscheint. Abgesehen davon, dass man selbst dabei meistens viel lernt, gewinnt die Qualität Ihrer Arbeit dadurch oft enorm.

260 **bb) Lesbarkeit des Texts** Der Adressat Ihres Texts wird es Ihnen danken, wenn Sie leserfreundlich schreiben. Gehen Sie sorgfältig mit der Sprache um! Diese ist Ihr Handwerkszeug, weswegen für den Juristen ein sicherer Umgang mit der gesprochenen wie geschriebenen Sprache unerlässlich ist[118].

261 Halten Sie sich beim Schreiben aber auch immer vor Augen, welchen **Kenntnisstand** die für Sie wichtigen Leser haben. Setzen Sie das sprachliche Niveau möglichst so an, dass es dem Leser mit seinem Vorwissen ohne zu überlegen gelingt, Ihren Ausführungen zu folgen, ohne dass Sie ihm Dinge erklären, die er bereits weiß (das wirkt belehrend, und niemand will gerne belehrt werden...).

Kaum etwas ist so ermüdend wie langatmige Erklärungen zu längst bekannten Grundbegriffen. Dafür ist es höchst ärgerlich, Texte zu lesen, zu deren Verständnis man erst unbekannte Begriffe nachschlagen muss. Ihr Problem besteht gerade in Seminararbeiten, die meist von Mitstudierenden ebenso wie vom notenverteilenden Professor gelesen werden, vor allem darin, dass der Kenntnisstand der Adressaten stark divergiert, so dass Sie sich hier auf einem schmalen Grat bewegen. Sie sollten dabei schon aus gesundem Egoismus zunächst den Sie bewertenden Teil der Leser in den Blick nehmen. Also sollten Sie jedenfalls nichts erklären, was bereits Stoff von Pflichtfachvorlesungen war (denn die musste der Veranstalter ja schon selbst halten). Auch Ihren KommilitonInnen dürfen Sie zumuten, diesen Stoff zu beherrschen (oder eben doch nachzulesen). Echte Sonderbegrifflichkeiten, die nur Ihr Thema betreffen, sollten Sie dagegen ruhig einführen (und sei es nur, um dem Veranstalter zu beweisen, dass Sie diese Begriffe auch als wichtig erkannt und verstanden haben). Vgl. auch Rn. 127 ff.

262 Wenn Sie von Ihren Adressaten nicht erwarten können, dass diese bestimmte einschlägige Terminologien kennen, können **Begriffsbestimmungen** für den Leser essentiell wichtig sein. Sofern nicht schon in der Einleitung erfolgt, sollten Begriffsbestimmungen im Hauptteil möglichst am Anfang stehen.

Erforderlich sind sie aus zwei Gründen: Juristen sind als Geisteswissenschaftler sowieso terminologisch recht produktiv. Es kann also leicht einmal geschehen, dass die gleiche Sache zwei oder mehr verschiedene Bezeichnungen erhält. Manchmal setzt sich im Lauf der Zeit eine durch, manchmal bestehen mehrere nebeneinander. Da der Gegenstand rechtlicher Probleme mindestens ebenso sehr im Tatsächlichen liegt wie im Rechtlichen, fließen in die Sprache des Rechts ständig Begriffe aus anderen Fachsprachen und aus der Alltagssprache ein. Der spezifisch juristische Gebrauch von Wörtern, die auch anderweit verwendet werden, bedarf dann aber eben einer Erklärung. Je deutlicher sich ein Text auch an *Nicht-Fachangehörige* wendet, desto wichtiger wird das.

Solche Vergewisserung über die Begriffe tut gedanklich immer not. Auf dem Papier mag sie entbehrlich sein, wenn die Zeit drängt oder wenn man es nur mit gesetzlich beschriebenen Begriffen zu tun hat.

Es muss auch nicht unbedingt ein ganzes Kapitel mit Definitionen nach der Art amerikanischer Verträge sein. Aber es kann so aussehen.

---

118 Dazu schon Rn. 122 ff.

Beispiel: *Unter ... ist im folgenden Text ... zu verstehen.* oder *Abweichend vom Gebrauch in der Alltags-sprache/bei Fachautor (Belegstelle) wird hier ... als ... verstanden* oder *In der Terminologie folgen die nachstehenden Überlegungen dem von <Autor> vorgeschlagenen Sprachgebrauch.*

Arbeiten Sie mit **Beispielen**! Beispiele sind ein alter Hut. Aber sie helfen fast immer. Dass **263** Sie mit Lehrbüchern lernen, die ganz viele Beispiele enthalten, ist kein Zufall. Und nur eine Minderzahl ungewöhnlich begabter Leute versteht Kompliziertes besser, wenn es ganz abstrakt und ohne Beispiele erklärt wird.

Wer Beispiele verwendet, soll aber dadurch dem Leser das Verständnis auch wirklich er-leichtern. Das bedeutet unter anderem, dass immer klar sein muss, auf welches von mehre-ren Beispielen sich Ihre jeweiligen Ausführungen gerade beziehen. Dazu kann man nöti-genfalls die Beispiele nummerieren.

Beispiel: Wenn man Fallvarianten bildet, lautet die Nummerierung dann etwa *Beispiel 1, Beispiel 2a, Bei-spiel 2b, Beispiel 2c, Beispiel 3* usw.

Die Zahl der Beispiele soll nicht ausufern. Der Leser findet sonst vor lauter Veranschauli-chung die allgemein formulierten Erkenntnisse nicht mehr. Vielleicht können Sie manche Beispiele zu Gruppen zusammenfassen.

Der nächstliegende Gedanke sind **Rechtsfälle als Beispiele**. Das kennt man aus Lehr- **264** büchern, Skripten usw. – gute Idee und grundsätzlich legitim: Schließlich vollzieht sich juristisches Denken zu einem großen Teil am Fall.

Seien Sie vorsichtig: Eine Themenarbeit darf nicht zur verdeckten Falllösung mutieren. Das ist für die Leserin langweilig und enttäuschend und verfehlt in der Regel den Sinn der Themenarbeit.

Wo also Fälle erörtert werden, müssen diese sorgfältig ausgesucht sein. Man kann etwa solche wählen, die bereits stattgefunden haben und durch die Medien gegangen sind oder gerichtlich entschieden (aber kontrovers geblieben) sind. Man kann auch selbst welche konstruieren, die man auf das zu erörternde Thema zuspitzt und von vornherein so anlegt, dass sie Varianten zulassen, anhand dere man das Problem umfassender beleuchten kann. Damit bahnt man leicht den Weg zur Fallgruppenbildung und kann die rechtlichen Unter-scheidungsmerkmale deutlicher herausarbeiten.

Oft sind **Fallgruppen** die besseren Beispiele. Eine Fallgruppe zu bilden, fordert von der Bearbeiterin eine größere gedankliche Leistung als einen Fall auszudenken. Bei der Fallgruppenbildung müssen nämlich ent-weder von der Rechtsprechung bereits entschiedene oder selbst erdachte Sachverhalte so zusammengefasst werden, dass die prägenden (also rechtlich relevanten) Gemeinsamkeiten hervortreten, während die zufälli-gen Gemeinsamkeiten und Unterschiede als unmaßgeblich gekennzeichnet werden. Das gelingt nur, wenn man die Rechtsfragen, die man beantworten will, gründlich erarbeitet („verstanden") hat.

Gelegentlich kann auch die **optische Aufarbeitung von Informationen** in einer Arbeit **265** eine gute Idee sein. Allerdings ist hier Vorsicht geboten: Grafiken, Tabellen usw. mögen zwar das unmittelbare Verstehen erleichtern, die darin enthaltenen Informationen sollten Sie aber auch im Fließtext selbst aufnehmen und verarbeiten. Gerade der Veranstalter wird hierauf mehr Wert legen als auf ein aufwändig gestaltetes Flussdiagramm[119].

In der Lehrbuchliteratur beliebt sind zunehmend **Grafiken und Diagramme**. Manchmal **266** stimmt der alte Satz *Ein Bild sagt mehr als tausend Worte* wirklich. Nur selten werden

---

119 Recht ist eine Textwissenschaft, keine Flussdiagrammwissenschaft.

Fotos gebraucht werden; aber eine grafische Übersicht, wie sie im Unterricht an der Tafel immer wieder eingesetzt wird, etwa um die Vertrags- und Anspruchsbeziehungen der an einem Konflikt Beteiligten zu verdeutlichen, kann nicht schaden. Im Gegenteil erspart oder verkürzt sie oft eine wortreiche Einführung. Dennoch müssen Sie sich dahingehend wappnen, genau diese wortreiche Erklärung entweder im geschriebenen Text trotzdem zu liefern oder zumindest im oder auf Nachfrage nach dem Vortrag mündlich zu geben.

Die Anwendungsmöglichkeiten solcher Art von Visualisierungen sind zahlreich. Ihrer Phantasie sind kaum Grenzen gesetzt. Grafiken dürfen aber nicht zum Selbstzweck werden. Achten Sie darauf, dass auch für von Dritten übernommene Bilder ein Quellennachweis in der Fußnote erforderlich ist (selbst wenn Sie das Bild nicht gescannt, sondern mit PowerPoint nachgemalt haben).

267 Auch **Tabellen** können Langatmiges verkürzen, weil anstatt eines Satzes ein Stichwort genügt. Man kann sie verwenden, um breite Ausführungen zu ersetzen oder sie zusammenzufassen.

Beispiele: Zeittabellen, Gegenüberstellungen von Vor- und Nachteilen des einen und des anderen Lösungsansatzes etc.

268 Juristische Texte leben im Allgemeinen nicht eben von ihrer Bildhaftigkeit. Gerade deshalb kann man aber mit einer **Metapher** an der richtigen Stelle Aufmerksamkeit erregen.

Beispiel: Als pointierte Zusammenfassung der Thesen einer Seminararbeit könnte funktionieren *Zur richtigen Erfassung der Rechtsprobleme des ... sind die Regeln über ... und über ... so geeignet wie eine Gabel zum Suppenessen.*

Von solchen gezielt eingesetzten Ausnahmen abgesehen ist aber jede Art von **Poesie** zu vermeiden. Die gehört anderswohin als in ein Referat oder ein Gutachten.

Beispiel: *Die Kündigung eines langjährigen Mitarbeiters ...* muss richtig heißen *Die Kündigung eines jahrelang beim Arbeitgeber beschäftigten Mitarbeiters...* Ob die Jahre der Beschäftigung lange Jahre waren, ist ein Problem der subjektiven Wahrnehmung der Beteiligten. Rechtlich interessant ist, dass es eine jahrelange Anstellung war; am besten sagt man, wie viele Jahre es denn tatsächlich waren. *Langjährig* verwenden Sie dann in einer Laudatio oder einem Nachruf.

269 Während also ein sprachliches Bild der Verdeutlichung oder der Auflockerung eines sehr kondensiert dargestellten Gedankengangs dient und daher grundsätzlich willkommen ist, sollten Sie sich zurückhalten mit **rhetorischen Figuren**, die ausschließlich der Verzierung oder der vordergründigen rednerischen Überzeugung dienen.

Eine Gerichtsrede soll ein Gericht überzeugen und darf daher auch mit Zuspitzungen und Übertreibungen arbeiten. Ein Referat darf das nicht. Überhaupt soll eine öffentliche Rede inhaltlich und äußerlich schön sein, um zu überzeugen. Ein Referat überzeugt durch Argumente.

Bilder dürfen nicht kippen oder schräg ausfallen.

Beispiel: *Indem er die unmittelbare Herrschaft über das politische System übernahm, konnte er den auf ihn zurollenden Gefahren gleichsam den Stecker herausziehen*[120].

---

120 *Stille*, Citizen Berlusconi, München 2006, S. 120.

cc) Schwerpunktsetzung/Roter Faden   Eine gelungene **Schwerpunktsetzung** ist   **270** nicht nur dort wichtig, wo zu wenig Platz für zu viele Gedanken zur Verfügung steht – dort fällt das Problem nur besonders schnell ins Auge. Vielmehr werden bei Themenarbeiten aller Art die Prüfer auf diesen Gesichtspunkt achten. Da die Erwartungen hinsichtlich der „richtigen" Schwerpunkte meist nicht so dezidiert ausfallen wie bei einem Gutachten als Prüfungsaufgabe, kann man als Verfasser seine Leistung durch subjektive Schwerpunktsetzung individualisieren.

Solange man damit nicht ganz weiträumig am Thema vorbeischreibt, wird der Leser in aller Regel die Schwerpunktsetzung der Verfasserin akzeptieren.

Beispiel: Lautet das Thema *Ausnahmen von der Saldotheorie*, so ist die Saldotheorie selbst zwar nicht ohne weiteres als bekannt vorauszusetzen. Aber man erläutert sie eher in der Einleitung, als dass man sie zum Gegenstand des Hauptteils machen würde. In diesem entfaltet man dann die einzelnen Ausnahmen, um anschließend etwa zu untersuchen, ob es ein gemeinsames Prinzip gibt, auf das die Ausnahmen zurückgeführt werden können. Dabei können die Grundsätze des Bereicherungsausgleichs und damit auch der Saldotheorie wieder in den Vordergrund treten.

Vollständigkeit kann ohnehin meist nicht Ihr Ziel sein. Wenn Sie nicht eine Doktorarbeit   **271** oder eine Habilitationsschrift verfassen, gibt es immer eine (meist noch dazu: enge) zeitliche Grenze, oft auch eine Grenze des Umfangs. Also müssen Sie Akzente setzen. Da eine gute Schwerpunktwahl eine ganz beachtliche intellektuelle Leistung sein kann, ist das aber auch überhaupt nicht schlimm.

Wenn man nichts zu sagen hat, kann und soll man schweigen. Wenn Sie aber etwas zu sagen   **272** haben, rücken Sie es in den Mittelpunkt. Oder wenigstens in einen der Mittelpunkte, wenn es in Ihrem Text deren mehrere gibt.

Dazu müssen Sie sich erst einmal im Klaren darüber sein, was das **Wichtige** und was das **Eigene** und was das **eigene Wichtige** in Ihrem Text ist. Schreiben Sie es nötigenfalls gesondert auf, damit es nicht vergessen wird. Und werfen Sie die Notizen aus Ihren anfänglichen brainstorming-Sitzungen nicht einfach weg; die helfen später oft noch beim Identifizieren dessen, was auf Ihrem eigenen Mist gewachsen ist.

Irrelevantes ist rücksichtslos zu streichen[121]. Der Verlust guter Gedanken schmerzt immer. (Zumal er mit der Sorge einhergeht, die Leserin könnte vielleicht gar nicht merken, wie klug der Verfasser ist.) Da muss man durch. Mit einer auf das Wesentliche konzentrierten Ausarbeitung sind mehr Punkte zu gewinnen als mit einer sehr gedankenreichen, die sich in zu vielen Nebenästen verliert.   **273**

Was tun, wenn die Schwerpunktsetzung schwer fällt?   **274**
Fokussieren, also im Kopf oder auf dem Papier Bearbeitungszeit und/oder Bearbeitungsumfang vergrößern und verkleinern und dann eine dem veränderten Umfang angemessene Gliederung entwerfen.

Man stelle sich beispielsweise vor, man müsse ein mündliches Referat halten und habe dafür genau zwölf Minuten Zeit. Alles, was für diese zwölf Minuten unentbehrlich erscheint, muss auch in einer breiteren Ausarbeitung einen Schwerpunkt bilden. Was ganz heraus-

---

121 Zu Recht *Bull*, JuS 2000, 47, 48.

fällt oder in den Nebensatz verschoben wird, wird in der breiteren Ausarbeitung knapper geraten und vermutlich auf einer niedrigeren Gliederungsebene anzusiedeln sein.

275 **Kürzen.** Etwas seltener geschieht es erfahrungsgemäß, dass Sie vor lauter Problemwissen nicht sehen, wie Sie alles Wichtige zu Papier bringen sollen. In dieser Situation ist es sinnvoll, schon beim Abfassen einer Gedankenskizze zu priorisieren. Man kann dazu zwei (oder drei, aber nicht mehr) Spalten bilden, mittels derer man die einzelnen Stichpunkte in die Kategorien „unentbehrlich", „mit Mühe entbehrlich" und „entbehrlich" einordnet. Tendenzen und eventuelle Änderungen kann man dann immer noch mit einem kleinen Pfeil kennzeichnen. Diesen Arbeitsschritt der Schwerpunktbildung sollte man – zumindest bei knapper Zeit in Klausuren – aber nicht gesondert erledigen, sondern wenn irgend möglich schon beim Niederschreiben der eigenen Ideen.

276 In Hausarbeiten liegt das Problem ein bisschen anders. Zu empfehlen ist es hier, alles sauber aufzuschreiben und eher im Nachhinein zu kürzen. Das ist zwar mühseliger, kommt aber der Qualität des übrig bleibenden Textes in aller Regel unmittelbar zugute.

Man muss dazu nur lernen, sich von Text zu trennen, den man mit Mühe verfasst hat. (Aber das muss man sowieso lernen.) Bedenken Sie dabei immer Folgendes: Was Sie beim Kürzen rauswerfen, ist nicht zwangsläufig verloren. Es bleibt als Wissen in Ihrem Kopf, um später für den mündlichen Vortrag oder für Ihre Doktorarbeit verwertet zu werden. Oder es macht Sie einfach klüger, ohne dass es jemals in Ihrer schriftlichen Ausarbeitung gestanden hätte.

277 Mit der Schwerpunktsetzung verwandt, aber nicht identisch ist die Frage des **roten Fadens**. Ihre Leser achten mit Sicherheit und mit Recht darauf.

Auch wenn Sie erfolgreich Schwerpunkte gesetzt haben, können diese noch zusammenhangslos sein. Sie sind dafür verantwortlich, dem Leser vor Augen zu führen, was der eine Aspekt Ihrer Ausarbeitung mit dem anderen zu tun hat. Äußerlich erkennt man das an Ihrer Gliederung. In der Sache selbst müssen Sie – vor der Gliederung – überlegen, wie sich die einzelnen Gesichtspunkte der Ausarbeitung zueinander verhalten. Daraus sollte sich eine (sach-)logisch stimmige Gliederung entwickeln lassen. Aber auch eine solche kann noch leicht ganz verschiedenartige Gesichtspunkte enthalten.

Warum also die Leserin sich mit dem einen und gleich anschließend mit dem anderen Gedanken auseinandersetzen soll, muss aus Ihrer Darstellung plausibel werden.
Wo sich der rote Faden nicht eindeutig aus der Sache selbst ergibt, müssen Sie ihn herstellen, indem Sie für den Leser ein wenig **moderieren**. Solche Moderation beginnt meist schon in der Einleitung; sie muss aber nötigenfalls fortgeführt werden, indem Sie im Hauptteil der Arbeit durch zwischengeschaltete Sätze den anderenfalls nicht offenkundigen Zusammenhang zwischen den verschiedenen Gesichtspunkten des Themas erläutern.

Wenn mehrere Aspekte gleichrangig nebeneinander stehen (was dazu führen sollte, dass sie auch in der Gliederung auf der gleichen Ebene stehen), aber inhaltlich wenig oder nichts miteinander zu tun haben, sollten Sie nicht künstlich bemüht einen roten Faden herstellen. Aber auch hier können Sie für die Leserin moderieren.

Beispiele: *Dieses Ergebnis wird auch von einer ganz anderen Überlegung gestützt:* oder *In die gleiche Richtung weist folgender Ansatz:*

Ein durchlaufender roter Faden sollte eine Selbstverständlichkeit sein. Ist er aber nicht. **278** Deshalb kann man schon mit einem echten roten Faden punkten. Verglichen mit einem Gutachten bei der Fallbearbeitung ist das bei einem frei gewählten Thema vielleicht auch ein bisschen schwieriger. Und zwar umso schwieriger, je gedankenreicher die Ausarbeitung ist.

Vor Augen muss man sich als Schreibender halten: Im Wesentlichen referieren Sie linear. Eben nicht so, wie Sie selbst zu denken gewohnt sind: gleichzeitig auf mehreren Ebenen Alternativen diskutierend, Einschübe setzend, Entscheidungsmöglichkeiten offen lassend usw. Man darf also getrost die Textfassung Ihrer Überlegungen als Vereinfachung betrachten – gemessen am gegen Ende erreichten Grad der Komplexität Ihrer Überlegungen. Diese Vereinfachung ist meist nur mühevoll zu leisten. Aber diese Mühe ist Teil der Aufgabe. Wenn Sie also noch so viele clevere Techniken und Hilfsmittel einsetzen (Brainstorming und Mindmapping usw.) – die auf das Komplexeste, über mehrere Ebenen miteinander verbundenen Stichworte müssen im Text dann doch irgendwie in eine sinnvolle Reihe gebracht werden.

Es gibt ein paar Möglichkeiten, den Faden ein bisschen aufzudröseln: Einschübe, Fußnoten (mit Text), Exkurse, Anhänge etc. Die Frage, was in einen solchen Nebenast verlagert werden soll, stellt sich aber erst, wenn Ihnen klar ist, was zum Hauptast gehört.

i) Darstellung einer Argumentation im Einzelnen

Wie schon mehrfach erwähnt, kommt eigentlich keine juristische Themenarbeit ohne die **279** vertiefte Darstellung wenigstens einer (meist mehrerer) inhaltlicher Argumentationen zu einem Rechtsproblem aus. Deren Inhalt wird weitestgehend vom zu bearbeitenden Thema bestimmt. Die folgenden Hinweise sollen dennoch, ohne Anspruch auf Vollständigkeit oder auch nur völlige Allgemeingültigkeit, dazu anregen, sich über die Art und Funktionsweise verschiedener argumentativer Strukturen Gedanken zu machen.

aa) Logische Argumentationsstrukturen   Zwar darf man wohl heute mit einiger Be- **280** rechtigung die Versuche, die juristische Argumentation mit den Regeln einer mathematischen Prädikatenlogik zu rekonstruieren, als gescheitert ansehen. Dennoch sollte eine gute Argumentation auch unter Juristen gewisse **logische Strukturen** beachten.

Im strengen Sinne ist die bei juristischer Argumentation wichtige Ableitung einer Folge aus einer allgemeinen Regel keine echte Deduktion, weil die Regeln, also vor allem die Gesetze, *nicht axiomatisch gesetzt, sondern ihrerseits entweder kraft einer Geltungslehre oder auch inhaltlich als geltend begründet werden können müssen, demnach keine „Allsätze" sind.* Dennoch ist auch in einer Themenarbeit diese Ableitung von Rechtsfolgen aus der Anwendung einer allgemeinen Regel eine wichtige und häufig anzutreffende Struktur. Konkrete Ergebnisse müssen auf allgemeine Normen zurückgeführt werden können.

Die **Struktur der Subsumtion**, die jedem Studierenden vom ersten Semester an ohnehin **281** aufgezwungen wird, kann so auch für Themenarbeiten wichtig werden. Dies betrifft vor allem die Prüfung der Folgen verschiedener vertretener Ansichten auf als einschlägig erkannte konkrete Beispielsfälle oder -fallgruppen. Der Vorteil der Verwendung dieser allgemein bekannten Argumentationsstruktur ist für den studentischen Autor eine gewisse Sicherheit im Umgang damit und für den Leser eine durch reine Übung gewährleistete Verständlichkeit.

Wichtig ist ein Bewusstsein dafür, dass diese Form der Subsumtion sich gut, aber eben auch nur für Situationen eignet, in denen Regel und Sachverhalt zusammengebracht werden sollen, indem erstere auf letzteren angewandt wird. Hierauf ist das Gutachten auch typischerweise fokussiert. Bei einer Themenarbeit hingegen ist sehr häufig die vorgelagerte Frage das eigentliche Problem, nämlich die Frage, wie denn die Regel zu bilden und zu definieren ist. Rekonstruiert man den Prozess der juristischen Entscheidung so, dass erst der Sachverhalt festgestellt, dann die die einschlägige Norm gefunden und auf ein anwendbares Maß begrifflich definiert, und schließlich diese auf jenen angewandt wird, so wird ein wichtiger **Unterschied zwischen Gutachten und Themenarbeit** verständlich: Das Gutachten hat einen vorgegebenen Sachverhalt, die Normfindung und -auslegung erfolgt gerichtet auf die Anwendung auf diesen konkreten Sachverhalt. Bei einer Themenarbeit stehen hingegen die allgemeinen Aspekte der Auslegung verschiedener Normen eher im Vordergrund, während die Anwendung auf Einzelfälle nur Beispielcharakter hat.

282   Da es also bei Themenarbeiten sehr häufig vor allem um Fragen von Regelauslegung und -definition geht, spielen auch die **typischen Argumentationsfiguren** für diese Tätigkeit eine erhebliche Rolle. Damit ist hier nicht primär auf die von *Savigny* begründete Auslegungslehre verwiesen, obwohl auch diese Methoden immer noch ihre Berechtigung haben. Ausdrücklich als mögliche Argumenttypen benannt seien aber etwa die **Analogie** und der **Erst-Recht-Schluss**, die bei der Diskussion darüber, was in einer Situation die geltende Rechtsnorm sei, eine erhebliche Rolle spielen.

Beispiel: Gerade bei der beliebten Form der Themenarbeit, ein Problem auf seine rechtlichen Konsequenzen hin zu untersuchen, liegen beide Formen von Argumenten sehr nahe. Wenn etwa nach der Bewertung der Präimplantationsdiagnostik gefragt wird, also der genetischen Untersuchung von *in vitro* erzeugten Embryonen vor deren Einsetzung in die Gebärmutter, so bieten sich für eine die Zulässigkeit dieser Form der Selektion von Embryonen mit der Folge der Verwerfung nicht einwandfreier Keimzellen etwa Analogien an zu den Rechtsregeln für den Schwangerschaftsabbruch. Dies kann gestützt werden durch ein *argumentum a fortiori: Wenn schon der Abbruch einer bereits bestehenden Schwangerschaft bis zur 12. Woche ohne Angabe von Gründen straffrei möglich ist, kann es nicht verboten sein, mit bestimmten potentiell kranken Embryonen gar nicht erst schwanger zu werden.*

283   Allerdings muss man sich bei solchen Argumentationsstrukturen darüber im Klaren sein, dass sie **keine Ausschließlichkeit** beanspruchen können, sondern ihnen das genaue Gegenteil entgegen gehalten werden kann. Für eine vorgeschlagene Analogie ist dies etwa die Behauptung, es gäbe gar keine Gesetzeslücke, vielmehr sei das Schweigen des Gesetzgebers zu dem Problem ein beredtes, welches eine Analogie gerade ausschließe. Auch der Erst-Recht-Schluss ist weder *a fortiori*, also vom Speziellen zum Allgemeinen hin, noch *a maiore ad minus*, vom Allgemeinen zum Speziellen, eine zwingende, die Gegenmeinung ausschließende Argumentation.

Dem kann etwa immer entgegengehalten werden, die verglichenen Konstellationen unterschieden sich eben doch in dieser oder jener entscheidenden Hinsicht.

284   Die Verwendung der genannten vertrauten Strukturen entbindet Sie nicht davon, innerhalb dieser Strukturen inhaltliche Begründungen zu liefern.

Überzeugend wird eine Argumentation erst dadurch, dass etwa eine Analogie nicht nur behauptet wird (auch nicht mit dem belegten Zusatz, dies sei *h.M.* oder *stetige Rechtsprechung*), sondern auch materiell begründet wird, warum erstens hier tatsächlich eine planwidrige Gesetzeslücke anzunehmen ist und warum gerade die analog anzuwendende Norm eine sachgerechte Lösung auch für diese Konstellation enthält. Werden gegen eine dieser Behauptungen in den ausgewerteten Quellen Einwände erhoben, so müssen Sie Ihre Annahme dementsprechend auch gegen diese Einwände verteidigen, sich also mit den Argumenten der Gegenansicht sehr genau auseinandersetzen.

Auf gar keinen Fall sollten Sie sich aber dem Vorwurf aussetzen, **logische Fehler** in Ihrer   **285**
Argumentation begangen zu haben. Auch wenn die juristische Argumentation nicht selbst
einer strengen und eindeutigen Logik folgt, weswegen grundsätzlich vieles gleichermaßen vertretbar sein kann (€ 5,– fürs Phrasenschwein. . .), ist der Nachweis logischer Fehler
eine der sehr wenigen Möglichkeiten, sich den Vorwurf zuzuziehen, die Argumentation
sei tatsächlich falsch (und nicht nur *wenig überzeugend* oder *lebensfremd* o.ä.).

Hierbei geht es etwa um **Zirkelschlüsse**, also Argumentationen, in denen das Ergebnis   **286**
schon in die Prämisse gesteckt wird.

Beispiel: In einer Arbeit über die rechtliche Einordnung des Schwangerschaftsabbruchs ist das Argument
der Embryo ist ein Mensch, weswegen der Abbruch einer Schwangerschaft, der zwangsläufig zum Tode die-
ses Menschen führt, zutreffend als Tötungsdelikt eingestuft wird zirkulär. Denn das Ergebnis *Tötungsdelikt*
steckt bereits in der Prämisse *der Embryo ist ein Mensch.* Ein derartiger Kurzschluss wird in der Bewertung
negativ vermerkt, hier wäre eben zu diskutieren, ob und in wieweit der Embryo bereits als Mensch mit eigenem Lebensrecht anzusehen ist.

Gerade in grundlagenorientierten Arbeiten sollte auch der Vorwurf des **naturalistischen**   **287**
Fehlschlusses vermieden werden, also des Schlusses von einem Sein auf ein Sollen. Seit
Kant ist es *common sense*, dass normative Aussagen über ein Sollen nicht (nur) mit dem
Verweis auf einen faktischen Zustand begründet werden können. Für alle Aussagen, mit
denen begründet wird, dass etwas so (oder eben anders) sein soll, muss daher angegeben
werden, warum der angestrebte Zustand besser ist als ein anderer Zustand. Anders ausgedrückt: Das Sollen kann nur aus einer ihrerseits normativen, auf eine gewünschte Zukunft
gerichteten Begründung folgen, nicht nur aus einer retrospektiven Beschreibung des Bestehenden.

Beispiel: *Die USA sind zu großen Anstrengungen im Klimaschutz verpflichtet, da sie der größte Verursa-*
cher von CO_2-Emissionen sind. Bei dieser Aussage wird ein Sollen (*sind . . . verpflichtet*) nur aus einem
Faktum geschlossen (USA als größter Luftverpester). Hier fehlt ein Grund dafür, warum CO_2-Emissionen
vermieden werden sollten und warum die USA eine moralische oder sogar rechtliche Pflicht trifft.

Oft wird eine solche Ungenauigkeit wahrscheinlich gar nicht auffallen, dennoch bleibt es eine Ungenauigkeit und damit auch ein Risiko. Zudem ist es für das eigene Verständnis eines Problems hilfreich, sich diese
„Warum"-Fragen zu stellen[122]. Im Beispiel etwa wäre sie bezüglich einer moralischen Pflicht einfach, bezüglich einer Rechtspflicht aber eher schwierig zu beantworten. Hier läge dann gleich ein Schwerpunkt
einer juristischen Arbeit.

Ebenso fehlerhaft sind **echte Widersprüche**, die sowohl im Faktischen möglich sind,   **288**
wenn unvereinbare tatsächliche Abläufe unterstellt werden, als auch bei den rechtlichen
Vorgaben, wenn sich ausschließende Normen nebeneinander angewandt werden sollen
oder die Definitionselemente einander ausschließen.

Beispiel: So kann etwa bei einer kaufrechtlichen Arbeit zur Beurteilung von AGB-Klauseln als Rechtsfol-
ge eines Fehlverhaltens des Unternehmers nicht ein Anspruch auf Nacherfüllung neben einem Schadenser-
satzanspruch stehen.

Fehlerhaft im revisionsrechtlichen Sinne werden Ihre Ausführungen, wenn Sie die **Denk-**   **289**
gesetze verletzen. Sie müssen also naturwissenschaftliche Erkenntnisse ebenso beachten
wie Kausalgesetzlichkeiten.

---

122 Das Problem des letztlich unendlichen Regresses der Begründungen sei für diese Anleitung offen gelassen. Damit
beschäftigen sich sehr kluge Philosophen und geforderte Eltern von drei- bis achtjährigen Kindern.

Beispiel: Juristen können zwar vieles und auch das Gegenteil begründen, aber die Erde ist keine Scheibe und die Sonne dreht sich nicht um sie. Ausnahmen von der strikten Anerkennung naturwissenschaftlicher Erkenntnisse gibt es übrigens nur, wo das Thema diese vorgibt, etwa wenn eine Arbeit über die Einführung kreationistischer Schöpfungslehren in öffentliche Lehrpläne angefertigt werden soll.

290 Umgekehrt ist der Nachweis solcher Fehler, wenn Sie ihn führen können, ein starkes Argument bei der Ablehnung von Gegenansichten, welche Sie so als fehlerhaft anprangern können. Allerdings sollten Sie sich dabei Ihrer Sache sehr sicher sein und dies auch sehr genau begründen.

291 **bb) Systematische Analyse** Bei der Auseinandersetzung mit der im Zentrum sehr vieler Themenarbeiten stehenden Frage nach der Bestimmung und Definition einschlägiger Rechtsregeln sind, was bereits *Savigny* wusste, auch **systematische Erwägungen** immer wieder wichtig. Gemeint sind damit Erwägungen, mit denen eine Gesetzesformulierung durch ihr Verhältnis zu anderen Normteilen oder Normen erklärt werden soll. Letztlich zielen solche Erwägungen auf eine möglichst hohe Widerspruchsfreiheit der Normanordnungen. Dies klingt erst einmal spröde, ist aber praktisch aus der Fallbearbeitung vertraut.

292 Dies kann schon die Betrachtung des **Verhältnisses der verschiedenen Teile der Norm selbst zueinander** betreffen. Diese Art der grammatikalischen Analyse des Normwortlauts hat den Juristen zwar den wenig schmeichelhaften Ruf eingetragen, Wortklauber zu sein, es gehört aber zu genauer juristischer Arbeit, den Wortlaut der anzuwendenden Norm exakt zu erfassen. Außerdem vermittelt es den Lesern (vor allem denen mit der Notenliste) den Eindruck, man habe sich genau und gründlich mit der Norm beschäftigt, was unter Juristen ein uneingeschränkt positiver ist – wenn auch nicht im Sportverein.

Beispiel: Eine geradezu klassische Frage, bei der eine solche Analyse des Satzbaus einer Norm zum Problem wird, ist die Frage, ob sich die von § 266 I StGB geforderte Vermögensbetreuungspflicht nur auf den Treubruchtatbestand (§ 266 I Alt.2 StGB) oder auch auf den Missbrauchstatbestand (§ 266 I Alt.1 StGB) bezieht. Versuchen Sie einmal, nur durch Lektüre des Wortlauts eine Antwort auf die Frage zu finden.

293 Ebenso wichtig ist die eigentliche systematische Auslegung, also der Versuch, aus der **Stellung der Norm innerhalb des Gesetzes** Erkenntnisse zu gewinnen. Unterstellt man, dass der Gesetzgeber sich bei der Gliederung eines Gesetzbuchs etwas denkt, liegt es nahe, hier für die Interpretation der Norm wesentliche Zusatzinformationen zu suchen. Vorgegeben ist dies, wo der Wortlaut der Norm selbst auf andere Normen verweist oder umgekehrt andere Normen auf die einschlägige Vorschrift Bezug nehmen. Aber auch so banale Dinge wie Abschnittsüberschriften im Gesetz oder der Inhalt der vorgehenden oder folgenden Paragraphen sind wichtig. Darum gilt (wie auch im Gutachten, wo das leider ebenfalls oft nicht beachtet wird) die allgemeine Regel, dass es unumgänglich ist, nicht nur die Norm selbst vollständig (!) zu lesen und Querverweisen nachzugehen, sondern den Inhalt der umliegenden Paragraphen zur Kenntnis zu nehmen, ebenso wie die Gesamtsystematik des Gesetzes. Versteht man diese nicht, steigt die Gefahr vermeidbarer Fehler exponentiell.

Beispiel: Typisch ist etwa immer das Verhältnis einer speziellen Ermächtigungsnorm zur Generalermächtigung wie etwa im Polizeirecht. So kann etwa ein präventives Abhören eines Telefons zur Verhinderung eines Juwelendiebstahls eben nicht auf § 11 HSOG (Generalklausel) gestützt werden, weil es hierfür in

§ 15a HSOG eine speziellere Norm gibt, die dieses präventive Abhören nur bei Gefahren für Leib, Leben und Freiheit erlaubt. Da die Generalermächtigung eben nur greifen kann, wenn es für die beabsichtigte Maßnahme keine speziellen Normen gibt, ist sie auch unanwendbar, wenn die Spezialermächtigung den konkreten Fall nicht erfasst.

Gerade bei Themenarbeiten, bei denen es viel häufiger als in Gutachten um das große **294** Ganze und die übergreifenden Zusammenhänge geht, sind aber auch die **Beziehungen verschiedener Gesetze zueinander** wesentlich und bei der Bearbeitung des Hauptteils zu beachten. Sie sollen sich oft eine Meinung zu der Gesamtbewertung einer bestimmten Sachverhaltskonstellation bilden. Anders als aber etwa im zivilrechtlichen Gutachten, wo Sie einen Anspruch nach dem anderen prüfen, geht es darum, wie die verschiedenen gegebenenfalls einschlägigen Normen ineinander greifen und ob das Gesamtergebnis akzeptabel ist oder wo Reibungen aufzulösen sind.

Bei hierarchischen Normverhältnissen kommt man zu aus den ersten Verfassungsrechts- **295** vorlesungen bekannten Formen wie der **verfassungskonformen Auslegung**. Funktional ähnlich, aber in ihrer Reichweite und grundsätzlichen Berechtigung umstrittener, sind dazu die **europa-** oder gar **völkerrechtsfreundliche Auslegung** (allein mit der Herleitung dieser Figuren aus dem Grundgesetz ließe sich eine Themenarbeit füllen...). Grundsätzlich ist in juristischen Diskussionen der Verweis darauf, dass eine Normauslegung ausschließlich oder zumindest besser mit höherrangigem Recht vereinbar ist als eine andere, ein sehr starkes Argument, das nicht ganz einfach zu entkräften ist.

Damit werden solche Argumente zur Perspektivfrage: Wenn Sie für Ihre Ansicht ins Feld führen können, dass allein sie als verfassungskonformes Normverständnis anzusehen ist, haben Sie eine sehr angenehme argumentative Position. Wenn dagegen die von Ihnen vertretene Ansicht genau mit diesem Argument angegriffen wird, müssen Sie einigen Aufwand darauf verwenden, diese Behauptung abzuwehren. Einfach übergehen können Sie dies jedenfalls nicht.

Im Verhältnis gleichgeordneter Normen zueinander sollte das Augenmerk auf **Wechsel-** **296** **wirkungen** gerichtet sein: Andere, ebenfalls einschlägige Normen wirken auf die Auslegung Ihres Problems. Umgekehrt sollten Sie aber auch die Auswirkungen Ihrer Auslegung auf diese weiteren Normen im Blick behalten. Wenn Sie zeigen können, dass Sie diese Wechselbeziehungen verstanden haben, vermitteln Sie den (höchst kompetenten) Eindruck, einerseits Ihr Thema wirklich durchdrungen und andererseits auch die einschlägigen Normen vertieft verstanden zu haben. Punktabzüge gibt es dafür jedenfalls nicht.

Beispiel: Nutzbar machen lässt sich dies in Formulierungen wie: *Für die hier vertretene Ansicht spricht weiter, dass sich nur so auch ein sinnvoller Anwendungsbereich für ... erklären lässt. Oder: Nach diesem Verständnis von ... ist zu ... eine echte Anspruchskonkurrenz gegeben, was sinnvoll ist, weil ...*

cc) Semantische Überlegungen Es ist schon viel darüber geschrieben worden, dass der **297** Austausch von Argumenten, der wie jeder Gedanke ja nur über Sprache kommuniziert werden kann, den Regeln der Sprachverwendung folgen muss[123]. Für die banale Praxis der Darstellung von Argumentationen lässt sich daraus ableiten, dass es hilft, sich einen **bewussten und präzisen Gebrauch der Sprache** anzueignen und ihre Regeln zu befolgen. Nur dann besteht die Chance, mit den eigenen (geschriebenen) Worten auch zu überzeugen.

---

123 Wer dazu Grundlegendes und Kluges nachlesen will, sehe etwa bei *Wittgenstein*, Philosophische Untersuchungen, Frankfurt am Main 1967, nach. Das hilft zwar nicht bei der Examensvorbereitung, macht dafür aber klüger.

Das ist mühsam und arbeitsaufwändig, unterscheidet aber eben auch eine bestenfalls durchschnittliche von einer guten juristischen Arbeit (also höchstens 7–8 von 10 oder mehr Punkten).

298 Als eigenständige argumentative Figur ist dies insofern vertraut, als bei der Interpretation von Regeln die **Wortlautgrenze** eine erhebliche Rolle spielt. Außerhalb des Strafrechts gilt diese zwar nicht mit gleicher Strenge, aber eine über den möglichen Wortsinn einer Norm hinausgehende Auslegung bedarf zumindest einer sehr überzeugenden zusätzlichen Begründung. Umgekehrt ist der Hinweis auf die Wortlautgrenze als Abwehr gegen abzulehnende Ansichten im Strafrecht ein Totschlag- und auch in allen anderen Rechtsgebieten zumindest ein kraftvolles Argument.

Sein Gebrauch setzt allerdings voraus, dass man den möglichen Wortsinn einer Norm auch tatsächlich ergründet und auslotet. Spitzfindigkeit ist vielleicht nicht die beliebteste Marotte von Juristen, hier aber tatsächlich gefordert.

299 Versteht man die Darstellung einer Argumentation als Versuch, in einer tatsächlichen Diskussion zu überzeugen (auch wenn in Ihrer Arbeit erst einmal außer Ihnen niemand mitdiskutiert), muss man auch die Grenzen der Diskussion, die durch die **Grenzen der sprachlichen Differenzierungsmöglichkeiten** gesetzt sind, akzeptieren. Einfacher ausgedrückt: Wenn Sie es auch mit Mühe nicht schaffen, den Unterschied zwischen zwei angeblich verschiedenen Ansichten zu erklären, gibt es mit hoher Wahrscheinlichkeit keinen. Zumindest kann ein solcher nicht in die Diskussion eingeführt werden. Wichtig ist dies vor allem bei den so beliebten Abgrenzungsfragen. Wenn Sie begrifflich keine klare Grenze rekonstruieren können, ist die entsprechende Ansicht vermutlich ungeeignet, um als allgemeine Regel für konkrete Sachverhalte Entscheidungen zu determinieren.

Beispiel: Die Rechtsprechung hat im Strafrecht über lange Zeit Serienstraftaten mit der Figur der *fortgesetzten Handlung* zu einer Handlungseinheit zusammengefasst und nach § 52 StGB in Tateinheit abgeurteilt. Die Kriterien dafür, wann eine solche fortgesetzte Handlung vorliegen sollte und wann nicht, konnten aber auch in mehreren Jahrzehnten nicht so angegeben werden, dass diese Grenze mit eindeutigen Begriffen festzulegen war. Als Folge hiervon hat der Große Senat des BGH die Figur der fortgesetzten Handlung in der strafrechtlichen Konkurrenzlehre weitgehend aufgegeben[124].

300 Ein wenig Nachdenken über die Bedeutung der Sprache in einer Argumentation erschließt auch die Bedeutung von Figuren wie der **herrschenden Meinung**, der **ständigen Rechtsprechung** oder der **überwiegenden Lehre**. Mit solchen Wendungen beruft sich der Autor auf Autoritäten. Dies ist aber in einer inhaltlichen Argumentation kein zulässiges Kriterium, denn ein Argument gilt unabhängig davon, wer es mit welcher Autorität äußert.

Es ist das Privileg universitären, also dem Anspruch nach wissenschaftlichen, Arbeitens, sich nicht an eine gefestigte Rechtsprechung gebunden fühlen zu sollen oder gar zu müssen. Dies ist in der Praxis anders, weil dort die höhere Autorität der Obergerichte letztlich die Ergebnisse eines Rechtsstreits auch dann bestimmt, wenn sie inhaltlich falsch liegt. Für einen wissenschaftlichen Text ist dies zwar als Fakt nicht unwichtig, sagt aber nichts darüber aus, ob diese „herrschende" Ansicht oder Rechtsprechung auch richtig ist.

301 Inhaltlich ist die Berufung auf Autoritäten ein **Kürzel**. Der Autor verweist damit argumentativ auf die Begründungen, welche die genannten Autoritäten zur Unterstützung der fraglichen Meinung vorbringen, und macht sich diese zu eigen. Dies ist in der Diskussion durchaus zulässig und geboten, vor allem in Arbeiten mit begrenztem Raum, in denen nicht jedes Problem ausdiskutiert werden kann. Allerdings sollte sich dies jeder, der sol-

---

124 BGHSt 40, 138 ff.

che Kürzel verwendet, auch klar machen und daher die dahinter stehenden Begründungen verstanden haben. Spätestens in einer auf einen Seminarvortrag folgenden Diskussion muss man nämlich in der Lage sein, die Richtigkeit der „h.M." inhaltlich zu begründen.

Ähnliches gilt für die Berufung auf **allgemeine Rechtsprinzipien**, wie etwa der Rechtsscheinhaftung im Zivilrecht oder das Prinzip der Selbstbelastungsfreiheit (für Lateiner: nemo tenetur se ipsum accusare) oder von der Rechtsprechung entwickelte **eigenständige Rechtsfiguren**, wie etwa im Zivilrecht der Vertrag mit Schutzwirkung zugunsten Dritter, die bürgerlichrechtliche Prospekthaftung und ähnliches. Wer auf solche Figuren verweist, sollte diese verstanden haben und verteidigen können, weil der Verweis implizit deren Herleitung und Begründung erfasst. **302**

Es ist oft schon aus Platzgründen nicht vermeidbar, sich solcher Verkürzungen zu bedienen, und dies ist auch nicht zu kritisieren. Gerade dort, wo kein Problemschwerpunkt der Arbeit liegt, helfen diese Figuren dabei, elegant in der Darstellung fortfahren zu können und den Text auf das Wesentliche zu verknappen. Andererseits ist es aber wichtig (und lehrreich), sich die Mühe zu machen, das so verkürzt Einbezogene selbst zu verstehen. Vor allem aber darf man **bei der Verwendung solcher Kürzel keine Fehler** machen. Es gibt kaum etwas Peinlicheres, als vom Veranstalter nach dem Vortrag darauf hingewiesen zu werden, dass die in der Arbeit als *h.M.* zugrunde gelegte Ansicht nur eine völlig vereinzelte Minderheitsansicht sei. Übernehmen Sie solche Bezeichnungen keinesfalls ungeprüft aus der Literatur – Vorsicht ist die Mutter der Porzellankiste. **303**

dd) Rechtspolitische Argumentationsfiguren   Schon in der Fallbearbeitung gibt es nur bei wenigen Problemen wirklich falsche Ergebnisse[125], meist ist vieles vertretbar, sie müssen sich nur für eine Ansicht entscheiden. Die Begründungen für das eine und gegen ein anderes Ergebnis werden zwar teilweise den soeben geschilderten eher technischen Argumenten zuzurechnen sein. Bei der letztlich zu beantwortenden Frage aber, was für ein Ergebnis denn angemessen ist, kommt man um weitere Erwägungen meist nicht herum, die andere, die Rechtstechnik überschreitende Wertmaßstäbe einbeziehen. Diese Begründungen lassen sich deswegen als „rechtspolitisch" bezeichnen, weil sie relativer sind als die reine juristische Methodik; sie erheben keinen absoluten Wahrheitsanspruch, sondern werben nur mit (mehr oder weniger gegebener) Plausibilität. Meist sind es genau diese Argumente, welche versuchen, eine belastbare Antwort darauf zu geben, warum etwas genau so sein soll. Sie lösen also das Sein-Sollen-Problem[126] auf und sind schon deswegen in den meisten Themenarbeiten für eine positive Begründung der Richtigkeit des eigenen Ergebnisses unentbehrlich. **304**

(1) Funktionalität der eigenen Ansicht   Eine ganz wesentliche Argumentationsform in dieser Hinsicht ist die **Überprüfung verschiedener normativer Ansichten auf ihre Funktionalität im Hinblick auf ein bestimmtes, durch die Regelung zu erreichendes Ziel**. **305**

Beispiel: Typisch sind hierfür Formulierungen wie etwa: *Das Ziel der Regeln über das Planfeststellungsverfahren ist die effektive Zusammenführung der verschiedenen für ein größeres Infrastrukturprojekt erforderlichen öffentlich-rechtlichen Genehmigungsverfahren, also letztlich die Verfahrensökonomie im Genehmigungsverfahren.*

---

125 Die Ausnahme sind logische Argumentationsfehler, dazu Rn. 285 ff.
126 Dazu oben Rn. 287.

306 Allgemein funktioniert eine solche Argumentation so, dass man zunächst ein Ziel formuliert und dann prüft, welche Norm in welcher Anwendung der Erreichung dieses Ziels am ehesten zu dienen vermag. Wichtig ist dabei für den Verwender solcher Argumente, dass er sich über deren **Zweistufigkeit** im Klaren ist. Denn solche Aussagen können in zweierlei Hinsicht angegriffen werden (also muss man auch deren Verteidigung auf beiden Ebenen gleich mitdenken): Einerseits kann bezweifelt werden, ob die gesetzten Ziele denn die richtigen und vorzugswürdigen sind. Denn meist dienen Rechtsregeln ja gerade dazu, widerstreitende Interessen zum Ausgleich zu bringen, so dass die Fokussierung auf nur ein bestimmtes Ziel Kritik herausfordert. In jedem Fall muss man in der Lage sein, die Richtigkeit und vorrangige Wertigkeit der eigenen Ziele zu begründen. In der Regel muss diese Begründung sich auch in der Arbeit finden. Wenigstens muss man entsprechende Nachfragen zufrieden stellend beantworten können.

In obigem Beispiel kann etwa behauptet werden, es gehe vor allem darum, für die Antragsteller einen möglichst schnellen Weg zur Erlangung aller erforderlichen Genehmigungen zur Verfügung zu stellen, weil das Gesetz eine Form der prozeduralen Wirtschaftsförderung beabsichtige. Es ließe sich aber genauso gut behaupten, es müssten die verschiedenen und vereinzelten Genehmigungsverfahren zu koordinieren, um eine umfassende und die potentiell betroffenen Güter optimal zur Geltung bringende Prüfung zu ermöglichen. Dann stünden eher die Belange des Landschafts- und Umweltschutzes, aber auch der Gesundheitsschutz für Anlieger im Vordergrund. Beide Sichtweisen sind möglich, die Entscheidung für eine davon als Ziel und damit als normativer Maßstab für eine konkrete Regelung muss begründet werden.

307 Andererseits können aber auch die Aussagen darüber, welche Ansicht dem angestrebten Ziel wie gut dient, in Zweifel gezogen werden. Also müssen auch diese Überprüfungen normativer Aussagen auf ihre Funktionalität hin sehr gründlich überlegt werden. Es reicht nicht aus, sich in reine Behauptungen zu flüchten; hier muss genau und umfassend gearbeitet werden.

Um im obigen Beispiel zu bleiben: Hat man einen eher wirtschaftsfreundlichen Grundstandpunkt begründet, liegt es nahe, beispielsweise einheitliche Sammeltermine für Einwendungen gegen ein Vorhaben als hinreichende Bürgerbeteiligung zu verstehen, weil sich so vermeiden lässt, dass die Genehmigung eines Großvorhabens durch immer neue Angriffe von Gegnern verzögert werden kann. Allerdings wäre dies als solches kurzschlüssig, denn es müssen die Rechtswirkungen von Einwendungsterminen ebenso mitbedacht werden wie die Frage, welche Auswirkungen es haben kann, wenn Einwendungstermine schon sehr früh den Umfang einer Genehmigung präkludieren, weil spätere Ergänzungen immer neue Einwendungstermine nach sich ziehen müssten. Hier muss man sich also sehr detailliert und genau mit dem Thema beschäftigen (aber das muss man für eine im Anspruch wissenschaftliche Arbeit ohnehin).

308 Die erste Stufe dieses Zweischritts spart man sich vermeintlich, wenn man bestimmte Grundannahmen wie **Axiome** einfach als gegeben voraussetzt. Je nach Zusammenhang können dies vor allem die Grund- und/oder Menschenrechte sein oder auch vernunftrechtliche oder andere überpositive Normen. Allerdings ist hier große Vorsicht geboten. Denn nur weil man selbst bestimmte Dinge für so selbstverständlich hält, dass sie nicht hinterfragt werden müssen, ist das noch nicht allgemeiner Konsens. Der Bezug auf die unbestrittene Geltung bestimmter Annahmen sollte also auf im jeweiligen Kontext tatsächlich unzweifelhafte Basisannahmen beschränkt bleiben. Dies ist für eine Arbeit mit begrenztem Umfang auch zweckmäßig, denn der Aufwand von Raum für die Begründung von Unbezweifeltem lohnt sich nicht. Andererseits sollte man aber eine passende Begründung auch für solche Grundannahmen zumindest für eine Seminardiskussion parat haben, falls Nachfragen kommen.

Ist man sich in der Arbeit nicht ganz sicher, ob etwas völlig begründungslos vorausgesetzt werden darf, versuche man es mit Kurzbegründungen, in denen auf die eigentlich unzweifelhafte Geltung der Annahme verwiesen wird.

Beispiel: *Für die folgenden Überlegungen wird vorausgesetzt, dass . . ., was insbesondere aus . . . folgt. Eine vertiefte Begründung hierfür verbietet sich schon aus Platzgründen* So hat man zumindest eine Begründung angedeutet und darauf verwiesen, dass es weitere Gründe gibt, ohne sich auf eine vollständige Herleitung derselben einzulassen. Gibt man dann in der Fußnote noch aussagekräftige weiterführende Literaturhinweise, hat man seiner Pflicht häufig schon genügt und kann sich wieder dem eigenen Detailproblem zuwenden.

(2) Praktische Handhabbarkeit als Argument Zumindest als Gegenprobe für die **309** eigene Ansicht ist der Nachweis, dass sich mit dieser die **wesentlichen praktischen Probleme** der im Brennpunkt stehenden Konstellation **lösen lassen**, meist unabdingbar. Zumindest in allen Arbeiten, in denen es um dogmatische Fragen geht, müssen Sie die Praxistauglichkeit der eigenen Ergebnisse als Kriterium für deren Bewertung im Auge haben und soweit irgend möglich für sich nutzen.

Subsumieren Sie also die wesentlichen Problemfälle Ihres Themas unter die von Ihnen bevorzugte Lesart und erläutern Sie, warum die gefundenen Ergebnisse entweder die richtigen oder doch aus anderen Gründen zumindest hinnehmbar sind und warum Ihre Auslegung besonders trennscharf/einfach zu handhaben ist/die Beweislast richtig verteilt/klare Begriffe aufweist/Missverständnisse und Fehlauslegungen minimiert etc. Sie können durch den Verweis auf *die Praxis* gerade an der Uni, wo auch die Veranstalter häufig wenig Einblick in dieselbe haben, durchaus Punkte für sich verbuchen.

Mit umgekehrten Vorzeichen kann man natürlich auch **Gegenansichten ad absurdum** **310** **führen**. Es ist eine durchaus beliebte Technik zur Ablehnung verschiedener Ansichten, diese zu Ende zu denken, also zu zeigen, dass diese in bestimmten Konstellationen zu unannehmbaren Ergebnissen führen.

Optimal ist es natürlich, wenn man hier auf ein Ergebnis kommt, das so absurd ist, dass man es (etwas süffisant) unkommentiert stehen lassen kann. Meist wird man allerdings noch einige Worte darauf verlieren müssen, warum das eine oder andere Ergebnis einer Gegenmeinung nicht akzeptabel ist.

Beispiele: *In diesem Fall müsste man annehmen dass, ... Dies wäre aber mit den Grundrechten der Betroffenen nicht zu vereinbaren, weil . . . . – Die Annahme von . . . würde letztlich zu einem Abschlusszwang für den Unternehmer führen, was den Grundsatz der Vertragsfreiheit unzumutbar einschränken würde. – Der Verzicht auf ein Verwertungsverbot für so gewonnene Beweise ließe aber das entsprechende Beweiserhebungsverbot letztlich leer laufen, weil . .*

Beliebt sind hier auch Verweise auf Regelungslücken, welche aufträten, folgte man einer Ansicht. Allerdings muss man mit einem solchen Argument immer vorsichtig sein, weil seine Stichhaltigkeit voraussetzt, dass die angebliche Lücke auch tatsächlich unbedingt geregelt sein müsste und nicht anderweitig geregelt ist. Man trifft in der juristischen Literatur recht häufig auf dieses Konstrukt, sollte es aber immer nur mit einer gewissen Skepsis übernehmen und in jedem Fall selbst auf Plausibilität prüfen.

Etwas über die unmittelbare Subsumtion bestimmter Fälle hinaus geht der mit dem **311** Schlagwort **Folgenorientierung** bezeichnete Ansatz. Darunter kann man verstehen, dass bei der Entscheidung eines konkreten Konflikts auch die allgemeineren Folgen einer solchen Entscheidung bedacht werden sollten. Dies sind ebenso die rechtlichen Folgewirkungen wie die faktischen Auswirkungen.

Sehr häufig tritt hier der Hinweis auf **Missbrauchsgefahren** auf, welche sich ohne die eine oder andere rechtliche Regelung ergäben. So berechtigt dies häufig ist, so sehr gilt der vorstehende Rat bezüglich einer nötigen kritischen Überprüfung solcher Argumente vor deren Übernahme auch hier.

In andere Richtungen gehen etwa Hinweise auf z.B. drohende außenpolitische Verwicklungen; den Verlust vieler Arbeitsplätze wegen der absehbaren Verlagerung ins Ausland; den Anstieg der Zahlen von Drogentoten etc. Auch für all diese Argumente gilt, dass sie sehr überzeugend sein können, wenn sie plausibel als tatsächliche Folgen der kritisierten Ansicht dargestellt werden. Auch dies darf nicht zu oberflächlich behauptet, sondern muss belastbar begründet werden.

312 Allgemein laufen solche Erwägungen auf eine Prüfung der normativen Aussagen daraufhin hinaus, ob sie letztlich **sachgerecht** sind, also den zugrunde liegenden Rechtskonflikt zu einem vernünftigen Ausgleich führen. Solche Prüfungen setzen immer voraus, dass man sich über die eigenen Maßstäbe dafür, was man für ein sachgerechtes Ergebnis hält (ähnlich wie über die bereits angesprochenen Prämissen der eigenen Ansicht und der verfolgten Ziele), klar ist. Auch hierfür ist eine tatsächlich ausgeführte Begründung in vielen Arbeiten sicher nicht erforderlich, man sollte aber grundsätzlich in der Lage sein, diese nachzureichen.

313 **ee) Fachübergreifende Überlegungen** **Interdisziplinarität** ist ein im derzeitigen akademischen Kontext sehr beliebter Begriff. Dementsprechend sind auch über das Recht hinausgreifende Überlegungen in juristischen Themenarbeiten ein potentieller Pluspunkt, den man sich als Bearbeiter sichern sollte, wenn die eigene Arbeit es zulässt. Beziehen Sie, wenn es thematisch passt, Erkenntnisse aus Nachbarwissenschaften in Ihre Erörterung ein, sie können sich – richtig eingebracht – bei der Benotung sehr positiv auswirken.

314 Dabei sind zwei Grundkonstellationen voneinander zu unterscheiden: Einerseits gibt es ganze Arbeiten, die letztlich nicht auf die Rechts- sondern eine **Nachbarwissenschaft** zielen. Solche Themenstellungen, die teilweise auch die Gesamtthemen von Seminaren ausmachen, sind bei den Veranstaltern recht beliebt. Diese können hier übergreifende wissenschaftliche Interessen auch in die Lehre einbringen, die eine oder andere intellektuelle Orchidee pflegen und zugleich die eigene Offenheit für interdisziplinäre Arbeit demonstrieren. Diese Verwebung von Jura und anderen Wissenschaften ist dabei teilweise schon so typisiert, dass es hierfür eigene juristische Termini gibt.

Beispiele: Die *ökonomische Analyse des Rechts*, die weitgehend mit wirtschaftswissenschaftlichen Methoden und Begriffen arbeitet, oder die *Kriminologie*, die zumindest teilweise als Soziologie des Verbrechens gekennzeichnet werden kann und für die etwa Methoden der empirischen Sozialforschung wichtig sind. Hierher gehören zudem bestimmte rechtshistorische oder rechtsphilosophische Arbeiten, deren Schwerpunkt auch häufig eher in den in Bezug genommenen Nachbarwissenschaften liegt (wenngleich mit einem deutlicheren Bezug zu juristischen Fragen).

315 Andererseits können aber Argumentationsfiguren aus Nachbarwissenschaften auch in primär rechtsdogmatische Arbeiten zur Stützung der eigenen Argumentation eingebaut werden.

Beispiel: In einer rechtspolitischen Debatte kann es sich gut machen, auf empirische oder ökonomische Erkenntnisse verweisen zu können. Ebenso kann aber auch auf historische Entwicklungslinien oder (wenn passend) auf naturwissenschaftliche oder medizinische Entwicklungen abgestellt werden.

316 Allerdings verweist diese Überlegung auch auf das Risiko solcher interdisziplinärer Arbeiten oder zumindest Einschübe. Denn das Wildern in eigentlich fachfremden Wissensgebieten bedeutet auch, dass man mit einer Fachsprache und Arbeitstechniken konfrontiert wird, die man nie systematisch gelernt hat. Positiv wirkt sich deren Einbeziehung aber nur aus, wenn man dabei keine fachlichen Fehler macht. Sie müssen sich, wenn Sie sich hierauf einlassen, also sicher sein, die Nachbardisziplin für Ihre Argumentation mindestens genauso gut im Griff zu haben wie Ihr Prüfer.

Dies bedeutet, dass Sie bei der Übernahme solcher Argumentationen von anderen Juristen sehr vorsichtig sein müssen. Arbeiten Sie sich zumindest soweit in die fremde Materie ein, dass Sie sich ein halbwegs fundiertes Urteil über das bilden können, was Sie in Ihre Arbeit übernehmen wollen. Letztlich ist Interdisziplinarität immer mit erhöhtem Aufwand verbunden, weil man zumindest im Ansatz zunächst die Grundlagen einer anderen Disziplin verstehen muss, bevor man sich seriös (und anders arbeiten Sie ja aus Prinzip nicht!) ihrer Ergebnisse bedienen kann.

3. Schlussteil

Der Schlussteil der Arbeit kann unterschiedlich angelegt werden. Welchen Ansatz man wählt, hängt nicht zuletzt davon ab, wie man im Einleitungsteil begonnen hat. Nach Möglichkeit soll der Schlussteil die Klammer wieder schließen, die die Einleitung geöffnet hat. Das gelingt fast immer, wenn man nur ein wenig Mühe darauf verwendet. Je weniger schematisch die Einleitung geworden ist, desto mehr kann der Ansatz des Schlussteils von den hier vorgeschlagenen typischen Elementen abweichen. **317**

Ähnlich wie bei der Einleitung empfiehlt es sich auch beim letzten Abschnitt, mit Konzeption und Ausformulieren zu warten, bis der Hauptteil steht. Um eine Klammer um einen Text herumzuschreiben, muss man recht genau wissen, was im Text steht und was nicht.

a) Überschrift

Die Überschrift sollte eher nicht *Schluss* (beliebt sind auch *Fazit, Ergebnis, Resümee*) lauten. Schöner und aussagekräftiger wird sie, wenn Sie diese entweder aus dem Thema der Arbeit ableiten oder wenigstens – wie nachstehend gezeigt – andeuten, ob Sie den Schwerpunkt dieses letzten Abschnitts mehr auf eine *Zusammenfassung* oder mehr auf einen *Ausblick* legen wollen. Pointierter kann man die Zusammenfassung auch mit *Thesen* überschreiben – wenn man es schafft, dann auch wirklich Thesen zu formulieren. **318**

b) Umfang

Der Schlussabschnitt sollte ebenfalls regelmäßig nicht mehr als **10–15 %** des Gesamtumfangs einnehmen. Wird die Arbeit länger als eine 20seitige Seminararbeit, braucht der Schluss oft weniger als 10 %. **319**

c) Elemente

Es gibt einige typische Bestandteile des Schlusskapitels, die einzeln oder nebeneinander stehen können. Wenn Sie nicht aus dem Thema selbst einen ganz anders ansetzenden Schluss entwickeln, können Sie fast immer aus diesen Bestandteilen ein sinnvolles Schlusskapitel zusammensetzen. Das ist zwar nicht originell – aber man punktet ja auch nicht vorrangig mit Originalität. **320**

aa) Fazit/Ergebnis Am Ende Ihrer Ausarbeitung das **Ergebnis** zusammenzufassen, ist der klassische Schluss für eine Themenarbeit. Der Leser erwartet meist ein solches Ergeb- **321**

nis. Selbst wenn das nicht so wäre, spräche viel dafür, ein Ergebnis ans Ende zu setzen: Man muss sich nur einmal einen von der Lektüre gelangweilten Leser vorstellen, der zwischendurch an den Schluss blättert, um zu erfahren, worauf Ihre Erörterungen hinauslaufen. Diesen Leser gilt es mit einer pointierten Zusammenfassung neu zu motivieren.

Gerade bei längeren Texten hat eine solche Zusammenfassung der (Zwischen-)Ergebnisse einen eigenen Wert. Oft tritt nämlich der rote Faden der Argumentation erst hier wieder deutlich hervor, während er im Haupttext manchmal vor lauter Argumente-gegeneinander-Abwägen nicht mehr sofort zu erkennen ist.

322 Ein **Fazit** ist umso willkommener, je länger der Hauptteil und je unübersichtlicher und detaillierter die Gliederung geraten ist. Das ist manchmal unvermeidlich, wenn man etwa zur Regel noch zahlreiche Ausnahmen erörtert hat. Bei einer eher schlanken Ausarbeitung kann ein Fazit aber den Eindruck unnötiger Wiederholung erwecken.

Wer am Ende der Arbeit resümiert, achte darauf, dass für die Leserin eindeutig klar wird, in welcher Hinsicht sie nach der Lektüre klüger ist als vorher. Am Ertrag der Arbeit – sei er auch vielleicht klein – darf kein Zweifel aufkommen.

Das kann schwierig werden, wenn Sie nur Vorhandenes neu zusammengestellt haben. Sie müssen dann zum einen nachdenken, ob Sie damit wirklich die geforderte Leistung erbracht haben. Zum anderen sollten Sie versuchen, wenigstens insofern den Ertrag Ihrer Mühen herauszustellen, als Sie z.B. betonen, dass durch die vorstehenden Überlegungen das Problem zwar noch nicht gelöst, aber doch immerhin insofern schärfer fokussiert sei, als ...

323 Die Formulierung eines Endergebnisses gibt Ihnen noch einmal die Gelegenheit, Schwerpunkte zu setzen und einzelne Aspekte Ihrer Erörterungen besonders hervorzuheben. Wer diese Gelegenheit nutzt, zwingt sich damit selbst auch zu resümieren, warum es erforderlich war, die Arbeit zu schreiben (und: zu lesen).

Sie dürfen ruhig an dieser Stelle pointieren, was das Besondere an genau Ihren Überlegungen ist. Wenn Sie das Besondere nicht finden, müssen Sie ein bisschen danach suchen. Hat Ihre Arbeit eher einen tatsächlichen Ertrag oder einen rechtlichen? Liefert sie neue Fakten oder lässt sie alte Fakten in neuem Licht erscheinen? Löst sie ein altes Problem auf neue Art – oder ein neues Problem mit alten Mitteln auf überzeugende Art? Oder vielleicht ein neues Problem mit neuen Mitteln? Macht sie etwas bisher Einfaches komplizierter, aber sachgerechter (zum Beispiel, weil Sie die Einführung einer bisher unbekannten Differenzierung vorschlagen) oder etwas bisher Kompliziertes einfacher (etwa, weil Sie eine Unterscheidung für entbehrlich erklären, an der die Wissenschaft bisher festgehalten hat)? Macht sie Zusammenhänge deutlich, die bisher unbeachtet waren? Bringt sie Argumente, die man vorher unterschätzt hat oder gar nicht gesehen hat? Bewertet sie Argumente neu? Arbeitet sie Entwicklungen heraus, die eine Neubewertung alter Argumente erfordern?

Es ist nicht nur Höflichkeit gegenüber dem Leser, die Sie dazu bringen sollte, am Ende noch einmal zu unterstreichen, wozu Ihre Mühe geführt hat, sondern ebenso sehr Selbstkontrolle. Hinzu kommt eine prüfungstaktische Überlegung: Wenn Sie das Besondere an Ihrer Arbeit hervorheben können, wird es dem Leser leichter fallen, Sie zu loben – und die Arbeit gut zu benoten.

324 **bb) Ausblick**   Ein **Ausblick** kommt fast immer gut an. Allerdings besteht die Gefahr, sich in Allgemeinplätzen zu verlieren.

Beispiel: *Es wird also abzuwarten bleiben, wie sich die rechtliche Einschätzung der Frage weiter entwickelt. Ach, wirklich? Wer hätte das gedacht?*

Deshalb ist es sinnvoll, an konkrete Umstände anzuknüpfen.

Beispiele: *Klärung verspricht eine zu erwartende Entscheidung des BGH, bei dem unter dem Aktenzeichen xyz die Revision gegen das hier kritisierte Urteil des OLG Düsseldorf anhängig ist.* oder *Der Gesetzgeber hat auf die hier skizzierte Entwicklung reagiert, indem er . . .*

Gerade in einem solchen Ausblick sind die Argumente de lege ferenda gut unterzubringen, die man sich im juristischen Übungsgutachten immer so nachdrücklich versagt hat.

Beispiel: *Rechtspolitisch ist eine baldige und klare Regelung wünschenswert. Der derzeitige Zustand untergräbt die Rechtssicherheit. Leitlinie einer gesetzlichen Regelung müsste einerseits . . ., andererseits . . . sein. Entscheidende Bedeutung sollte bei einer gesetzlichen Normierung den Interessen . . . eingeräumt werden.*

cc) Eigener Standpunkt Man kann auch die **eigene Stellungnahme** dem Schlussteil **325** vorbehalten. Das ist zwar nicht überall zu empfehlen, kann aber bei geeigneten Themen sinnvoll sein.

Wenn Sie im Hauptteil der Arbeit einen eigenen **originellen Ansatz**, Problemlösungsgesichtspunkt etc. entwickelt haben, sollten Sie unbescheiden genug sein, diesen am Ende noch einmal zu erwähnen.

Man muss dabei nicht dick auftragen. Aber ein kleiner Hinweis darf schon sein – es geschieht sonst zu leicht, dass die Leserin Ihre kreative Leistung übersieht oder nicht richtig wertschätzt.

dd) Klammer zu Ist das Thema der Arbeit als Frage formuliert, muss der Schlussteil **326** auf die eine oder andere Art eine Antwort auf die Frage geben. Alles andere fällt der Leserin auf.

Die Antwort gerät im günstigsten Fall kurz und klar. Oft wird aber – typisch juristisch – eine differenzierte Antwort erforderlich sein, was der Leser nach der Lektüre der Ausarbeitung ja schon ahnt.

Beispiel: *Eine umfassende gesetzliche Regelung der . . . ist nicht erforderlich. Die Fragenkreise a), b) und c) lassen sich mit dem gesetzlichen und rechtsdogmatischen Bestand interessengerecht und rechtssicher handhaben. Dagegen wird sich zu Frage d) vor dem Hintergrund der erheblich divergierenden Auffassungen der Gerichte und der Rechtswissenschaft ein gesetzgeberisches Eingreifen nicht vermeiden lassen. Ein möglicher Ansatz hierfür könnte in . . . liegen. Das hätte den Vorteil, dass eine konsistente Behandlung der rechtlich und tatsächlich ähnlichen Probleme b) und d) gewährleistet wäre. . . .*

Wo die Einführung Thesen und Vermutungen enthalten hat, müssen diese regelmäßig im **327** Schlussteil wieder aufgegriffen werden. Die Leserin ist sonst unglücklich. Sie will wissen, ob die über die letzten 20 Seiten entwickelten Gedankengänge hinsichtlich der Eingangsthesen einen Fortschritt gebracht haben. (Schließlich haben Sie die Eingangsthesen mit Bedacht gewählt.)

ee) Thesen Man kann auch die Thesen an den Schluss stellen. Bei längeren Arbeiten **328** passt das oft ganz gut, weil dadurch auch für die Leserin noch einmal klar wird, was „am Ende des Tages" wichtig ist und was nicht, was dem Verfasser als argumentativ gesichert gilt – und was nicht.

329 **ff) Vergewisserung**   In einer größeren Arbeit wird es oft sinnvoll oder gar nötig sein, am Ende noch einmal ausdrücklich zu erwähnen, welche **Fragen** die Arbeit beantwortet hat und welche **offen bleiben**.

In diesem Zusammenhang kann es sich anbieten, mit der gebotenen Vorsicht Vermutungen darüber anzustellen, auf welche Fälle/Situationen/Fragen der in der Arbeit entwickelte Ansatz **übertragbar** ist und wo er weiteren Erkenntnisgewinn verspricht.

330 **gg) Thematische Erweiterungen**   Hat man im Hauptteil noch keine Gelegenheit dazu gefunden, kann man im Schlussteil auf **prozessuale Fragen** (etwa der Beweislast, des Rechtsschutzbedürfnisses, der Rechtswegzuständigkeit) eingehen. Ähnliches bietet sich an, wenn man im Hauptteil ein rechtsdogmatisches Problem nach Gesetzeslage erörtert hat – dann kann im Schlussteil eine wenigstens ansatzweise Erörterung folgen, ob und in welchem Umfang **vertragliche Abweichungen** möglich sind, durch welche Vertragsbestimmungen sich die geschilderten Probleme vermeiden lassen etc.

331 Hat man das Problem nach geltendem Recht (de lege lata) erörtert, können am Ende ein paar Bemerkungen zu einer rechtspolitisch anstrebenswerten Lösung (**de lege ferenda**) sinnvoll sein. Hier lassen sich vielleicht auch **rechtsvergleichende Hinweise** unterbringen, wenn das zwanglos möglich ist.

Dabei ist aber dringend darauf zu achten, dass die Diskussion solcher Gesichtspunkte im Schlussteil („Ausblick") nur sinnvoll ist, wenn sie nicht kraft Aufgabe zwingend in den Hauptteil gehören. Man muss also dem Leser zeigen, dass man hier eine originale zusätzliche Idee ausgeführt hat – anstatt einfach aus Verlegenheit einen Teil der eigentlichen Aufgabe nach hinten „auszulagern".

332 **hh) Einordnung in größere Zusammenhänge**   Sofern man die Gelegenheit nicht schon in der Einführung genutzt hat (etwa weil es doch zu prätentiös erschien, das kleine rechtsdogmatische Thema als Beleg für die Richtigkeit einer soziologischen Großtheorie heranzuziehen), kann das Schlusskapitel der richtige Ort sein, den oben erwähnten Trichter zu präsentieren – in umgekehrter Richtung gewissermaßen.

Dafür braucht es natürlich Kenntnis und Verständnis größerer gesellschaftlicher Entwicklungen[127].

333 **ii) Praktische Konsequenzen**   Je stärker der Hauptteil das Problem als theoretisches erörtert hat, desto interessanter ist es für die Leserin, spätestens im Schlussteil etwas über die praktischen Folgen zu erfahren.

Die Aussagen zu praktischen Folgen können recht unterschiedlich ausfallen, je nachdem, aus wessen Blickwinkel man die Frage stellt. Der Richter etwa wird unter praktischen Folgen nicht genau das gleiche verstehen wie die Rechtsanwältin oder die eigentliche Normadressatin. Der Richter fragt: *Wie gehe ich mit dieser Unsicherheit um, wenn sich im Verfahren ... als ... herausstellt?* Die Anwältin fragt: *Wie muss mein Vorbringen im Zivilprozess aussehen, um das Problem des ... zu umgehen?* oder *Welche Vertragsgestaltung muss ich meinem Kunden nahe legen, um das Problem ... zu vermeiden?* Die Normadressatin fragt: *Was kann ich tun, um maximalen Nutzen (oder minimalen Schaden) aus ... zu*

---

127 Dazu z.B. *Prümm*, JA 2005, 310 ff.

ziehen? Der Geschäftspartner der Normadressatin stellt die gleiche Frage, nur mit umgekehrten Vorzeichen.

Hier kann man also etwa erörtern, wie mit Restrisiken durch Rechtsunsicherheiten umzugehen sei, etwa ob und wie passender **Versicherungsschutz** zu beschaffen ist. Ebenfalls hierher gehört die Erwähnung von **Missbrauchsmöglichkeiten**, die der geltende Rechtszustand bietet.

Meist lässt sich von dort aus leicht ein Bogen zu Gestaltungsmöglichkeiten und gesetzgeberischem Handlungsbedarf schlagen.

V. Exkurs: Bewertungskriterien

Es ist unter Prüfern nicht eben weit verbreitet, die Kriterien der Bewertung einer wissenschaftlichen Arbeit detailliert offen zu legen.

334

Das hätte nämlich insbesondere zur Folge, dass man sich als Prüfer die Frage des Geprüften gefallen lassen müsste, wie sich denn aus den genannten Kriterien die Note ableiten lasse. Nimmt man diese Frage ernst, ist sie entweder nicht zu beantworten oder erfordert sehr viel Mühe. Das wäre zwar schön für einen gleichberechtigten Diskurs zwischen Lernenden und Lehrenden. Statistisch ist es aber eher die Ausnahme.

Gleichwohl dürfen Sie davon ausgehen, dass Ihre Prüfer sich in etwa folgende Fragen stellen werden[128]:

Ist eine Anfänger-, Fortgeschrittenen- oder Abschlussarbeit zu beurteilen? Eine Pflichtarbeit oder eine freiwillige Leistung? War das Thema gestellt oder selbst gewählt? Wie weit war das Thema präzisiert? Erfasst die Bearbeitung das Thema? Sind die Schwerpunkte sinnvoll oder wenigstens vertretbar gesetzt? Sind Rechtsprechung und Schrifttum ausgewertet? Bringt die Arbeit etwas Neues, eine originelle Idee, eine ungewöhnliche Perspektive oder Parallele? Ist die Argumentation stimmig oder gar überzeugend? Gibt es einen roten Faden oder argumentative Brüche? Ist der Aufbau vernünftig gewählt? Sind die Regeln wissenschaftlichen Arbeitens eingehalten?

Letztlich ist eine „objektive", „eindeutige" Bewertung bei einer Textwissenschaft wie den Rechtswissenschaften ausgeschlossen, weil das primäre Kriterium, nämlich die Überzeugungskraft der Begründungen, nicht wirklich objektivierbar ist. Das Bewertungsermessen ist relativ breit und entzieht sich auch prüfungsrechtlich einer umfassenden Kontrolle. Daher sind Remonstrationen gerade im Schwerpunktbereich sehr selten Erfolg versprechend, wenn nicht die Bewertungsbegründung selbst Denkfehler aufweist.

335

Fußballergebnisse, Wetter, Hunger oder Durst, Müdigkeit usw. sind unbewusste Faktoren, die man als Prüfer wegschieben will, wahrscheinlich aber nie ganz abstellen kann. Sie entziehen sich aber auch der Kontrolle des Prüflings. Dieser kann nur saubere Arbeit anbieten und versuchen, wenig Angriffsfläche zu bieten. Dies wird jeder Prüfer positiv würdigen. Die Notenskala geht bis 18 und wird entgegen anders lautender Gerüchte durchaus auch bis nach ganz oben ausgereizt.

---

128 *Kohler-Gehrig* (Fn. 35), S. 96 ff.

Der Prüfling hat es in der Hand, Ärger beim Korrektor zu vermeiden: Formalien einhalten (insb. Zitierregeln!), Schlampigkeiten in Ausdruck und Struktur abstellen und Leserfreundlichkeit in den Vordergrund stellen. So lässt sich jedenfalls vermeiden, dass man selbst den Korrektor ärgert. Wenn man es dann noch schafft, ihn fachlich durch gut durchdachte Begründungen für sich einzunehmen, hat man vielleicht noch keine 18 Punkte, aber doch mehr als die halbe Miete für eine zufrieden stellende Bewertung in der Tasche.

C. Besonderer Teil

Im Folgenden sollen die verschiedenen Arten von Themenarbeiten zunächst in Thementy-pen unterteilt werden, bevor verschiedene Besonderheiten universitärer Themenarbeiten je nach Art der Aufgabe (Seminararbeiten, Themenklausuren, Zusatzfragen, Dissertationen etc.) behandelt werden.

336

I. Typologie von Themenarbeiten

Wenn auch nicht die ganze Bandbreite möglicher Themen in eine Typologie[129] hinein-passt, mag eine solche doch helfen herauszufinden, was das Besondere an der eigenen Aufgabe ist und worauf bei der Ausarbeitung unbedingt zu achten ist.

337

Eine abschließende Aufzählung ist hier nicht gewollt – und kann vielleicht gar nicht gelingen. Trotzdem sollte die folgende Übersicht einen praktischen Nutzen haben: Man versuche, das zur Bearbeitung gestellte Thema wenigstens näherungsweise einem (oder mehreren) der genannten Typen zuzuordnen. Schon dieser Versuch kann zu Einsichten in potentielle Schwerpunkte oder Gefahren der Bearbeitung führen. Probieren Sie's einfach!

Das Thema bestimmt die Herangehensweise – natürlich. Das bedeutet aber nicht, dass man als Bearbeiterin in der Prüfungssituation ausschließlich darauf angewiesen ist, aus dem gestellten Thema heraus eine Struktur der Darstellung und eine Perspektive auf den Gegenstand zu entwickeln. Im Gegenteil ist es sinnvoll, sich einen Überblick über mögliche Thementypen zu verschaffen. Themen lassen sich nach folgenden Kriterien einordnen:

338

Wie viel **Kreativität** ist erwünscht, möglich, erforderlich?

339

Eine Magisterarbeit (oder eine Doktorarbeit) verlangt im Allgemeinen, dass die Bearbeiterin etwas Neues bietet. Das wird oft Neues in „kleiner Münze" sein[130], aber wenigstens die Anwendung vorhandenen dogmatischen Bestands auf neue Probleme sollte drin sein.

In einer Klausur Neues zu leisten, ist dagegen viel schwieriger und wird allenfalls ansatz-weise verlangt werden. Bei streng begrenzter Bearbeitungszeit und ohne Zugriff auf nie-dergeschriebenes Wissen muss der Schwerpunkt an anderer Stelle liegen.

Beispiel: Eine Aufgabe wie *Skizzieren Sie das System der gesetzlichen Vorschriften zur Anspruchsverjäh-rung* ist aus dem Gesetz heraus zu bearbeiten. Sie bietet gleichwohl die Möglichkeit zur Unterscheidung zwischen Studierenden, die die §§ 194 ff. BGB zum ersten Mal in ihrem Leben lesen (oder überhaupt erst suchen müssen) und solchen, die im Unterricht zugehört haben und deshalb die gesetzliche Systematik nicht erst mühselig erschließen müssen.

---

129 Dazu auch *Bull*, JuS 2000, 47, 48.
130 Sehen Sie sich einmal die Mehrzahl der juristischen Doktorarbeiten an.

340   Wie viel **Sammeleifer** braucht es?

Manche Themen erlauben es der Bearbeiterin (noch), einen vollständigen Überblick über Schrifttum und Rechtsprechung zu gewinnen und dem Leser zu präsentieren. Wo das möglich und sinnvoll ist, gehört es vielleicht auch zur Aufgabe.

Wo es aber nicht möglich ist, besteht die Aufgabe nicht darin, Vollständigkeit anzustreben, sondern darin, vernünftig auszuwählen. Allerdings setzt eine Auswahl eben voraus, dass man durch Jagen und Sammeln eine Menge Material zur Verfügung hat, die eine Auswahl nicht nur erforderlich und möglich, sondern überhaupt erst sinnvoll macht.

Vielleicht bezieht sich der erforderliche Sammeleifer aber gar nicht in erster Linie auf das rechtliche, sondern hauptsächlich auf das tatsächliche Material. Im Zusammentragen, Systematisieren und Bewerten tatsächlicher Informationen kann eine wissenschaftlich ganz anerkennenswerte Leistung liegen.

Beispiel: Überall, wo es um die juristische Bewältigung (angeblich) neuer Phänomene geht.

1. Überblicksarbeiten

341   In fast jedem Seminar steht am Anfang der Themenliste (und häufig auch zu Beginn eines neuen Themenblocks) eine einführende Arbeit, die einen **Überblick über das Gesamtthema** verschaffen soll. Aus Sicht des Veranstalters dient diese Arbeit als Basis, auf der sich dann die weiteren, spezielleren Probleme, wegen derer das Seminar angeboten wurde, aufbauen lassen. Ob es sich aus Sicht des Seminarteilnehmers um eine besonders gut oder besonders schlecht geeignete Art von Thema handelt, hängt vor allem davon ab, ob man selbst die Disziplin und Energie aufbringt, sich in einen größeren Themenkomplex einzuarbeiten.

Beispiele: Je nach Gesamtthema eines Seminars können hier etwa Titel auftauchen wie *Entwicklung des Völkerstrafrechts im 20. Jahrhundert, Der Ideologiebegriff – ein Überblick, Die wesentlichen Veränderungen im Raumplanungsrecht der letzten 30 Jahre* und so fort.

342   Da es in solchen Arbeiten im Kern darum geht, für die folgenden Arbeiten das Feld abzustecken, eignen sie sich besonders gut für Studierende, die sich in dem entsprechenden Bereich schon leidlich auskennen und deshalb schon zumindest einen ungefähren Überblick haben. Gut sind solche Themen auch für sehr fleißige Menschen, die über das Thema als Ganzes mehr lernen wollen. Denn gerade weil das Gesamtthema des Seminars mehr oder weniger abgedeckt werden soll, muss sich der Bearbeiter auch in zumindest die **wichtigsten Einzelaspekte des Themenfelds** einarbeiten. Das bedeutet einerseits im Zweifel viel Quellenarbeit, da man zumindest die wesentlichen Texte zu diesen wichtigen Aspekten alle finden und verarbeiten muss. Andererseits heißt gerade das auch, dass man wirklich viel dabei lernen kann ...

Bei dieser Art von Arbeiten ist es wichtig, dass man sowohl das Gesamtthema als auch die übrige Themenliste der Veranstaltung im Blick behält, weil gerade diese vorgibt, worauf es dem Aufgabensteller ankommt. Andererseits sollte man darauf achten, tatsächlich nur den Überblick zu geben, der für diesen Einstieg gefordert ist, um nicht den folgenden Spezialthemen zu viel vorwegzunehmen. Deren Bearbeiter kennen sich damit ohnehin im Zweifel besser aus als man selbst, so dass man riskiert, als oberflächlich dazustehen.

Häufig sind diese Einstiegsarbeiten auch gepaart mit einer **Rekonstruktion einer histori-** **343**
schen Entwicklung. Hierfür gilt das soeben Gesagte gleichermaßen. Auch dann muss
man sich in das Themenfeld aus heutiger Sicht gründlich einarbeiten, weil man sonst nicht
sinnvoll selektieren kann, welche früheren Entwicklungslinien für die heutigen Problem-
stellungen relevant sind (und nur um die sollte es gehen).

Will man einen wirklich guten Eindruck mit einer solchen Arbeit machen, versuche man
einmal, mit dem eigenen Text der Gesamtveranstaltung eine **übergeordnete Aussage**
oder Problemstellung als eine Art Motto mitzugeben, auf die man in den weiteren Diskussionen auch wieder zurück kommen kann. Dies mag nicht immer gelingen, wenn es
aber klappt, wird es wohlwollend bemerkt.

2. Dogmatische Arbeiten

Hier handelt es sich um die Klassiker unter den juristischen Themenarbeiten: Ein **rechts-** **344**
dogmatisches Problem wird in den **Mittelpunkt** gestellt und soll vom Bearbeiter möglichst umfassend beleuchtet werden. Dies kann in sehr verschiedenen Einkleidungen aufgegeben werden: Entweder wird eine gesetzgeberische oder justizielle Neuerung als
Thema gewählt,

Beispiele: *Vorstandshaftung nach dem EM.TV-Urteil, Das Antidiskriminierungsgesetz und seine Auswir-*
kungen im Bürgerlichen Recht, Vergewaltigung als Tathandlung des Völkermords – der Fall Akeyasu vor
dem Ruanda-Tribunal

oder ein unübersichtliches oder jüngst unübersichtlich gewordenes Themenfeld soll syste-
matisiert werden.

Beispiele: *Die Rechtsprechung deutscher und europäischer Gerichte zu den so genannten Schrottimmo-*
bilien-Fällen, Sterbehilfe zwischen strafrechtlichen Verboten, familiengerichtlichen Entscheidungen und
Gesetzentwürfen zu Patientenverfügungen

Gelegentlich wird auch einfach direkt ein Problem als solches benannt.

Beispiele: *Mittelbare Täterschaft beim Sonderdelikt, Polizeirechtliche Abhörbefugnisse und Verfassungs-*
recht, Anleihebedingungen als Allgemeine Geschäftsbedingungen?

Allen diesen Arten von Themen ist gemeinsam, dass es im Kern um ein dogmatisches **345**
Problem geht, dessen Aufarbeitung vom Teilnehmer erwartet wird. **Dieses Problem muss**
zunächst einmal herausgearbeitet und verdeutlicht werden.

Sie müssen also Ihrem Leser zunächst genau erklären, worin das Problem liegt, dessen Sie sich annehmen
wollen. Dies geschieht sinnvollerweise in Abgrenzung zu anderen unproblematischen oder als geklärt an-
zusehenden Konstellationen.
Sie können dabei entweder von der tatsächlichen oder von der normativen Ebene an das Problem herangehen. Entweder stellen Sie die Fallkonstellation dar, die als problematisch angesehen werden muss und erklären, wo die Unterschiede zu anderen Fällen liegen, die im Kernbereich der fraglichen Normen liegen.
Oder Sie gehen von der Norm oder der Rechtsfigur aus, um die es gehen soll, erklären zunächst deren Kernbereich und dann die für Ihr Thema wichtige Abgrenzungsfrage.

Letztere Vorgehensweise empfiehlt sich aber nur, wenn das Thema von vornherein eher abstrakt angelegt
ist. Auch dann sollten Sie spätestens bei der Darstellung von klarem Normal- und fraglichem Grenzfall mit
Sachverhaltsbeispielen oder Fallgruppen arbeiten, um Ihren Lesern den Zugang zu den abstrakten Ausführungen zu erleichtern.

346 Ist das Problem als solches erklärt, muss die **bestehende Gesetzeslage** und die **einschlägige Rechtsprechung** dargestellt werden. Hier ist sehr genaues Arbeiten wichtig, und zwar sowohl was die umfassende Recherche nach einschlägigen Normtexten und Urteilen angeht als auch bei deren Analyse im Hinblick auf Ihr Problem. Ebenso gründlich müssen Sie die einschlägige **Literatur** erst sich erschließen und dann auswerten. Punkten können Sie hier vor allem mit umfassender und gründlicher Auswertung aller einschlägigen Quellen, also kurz gesagt mit Fleiß und Verständnis für die Relevanz der Texte.

Je nach Aufgabe kann allein in diesem Teil der Arbeit eine beachtliche wissenschaftliche Leistung stecken. Dies gilt vor allem, wenn es Ihnen gelingt, in den Wust an Einzeltexten eine Systematik und Ordnung zu bekommen und in diese dann die einzelnen referierten Texte einzuordnen. Das ist anstrengend und kann langwierig werden. Es kann Ihnen passieren, dass Sie die Früchte einer solchen Fleißarbeit später in einer Veröffentlichung des Veranstalters wieder finden[131]. Wenn Sie aber diese Kärrnerarbeit zufrieden stellend erledigen, wird sich das in aller Regel sehr positiv auf die Bewertung auswirken.

347 Dennoch wird in einer Prüfungsarbeit für eine überdurchschnittliche Leistung, wie bereits gesagt, mehr erwartet als eine bloße Beschreibung des Stands der Diskussion. **Wichtig ist, dass Sie Stellung beziehen und Ihre Meinung begründen**. Hierfür vor allem gelten die obigen Ausführungen zur Darstellung von Argumentationen[132]. Dabei sollten Sie den Ort Ihres Themas im Gesamtkontext der Veranstaltung im Auge behalten und diesen Kontext in die Argumentation einbeziehen. Selbst wenn Sie zu keiner abschließenden Lösung für Ihr Problem gelangen, sollten Sie doch versuchen, auf dem Weg dorthin so weit wie möglich zu kommen und zu begründen, warum Sie an dieser Stelle nicht weiter kommen. Vielleicht können Sie wenigstens die Kriterien angeben, die der weiteren Bewertung zugrunde zu legen wären.

Machen Sie nicht den Fehler zu glauben, Sie müssten hier das Rad neu erfinden. Ihre Stellungnahme wird in fast allen Fällen darin bestehen, sich einer bereits vorhandenen Ansicht anzuschließen. Dass Sie aber diese Meinung teilen, macht sie eben auch zu Ihrer Ansicht und Ihr Leser (vor allem Ihr Prüfer) will von Ihnen wissen, warum dies aus Ihrer Sicht die überzeugendste Lösung ist.

348 Verlangt Ihre Aufgabe die Beurteilung einer **neuen Sachverhaltskonstellation**, für die es noch wenige Vorschläge zur rechtlichen Würdigung gibt, besteht Ihre Aufgabe nach dem (dann häufig weniger aufwändigen) Referieren von Rechtsprechung und Schrifttum vor allem darin, vorhandene Rechtsfiguren und Normen auf diese neue Konstellation anzuwenden. Wiederum sollen Sie also eine Meinung dazu darstellen, was für Ihren Fall ein sachgerechtes Ergebnis wäre, und diese begründen.

Es empfiehlt sich, bei solchen Arbeiten deutlich herauszuarbeiten, warum es sich um eine neuartige Konstellation handelt und worin der Unterschied zu anderen, bekannten Fällen besteht. Damit haben Sie meist schon einen guten Teil der Begründung dafür gegeben, warum bestimmte Regeln hier entsprechend oder nur modifiziert oder eben nicht angewendet werden sollten. Dann bleibt Ihnen nur noch, positiv zu begründen, warum das von Ihnen vertretene Ergebnis sach- und interessengerecht ist.

349 Ein **rechtspolitischer Schlenker** kann eigentlicher Gegenstand oder Nebenast sein. Als Nebenast kann man damit Akzente setzen.
Rechtspolitik ist hier nicht in erster Linie in dem allgemeinen Sinne zu verstehen, dass Recht und Politik geradezu denknotwenig miteinander verknüpft sind, so dass rechtliche

---

131 Dagegen ist man als Studierender weitgehend machtlos...
132 Siehe dazu oben Rn. 279 ff.

Regeln immer auch politischen Entscheidungen enthalten. Sondern in dem etwas engeren Sinne, dass Gegenstand politischer Mehrheitsbildung, Planung etc. eben auch Gesetzgebungs- und Gesetzesänderungsvorhaben sein können.

Müssen oder wollen Sie solche aktuellen Gesetzgebungsdiskussionen mit einbeziehen, werden Sie sich zunächst über den Stand der aktuellen Vorschläge informieren müssen[133], bevor Sie diese dann einer eigenen Bewertung unterziehen können.

3. „Historische" Arbeiten

In vielen Seminaren kommen Themen vor, deren Fokus nicht auf einem neuen dogmatischen Problem, sondern auf der **Aufarbeitung und Rekonstruktion einer früheren Diskussion** liegt. Dabei geht es nicht primär um Arbeiten in der Rechtsgeschichte im eigentlichen Sinne. Gemeint sind Themen im Rahmen eines rechtsdogmatischen Gesamtthemas, die auf ein Problem verweisen, das zwar früher streitig war, heute aber nicht mehr im Zentrum der aktuellen Debatte steht.   **350**

Beispiele: *Der Streit um den strafrechtlichen Handlungsbegriff zwischen finaler und kausaler Lehre – Die Anerkennung des allgemeinen Persönlichkeitsrechts als Schutzgut des § 823 I BGB – Die Ableitung von Schutzpflichten aus den Grundrechten.*

Wichtig bei solchen Themen ist zunächst eine sehr **gründliche Quellenarbeit**. Wenn man sich in einen Streitstand einarbeiten muss, der schon eine Weile nicht mehr aktuell ist, kommt man nicht umhin, auch die entsprechend alte Literatur auszuwerten. Man verbringt also relativ viel Zeit in Bibliotheken und beackert ältere bis alte Bücher. Es empfiehlt sich dabei, zunächst den **Rechtszustand vor der eigentlich das Thema bildenden Entwicklung** darzustellen. Erst dann kann man verständlich machen, wie die darzustellende **Debatte diesen Rechtszustand verändert** hat. Hierin liegt typischerweise der Schwerpunkt solcher Arbeiten, die ja gerade von der Rekonstruktion solcher Fragen leben.   **351**

Die Darstellung der damals ausgetauschten Meinungen und Gegenansichten sollte sehr genau und gleichzeitig inhaltlich aufeinander bezogen erfolgen. Da es sich um eine vergangene Debatte handelt, kann dies weitgehend deskriptiv erfolgen. Trotzdem können und sollten Sie in einer solchen Arbeit selbst Farbe bekennen und deutlich machen, wie Sie zu dieser Frage stehen und warum.

Gegen Ende der Arbeit ist es sinnvoll, die weitere Entwicklung des mit der Debatte verbundenen Sachproblems zu verfolgen und den Bezug bis zur Gegenwart herzustellen. Hat sich die gesetzliche Grundlage oder die Rechtsprechung geändert? Ist die Diskussion eingeschlafen oder nach wie vor aktuell? Gibt es neue Begrifflichkeiten, welche die alte Debatte überlagern? Die Antworten auf diese Fragen bilden einen guten Schlusspunkt einer solchen Arbeit.   **352**

---

133 Quellen für derartige Überlegungen sind häufig in Zeitschriften wie der ZRP, der KJ oder KritV zu finden. Aktuelle Gesetzgebungsinitiativen lassen sich meist über die Webauftritte der involvierten Ministerien/Parteien/Gruppierungen finden. Kommentare zu aktuellen Vorschlägen sind häufig auf den Internetseiten der einschlägigen Lobbygruppen zu finden wie dem DAV, der BRAK, dem BDI, der SdK, amnesty international, Greenpeace, etc.

4. Rechtsvergleichende Arbeiten

353   Überwiegend werden rechtsvergleichende Arbeiten in einschlägigen Seminaren ausgegeben werden. Aus dem „normalen" Ausbildungsgang bleibt die Rechtsvergleichung oft im Wesentlichen ausgeklammert. Gleichwohl ist mit der Ausgabe geeigneter Themen in Prüfungen zu rechnen[134].

Wer sich mit Internationalem Privatrecht befasst, muss verschärft damit rechnen, als Annex auch einmal rechtsvergleichende Fragen gestellt zu bekommen.

354   Ein **Vergleich** wird meist nicht gut gelingen, wenn **das zu Vergleichende** nicht zuvor **beschrieben** worden ist. Damit erhält eine rechtsvergleichende Arbeit geradezu zwangsläufig einen beschreibenden Teil – meist einen zum deutschen Recht und einen zu(r) fremden Rechtsordnung(en). Je nach Schwierigkeitsgrad der zu beschreibenden Systeme kann bereits dieser wertungsfreie Teil für sich hinreichend sein, um eine wissenschaftliche Leistung darzustellen.

Im Rahmen großflächig-international angelegter Forschungsprojekte werden die Länderberichte regelmäßig von Bildungsinländern anhand eines vorgegebenen Fragebogens erstellt. Die Auswertung und Erstellung des Rechtsvergleichs übernimmt danach der Generalberichterstatter. Ihre studentischen Arbeiten müssen Sie dagegen allein verantworten, d.h. Sie müssen sich den Zugang zu dem ausländischen Rechtskreis persönlich erarbeiten.

355   Bei einer solchen Beschreibung sollte zunächst einmal die **tatsächliche Konfliktlage** herausgearbeitet werden, deren rechtliche Behandlung verglichen werden soll. Dies gilt auch, wenn größere rechtliche Zusammenhänge erfasst werden sollen, etwa das gesamte Kauf- oder Strafzumessungsrecht. Dann ist es wichtig zu klären, welche Aufgabe die fraglichen Rechtsgebiete haben. Deren Einteilung im deutschen Recht muss nicht der in ausländischen Rechtsordnungen entsprechen, so dass sich ein sinnvoller Vergleich nur vor einem solchen faktischen Hintergrund vornehmen lässt.

356   Erst danach können **die deutsche und die fragliche ausländische Rechtsordnung** im Hinblick auf das genannte tatsächliche Problem beschrieben werden. Letzteres wird oft dadurch erschwert, dass andere Rechtsordnungen eine andere Systematik aufweisen, etwa ein anderes Verhältnis von materiellem und Prozessrecht. Deswegen muss hier oft weit ausgeholt werden. Diese Erarbeitung der ausländischen Rechtsordnung ist bei solchen Themen immer ein wesentlicher Schwerpunkt der Arbeit, hier muss viel Energie und Gründlichkeit investiert werden.

Dabei sollten Sie die Ähnlichkeiten und die Unterschiede sowohl in der terminologischen Ausdifferenzierung als auch in der systematischen Einordnung des Problems möglichst genau herausarbeiten und erklären. Das bedeutet als erstes, dass Sie selbst diese Fragen in beiden (oder allen) fraglichen Rechtsordnungen verstanden haben müssen und dann in der Lage sein müssen, dieses Wissen verständlich an den Mann oder die Frau zu bringen. Gerade letzteres sollten Sie nicht unterschätzen, bedeutet es doch, dass Sie diese fremde Rechtsterminologie einer deutschsprachigen Leserschaft erklären müssen.

357   Im Regelfall reicht dies jedoch allein noch nicht aus, sondern gefordert ist zudem die verknüpfte Analyse der beschriebenen Einzelsysteme, d.h. ein **wertender Vergleich**.

---

134   Einführungsliteratur zur Rechtsvergleichung: *Zweigert/Kötz*, Einführung in die Rechtsvergleichung auf dem Gebiete des Privatrechts, 3. Auflage, Tübingen 1996; *Coester-Waltjen/Mäsch*, Übungen in Internationalem Privatrecht und Rechtsvergleichung, 2. Auflage, Berlin 2001; *Koch/Magnus/Winkler von Mohrenfels*, IPR und Rechtsvergleichung. 3. Auflage, München 2004; *Schwenzer/Müller-Chen*, Rechtsvergleichung, Tübingen 1996.

Also kein starres *Gibt es/Gibt es nicht*, sondern das hinreichend aus anderen juristischen Zusammenhängen bekannte *Gibt es zwar nicht, aber das Problem existiert auch nicht in der Form* oder *Gibt es, ist aber auf Grund bestimmter Umstände (weniger) effektiv(er)* usw.

Die Grundidee eines Rechtsvergleichs besteht darin zu untersuchen, ob die in anderen Rechtskreisen für bestimmte faktische Probleme gefundenen Lösungen Anreize auch für die hiesige Rechtsanwendung bieten können. Diese Frage sollte auch im bewertenden Teil Ihrer Arbeit im Mittelpunkt stehen. Bleiben Sie aber **skeptisch bezüglich** der einfachen Übernahme bestimmter Rechtsfiguren, solche **„legal transplants"** erweisen sich häufig als insgesamt nicht systemkonform und damit sehr problematisch.

Eine arbeitstechnische **Schwierigkeit** besteht darin, dass Gesetze und Rechtstexte aus fremden Rechtsordnungen – außer im Fall Österreichs und der Schweiz – meist nur oder doch überwiegend **fremdsprachig** vorliegen. Ohne Sprachkenntnisse – einschließlich solcher der juristischen Terminologie – ist also beim Rechtsvergleich kein Blumentopf zu gewinnen. **358**

Ein weiteres Problem ist die gerade zu ausländischen Rechtsordnungen oft sehr **schlechte Quellenverfügbarkeit** in den normalen juristischen Fachbibliotheken. Gerade zu etwas spezielleren Rechtsmaterien, die über das internationale Kauf- oder Wirtschaftsrecht hinausgehen (da geht es meistens noch) wird häufig allein die Erschließung der einschlägigen Literatur zur Herausforderung. Hier bietet sich der Zugriff auf Datenbanken mit internationalem Bezug sowie online verfügbare Rechtszeitschriften aus dem jeweiligen Land an. Aber auch ein Ausflug an ein einschlägiges Forschungsinstitut (wie etwa die Max-Planck-Institute in Heidelberg und Freiburg) kann helfen. Ganz Schlaue nutzen einen ohnehin geplanten Auslandsaufenthalt für die Vorbereitung (einschließlich Material-sammlung) einer Arbeit für das Folgesemester. **359**

5. „Journalistische" Arbeiten

Hierbei handelt es sich um einen Aufgabentyp, der sich bei Veranstaltern großer Beliebt-heit erfreut, weil sehr **aktuelle Fragestellungen** aufgearbeitet werden sollen. Es geht um Themen, die als Schlagwort aus den Medien (mehr oder weniger) jüngster Zeit bekannt sind und deren juristische Probleme nun von Ihnen erarbeitet werden sollen. **360**

Beispiele: *Der Fall Khaled el-Masri und die Rolle der CIA im Krieg gegen den Terror; Gaefgen/Daschner vor dem EGMR – Folterdrohung und Menschenrechte; Neue Sitten bei der Forderungsdurchsetzung – Inkasso Team Moskau; Airbus und Apfelbäume – Enteignungen zugunsten eines einzelnen Unternehmens als gemeinwohlorientiert?*

Die Besonderheit dieses Aufgabentyps besteht vor allem darin, dass hier der **Sachverhalt**, um den es eigentlich gehen soll, zunächst **recherchiert** werden muss. Das heißt für Sie, dass Sie bei einer solchen Arbeit wie ein Journalist zuerst herausfinden müssen, was eigentlich genau passiert ist. **361**

Im oben zuerst genannten Beispiel müssen Sie also über die eigene Erinnerung hinaus genau in Erfahrung bringen, wie die Geschichte von Herrn el-Masri und seiner Entführung durch die CIA gelaufen ist.

Dies setzt umfangreiche Recherchen außerhalb der „normalen" juristischen Fachquellen voraus. Sie werden hierzu zwangsläufig Quellen wie Nachrichtendatenbanken (vor allem seriöser Presseerzeugnisse[135]), Zeitungsarchive[136] oder auch *Google* nutzen. Juristen werden nicht darin ausgebildet, aus dem Wust an Informationen, die sie bei einer solchen (aufwändigen und anstrengenden) Recherche erhalten, die tatsächlich zu verwendenden nach Seriosität der Quelle und Relevanz für die weitere Arbeit **herauszufiltern**. Genau dies müssen Sie aber, und zwar möglichst rigoros.

362 Vergessen Sie nicht: **Die Sachverhaltsdarstellung wird nie der Hauptschwerpunkt einer juristischen Prüfungsarbeit sein**. Das bedeutet, dass Sie aus allen Ihnen vorliegenden Informationen Ihren Lesern nur diejenigen mitteilen müssen und sollen, die für die spätere rechtliche Würdigung tatsächlich gebraucht werden. Daraus ergibt sich, dass Sie nach der Fertigstellung dieser Würdigung auch die Sachverhaltsdarstellung noch einmal kritisch darauf durchlesen sollten, ob diese sich wirklich auf die relevanten Teile des Geschehens beschränkt.

Natürlich sind die Maßstäbe hier nicht so streng wie in Ihrem ersten Urteil in der Zivilstation im Referendariat, wo auf die Relevanz für die rechtliche Würdigung besonders viel Wert gelegt wird. Sie können also durchaus Geschichten etwas ausschmücken oder besonders einprägsame/witzige/grausame/seltsame oder anderweitig den Leser interessierende Details erzählen. Dies darf aber eben nicht so weit überhand nehmen, dass es den eigentlichen Schwerpunkt der Arbeit erdrückt. Hier ist Mäßigung wirklich eine Tugend. Halten Sie solche Details im Zweifel lieber aus der schriftlichen Arbeit heraus und bewahren Sie diese für den Seminarvortrag oder die folgende Diskussion auf. Dort wirken solche Zusatzdetails sehr informiert und kompetent, selbst wenn Sie in der Arbeit eher störend aufgefallen wären.

363 Als juristische Arbeit interessant sind solche Themen vor allem wegen der von Ihnen vorzunehmenden schon mehrfach angesprochenen **rechtlichen Würdigung**. Diese sollte in aller Regel den **Kern Ihrer Arbeit** bilden. Hier werden in bestimmtem Umfang diese Arbeiten wieder zu gewöhnlichen dogmatischen Themenarbeiten, insofern gilt das oben Gesagte hier ebenso. Sie müssen sich also die einschlägige Rechtslage erschließen (Normen, Rechtsprechung, Literatur) und den nun herausgearbeiteten Sachverhalt hierunter subsumieren. Allerdings ist es bei dieser Art von Themen nicht zwingend so, dass die rechtliche Bewertung auch tatsächlich gravierende Rechtsprobleme aufwirft. Es kann passieren, dass die eigentliche Subsumtion ohne große Streitigkeiten relativ glatt durchläuft. Selbst bei solchen eindeutigen Ergebnissen sollte die rechtliche Einordnung sehr genau und gründlich erfolgen. Häufig wird dazu gehören, dass sie den weiteren Fortgang der bei sehr aktuellen Sachverhalten ja meist noch nicht abgeschlossenen entsprechenden Verfahren betrachten und deren rechtliche wie faktische Probleme einordnen.

In dem oben genannten Beispiel zum Fall el-Masri ist die Subsumtion des Verhaltens der CIA-Agenten unter das StGB wahrscheinlich kein großes Problem. Schon schwieriger ist die Frage, ob das StGB überhaupt greift oder ob kumulativ oder alternativ vielleicht andere Tatbestände wichtig sind (des VStGB, des Statuts des IStGH in Den Haag oder auch des US-Rechts). Spannend ist aber vor allem die Betrachtung des laufenden Ermittlungsverfahrens in Ulm und dessen Bewertung.

364 Hier wird es wichtig, dass Sie sich selbst Ihre **Schwerpunktsetzung** klar machen und diese auch deutlich mit Ihrem Text transportieren. Führt eine Ihnen aufgegebene Konstellation zu vielschichtigen und voneinander unabhängigen Problemen, so können Sie zwar vielleicht alle kurz anreißen, je nach vorgegebener Länge Ihrer Arbeit aber nicht alle or-

---

135 Wichtig sind hier etwa www.spiegel.de, www.faz.net etc.
136 Viele Zeitungen haben hervorragend sortierte Pressearchive (nicht nur der eigenen Artikel). Deren Nutzung ist zwar häufig nur kostenpflichtig möglich, kann sich aber durchaus lohnen.

dentlich bearbeiten. Sie müssen also auswählen, worauf Sie sich konzentrieren wollen. Dabei sollten Sie das Gesamtthema der Veranstaltung ebenso im Blick behalten wie den Kontext, den die Aufgabe selbst vorgeben kann. Soweit möglich ist genau dies der Punkt, für den schon vorab klärende Gespräche mit Veranstaltern (oder ihren Mitarbeitern) besser sind als beiderseitig böse Überraschungen im Nachhinein. Meist wird es jedenfalls besser sein, nur wenige Probleme umfassend und gründlich zu bearbeiten als alle denkbaren nur oberflächlich.

Zumindest zu diesen vertieft bearbeiteten Fragen müssen Sie auf jeden Fall auch selbst **Stellung beziehen**. Es muss also eine eigene Meinung begründet werden.

6. Undogmatische Arbeiten

In den juristischen **Grundlagenfächern** (also insbesondere Rechtsgeschichte[137], Rechts-   **365**
theorie-Rechtsphilosophie[138], Methodenlehre[139], Rechtssoziologie[140]) sind Themenarbei-

---

[137] *Schlosser*, Grundzüge der neueren Privatrechtsgeschichte, 10. Auflage, Heidelberg 2005; *Eisenhardt*, Deutsche Rechtsgeschichte, 4. Auflage, München 2004; *Köbler*, Deutsche Rechtsgeschichte, 6. Auflage, München 2005; *Kroeschell*, Rechtsgeschichte Deutschlands im 20. Jahrhundert, Göttingen 1992; *ders.*, Deutsche Rechtsgeschichte, dreibändig, utb, 4.,9.,12. Auflage 2005/2006; *Söllner*, Einführung in die römische Rechtsgeschichte, 5. Auflage, München 1996; *Kunkel/Schermaier*, Römische Rechtsgeschichte 13. Auflage, Wien 2001; *von Waldstein/Rainer/Dulckeit/Schwarz*, Römische Rechtsgeschichte, 10. Auflage, München 2005; *Kaser/Knütel*, Römisches Privatrecht, 18. Auflage, München 2005; *Hattenhauer*, Europäische Rechtsgeschichte, 4. Auflage, Heidelberg 2004; *Meder*, Rechtsgeschichte, 2. Auflage, Stuttgart 2005; *Ebel/Thielmann*, Rechtsgeschichte, 3. Auflage, Heidelberg 2003; *Wesel*, Geschichte des Rechts, 2. Auflage, München 2001; *Seagle*, Weltgeschichte des Rechts, München 1982; *Olechowski*: Rechtsgeschichte: Materialien und Übersichten, 4. Auflage, Wien 2006; *Laufs*, Rechtsentwicklungen in Deutschland, 6. Auflage, Berlin 2006. Zur besonderen Arbeitsform der **Exegese**: *Schlosser/Sturm/Weber*, Die rechtsgeschichtliche Exegese, 2. Auflage, München 1993; *Wimmer*, Digestenexegese, Wien 2004; *Wesel*, Die Hausarbeit in der Digestenexegese, 3. Auflage, Berlin 1989; *Waßmer/Wittemann*, Die verfassungsgeschichtliche Exegese, Stuttgart 1999; *Senn/Thier*, Rechtsgeschichte III – Textinterpretationen, Zürich 2005; www.uni-koeln.de/jur-fak/instroem/docs/Lithinweise.doc; Übungsbeispiele bei *Behrends*, JuS 1985, 878 ff.; *Muscheler*, JuS 1988, 626 ff.; *Sturm*, JuS 1962, 427 ff.

[138] *Kaufmann/Hassemer/Neumann* (Hrsg.), Einführung in Rechtsphilosophie und Rechtstheorie der Gegenwart, 7. Auflage Heidelberg 2004 (nicht immer ganz einfach); *Naucke/Harzer*, Rechtsphilosophische Grundbegriffe, 5. Auflage, München 2005; *Rüthers/Birk*, Rechtstheorie, 2. Auflage, München 2004; *Adomeit*, Rechtstheorie für Studenten, 4. Auflage Heidelberg 1998; *Baruzzi*: Rechtsphilosophie der Gegenwart, Darmstadt 2006; *Hofmann*, Einführung in die Rechts- und Staatsphilosophie, 3. Auflage, Darmstadt 2006; *Kunz/Mona*, Rechtsphilosophie, Rechtstheorie, Rechtssoziologie, Bern 2006; *Buckel/Christensen/Fischer-Lescano*, Neue Theorien des Rechts, Stuttgart 2006; *Braun*: Einführung in die Rechtsphilosophie: Der Gedanke des Rechts, Tübingen 2006; *Hoerster*, Was ist Recht? Grundfragen der Rechtsphilosophie, München 2006. Für den Anfang reicht vielleicht auch *Osterkamp/Thiesen*, JuS 2004, 737 ff.

[139] *Larenz*, Methodenlehre der Rechtswissenschaft, 6. Auflage, Berlin etc. 1991, S. 271 ff.; Studienausgabe: *Canaris/Larenz*, Methodenlehre der Rechtswissenschaft, 4. Auflage, Berlin etc. 2006; *Zippelius*, Juristische Methodenlehre, 9. Auflage, München 2005; *Bydlinski*, Grundzüge der juristischen Methodenlehre, Wien 2005; *Wank*, Die Auslegung von Gesetzen, 3. Auflage, Köln etc. 2005; *Schapp*, Methodenlehre des Zivilrechts, Tübingen 1998; *Schwacke*, Juristische Methodik mit Technik der Fallbearbeitung, 4. Auflage, Stuttgart 2003; *Treder*, Methoden und Technik der Rechtsanwendung, Heidelberg etc. 1998; *Koller*, Theorie des Rechts, 2. Auflage, Wien etc. 1997; *Kramer*, Juristische Methodenlehre, 2. Auflage, München/Basel/Wien 2005; *Rüthers/Birk*, Rechtstheorie, 2. Auflage, München 2005; *Meier*, Der Denkweg der Juristen, Münster 2000; *Schmalz*, Methodenlehre für das juristische Studium, 4. Auflage, Baden-Baden 1998; ausführlich: *Koch/Rüßmann*, Juristische Begründungslehre, 2. Auflage, München 1982; *Herberger/Simon*, Wissenschaftstheorie für Juristen, Frankfurt am Main 1980; *Pawlowski*, Methodenlehre für Juristen, 3. Auflage, Heidelberg 1999; *Müller/Christensen*, Juristische Methodik, Bd. I, 9. Auflage, Berlin 2004.

[140] *Rehbinder*, Rechtssoziologie, 5. Auflage, München 2003; *Raiser*, Einführung in die Rechtssoziologie, 4. Auflage, Frankfurt am Main 1985; jetzt: Das lebende Recht, 3. Auflage Baden-Baden 1999; *Röhl*, Rechtssoziologie, Köln 1987; *Rottleuthner*, Einführung in die Rechtssoziologie, Darmstadt 1987; *Ryffel*, Rechtssoziologie, Neuwied 1974; trotz des Titels gehören nicht hierher die Rechtssoziologien von Max *Weber*, Niklas *Luhmann* und Eugen *Ehrlich*.

ten geradezu der Standard. Eine Übungs- oder Prüfungsarbeit aus diesem Gebiet wird ihren Schwerpunkt meist nicht in der Auseinandersetzung mit einzelnen konkreten, durch einen vorgegebenen Sachverhalt bestimmten Normen haben.

Vielmehr geht es

- um die geschichtliche Entwicklung eines Rechtsinstituts

  Beispiele: *Zeigen Sie die wichtigsten Entwicklungslinien bei der Entstehung der culpa in contrahendo* oder *der Geschäftsgrundlagenlehre!*

- oder um die methodologische Berechtigung einer Argumentationsfigur

  Beispiel: *Dürfen Gerichte Rechtsfortbildung im Wege gesetzesübersteigender Analogien betreiben?*

- oder um eine Frage der Wechselwirkung zwischen Rechtsordnung und gesellschaftlicher Wirklichkeit gehen.

  Beispiel: *Ist vor dem Hintergrund der Erfahrungen mit . . . zu erwarten, dass ein strafrechtliches Verbot des . . . Wirkung zeitigen wird?*

366 Neben den eigentlichen Grundlagenfächern sind aber auch die bei vielen Professoren beliebten **interdisziplinären Seminare** ein weites Feld von Themenarbeiten, bei denen es nicht um die klassische Rechtsdogmatik geht. Zu den genannten philosophischen, soziologischen oder historischen Arbeiten treten solche mit psychologischen, ökonomischen, politologischen oder literaturwissenschaftlichen Fragen hinzu. Viele Lehrstuhlinhaber und insbesondere viele Emeriti pflegen mit solchen Veranstaltungen ihre speziellen Forschungsinteressen. Dennoch kann die Teilnahme an solchen Veranstaltungen strategisch sinnvoll sein (abgesehen davon, dass ein Blick über den Tellerrand des eigenen Fachs sowieso lohnt und Ansporn genug sein sollte). Denn gerade hier sind die Veranstalter oft sehr motiviert und daher offen für einen guten Eindruck von Studierenden, die positiv auffallen.

367 Gemein ist all diesen Arten von Arbeiten, dass die zu verwendenden Informationen und Arbeitstechniken für studierende Juristen vor allem eines sind: **fachfremd**. Das heißt, dass von den BearbeiterInnen erwartet wird, sich in ein entsprechendes Nachbargebiet ein gutes Stück weit selbst einzuarbeiten und sich dort keine fachlichen Fehler zu Schulden kommen zu lassen. Deswegen können solche Arbeiten riskant sein. Jedenfalls erfordern sie sehr gründliches Vorgehen und immer wieder die Vergewisserung, keine vermeidbaren Fehler zu machen und sich auch im Nachbargebiet in vertretbaren Bahnen zu bewegen.

Da allerdings zumindest der juristische Veranstalter mit dem gleichen Problem kämpft, heißt das, dass Sie mit gründlicher Einarbeitung und vorsichtigem Vorgehen hier punkten können. Schließlich ist Ihr Maßstab nicht der Fachhistoriker/-philosoph/-ökonom etc., sondern nur ein Jurist, der am Ende Ihre Arbeit für überzeugend halten soll.

7. Rechtshistorische Exegese

368 Ein Beispiel für die geradezu typisierte Form, die Themenarbeiten gelegentlich annehmen können, ist die rechtshistorische Exegese. Zwar kann auch hier die zu interpretierende Textstelle Anlass zu erheblichen Abweichungen geben – gleichwohl ist es einigermaßen seriös möglich, ein Bearbeitungsschema vorzuschlagen[141]:

---

141 Das nachstehende Schema stellen die Inhaber der rechtshistorischen Lehrstühle an der Universität Frankfurt am Main ihrem Seminarteilnehmern zur Verfügung.

1. **Vorbereitung**
   - **Verstehen des Textes**
     - wiederholtes, sorgfältiges Lesen
     - gegebenenfalls Übersetzung ins Neuhochdeutsche
     - Recherche unbekannter Worte, Begriffe und Abkürzungen
   - **Erfassen des Textinhalts**
     - Unterstreichung von Schlüsselbegriffen
     - Aufteilung in Unterabschnitte
     - Wiedergabe des Textes mit eigenen Worten

2. **Formale Auslegung (1. Teil der eigentlichen Exegese)**
   - **Formale Auslegungskriterien**
     - Feststellen der Textgattung (etwa Rechtsnormen, Urkunden, Akten, Literatur)
     - Feststellen der Fundstelle (insb. bei mehreren vorhandenen Textfassungen)
     - Bei Textausschnitten: Einordnung in den Kontext
   - **Bestimmung der Entstehungszeit**
   - **Bestimmung der beteiligten Personen**
     - Ermittlung des Verfassers
     - Ermittlung des/der Adressaten (oder Zielgruppe)
     - Einordnung aller sonstiger im Text genannter Personen

3. **Inhaltliche Auslegung (2. Teil der eigentlichen Exegese)**
   - **Philologische Auslegung**
     - Sprache, Stil und Satzbau (Verständlichkeit und Abstraktion)
     - Wortbedeutungen im zeitlichen Kontext
     - Suche nach Leitbegriffen und Schlüsselworten
   - **Historische Auslegung**
     - Einordnung in den historischen Zusammenhang
       - im Hinblick auf die Entstehungszeit
       - im Hinblick auf den Entstehungsort
       - im Hinblick auf den Anlass für die Textentstehung
     - Betrachtung seiner Wirkungsweise
       - zur Zeit der Entstehung
       - in der Folgezeit
   - **Rechtswissenschaftliche Auslegung**
     - Bestimmung der juristischen Hauptaussage des Textes
     - Analyse dogmatischer, rechtssystematischer, methodischer Aspekte (Argumentationstechnik)
     - Untersuchung rechtsphilosophischer (Billigkeit, Gerechtigkeit) und rechtspolitischer (ratio) Gesichtspunkte
     - Verhältnis zum Recht der Gegenwart/Rechtsvergleichung
   - **Philosophische Auslegung**
     - Analyse des theologisch-philosophischen Hintergrunds
     - Analyse des sozial- und wirtschaftshistorischen Hintergrunds.

II. Arten von Themenarbeiten und ihre Besonderheiten

Natürlich kann man Themenarbeiten danach differenzieren, aus welchem Anlass sie ge- **369**
schrieben werden, denn auch danach ergeben sich Unterschiede und Besonderheiten. Deshalb folgt, beginnend beim häufigsten Anlass für solche Aufgaben, der Seminararbeit, eine solche Auffächerung. Diese konzentriert sich darauf, Hinweise für die jeweiligen besonderen Situationen zu geben, die sich aus den verschiedenen Formen der Aufgaben ergeben.

1. Die Besonderheiten bei der Seminararbeit

370   Die Seminararbeit (= Seminarreferat) ist die klassische Form einer wissenschaftlichen, studentischen Themenarbeit; der Umgang mit ihr sollte jedem Jurastudierenden geläufig sein, zumal Seminararbeiten inzwischen (fast) durchgängig zum Pflichtprogramm des Schwerpunktbereichsstudiums gehören[142].

a) Anforderungen bei der Erstellung des Seminarreferats

371   Für die Ausarbeitung des Referats lässt sich insoweit uneingeschränkt auf die Ausführungen in den allgemeinen Teilen verweisen. Die gute Nachricht ist also: Mehr muss man in dieser Hinsicht grundsätzlich nicht beachten[143]; die schlechte: weniger aber auch nicht. Einige wenige spezifische Hinweise sind zu ergänzen:

372   Von besonderer Brisanz ist bei Seminararbeiten die **Auswahl** der passenden Veranstaltung und **des** passenden **Themas**.

Es hat also keinen Sinn, eine Veranstaltung auszuwählen, weil Sabine diese ebenfalls besucht und man „etwas zusammen machen kann". Wählen Sie einfach nur vollkommen egoistisch das aus, was Sie interessiert, was Sie gern einmal untersuchen wollen oder einfach, womit Sie glauben am besten klarkommen zu können. Schließlich wird es am Ende auch Ihre Note sein, die gegebenenfalls in die Bewertung für das Erste Staatsexamen einfließt.

Hierbei gilt in besonderem Maß das, was zur **Themenautonomie** geschrieben wurde. Versuchen Sie, die Weichen in dem vorgegebenen Rahmen so zu stellen, dass Sie den Arbeitsschwerpunkt möglichst selbstbestimmt umsetzen können.

Dies erfordert u.U. Verhandlungen mit dem wissenschaftlichen Personal des Lehrstuhls oder direkt mit dem veranstaltenden Dozenten. Außerdem ist eventuell auch eine Abstimmung mit weiteren Seminarteilnehmern notwendig, um großflächige Überschneidungen zu vermeiden.

373   Da Seminararbeiten vom Umfang her keinen Raum zu umfassenden Abhandlungen lassen, ist es wichtig, dass Sie von Anfang an sehr pointiert, auf ihren Bereich abzielend vorgehen. Langatmige, platzraubende Ausführungen zu Allgemeinplätzen sind nicht angezeigt.

Die Einleitung sollte kurz sein und möglichst punktgenau zum relevanten Problem hinführen. Im Hauptteil sind dann dieses Problem und eventuelle Lösungsmöglichkeiten ebenso zielgerichtet zu entwickeln.

Beispiel: Lautet das Thema *Die Haftung der Zigarettenhersteller in den USA und in Deutschland*, ist es wenig hilfreich, allgemeine Monologe zu den unterschiedlichen Haftungssystemen im Common Law und im Civil Law (law of torts/Deliktsrecht) zu erarbeiten, um dann am Ende des Referats eine kurze Anwendung auf Zigarettenhersteller zu problematisieren. Alles, was Sie schreiben, muss sofort in einem stetigen Bezug zum Thema stehen, d.h., Sie müssen die allgemeinen Ausführungen zum Haftungssystem direkt in der Anwendung auf die Zigarettenhersteller darstellen. Am Ende sollten dann Unterschiede und Gemeinsamkeiten in beiden Rechtskreisen erkennbar und auch bewertbar sein.

Diese Notwendigkeit der **konzentrierten Vorgehensweise** betrifft auch die Quellenauswahl.

---

142 Vgl. *Rolfs/Rossi-Wilberg*, JuS 2007, 297 ff.
143 Vorbehaltlich natürlich der speziellen Hinweise der seminarveranstaltenden Lehrstühle, s. z.B. *Schmidt*, http://web. uni-frankfurt.de/fb01/MaSch/Hinweise.html; *Martiny*, www.intrecht.euv-frankfurt-o.de/hinweisesem.htm; *Rohe*, www.zr2.jura.uni-erlangen.de/AnlSem.shtml.

Es nützt also regelmäßig überhaupt nichts, sämtliche Standardkommentare und Standardlehrbücher zu zitieren. Sie müssen vielmehr mit und an der relevanten themenspezifischen Spezialliteratur arbeiten. Der Hinweis, die vom Veranstalter ausgegebenen **Literaturhinweise** ernst zu nehmen, darf nicht fehlen: Die Verarbeitung der dort benannten Beiträge ist nicht etwa fakultativ, sondern der Veranstalter wird mit Blick auf diese Beiträge das Thema zugeschnitten haben. Also keine falsche Scheu: Nehmen Sie die offiziellen Hilfestellungen, die Ihnen geboten werden, ruhig an!

b) Thesenpapier

Oft wird neben dem Seminarreferat auch die Vorlage eines Thesenpapiers verlangt oder **374** zumindest angeregt. Das mag wie zusätzliche Arbeit aussehen; hauptsächlich bietet es aber Chancen: Insbesondere können Sie beim Erstellen kontrollieren, ob ihre Arbeit tatsächlich verständlich ist. Wenn Sie selbst schon Schwierigkeiten beim Formulieren der tragenden Thesen ihrer Arbeit haben, wie muss das Geschriebene dann erst auf einen Leser wirken, der auf der Suche nach der Quintessenz der Arbeit ist?

Der Umfang sollte bei einem 20seitigen Seminarreferat ein bis zwei Seiten nicht übersteigen. Ein zweiseitiges Thesenpapier passt auf ein DIN A4-Blatt (Vorder- und Rückseite) und wirkt damit immer noch handlich. Die Leserin soll ja nicht zuletzt das angenehme Gefühl haben, eine umfangreiche Ausarbeitung auf ein Blatt eingedampft in die Hand zu bekommen.

Will man vermeiden, dass faule Leser nur das Thesenpapier zur Kenntnis nehmen, anstatt **375** das mühevoll verfasste Seminarreferat zu lesen, kann man im Thesenpapier in Klammern auf den jeweils einschlägigen Abschnitt der Ausarbeitung verweisen (mit Seitenangabe oder Gliederungsziffer). So wird der Leser zumindest in Versuchung geführt, genauer nachzusehen. Außerdem ist das eine gute Selbstkontrolle für die Verfasserin, die so feststellt, ob sie alle wichtigen Abschnitte des Referats auch als These verfügbar gemacht hat.

Ein möglicher Nebeneffekt des Thesenpapiers besteht zudem darin, dass sich die Referen- **376** tin selbst beim Vortrag daran entlang hangeln kann. Dieser Doppelnutzen ist aber erkauft um den Preis, dass der mündliche Vortrag für die Zuhörer vorhersehbarer und damit langweiliger wird. Ein gut geplanter Seminarvortrag erfordert also neben dem Thesenpapier für die Zuhörer noch ein **separates stichwortartiges Redemanuskript** für die Referentin.

c) Mündlicher Vortrag

Wer einen mündlichen Vortrag halten muss, sollte bedenken, dass es kaum ein Seminar- **377** leiter dulden wird, wenn Sie Ihr Seminarreferat einfach vorlesen.

Es liegt auf der Hand, dass so jede Übung in freier Rede wegfällt und es damit an einer wesentlichen Teilleistung eines Seminars fehlt.

aa) Vorbereitung des mündlichen Vortrags Der mündliche Vortrag muss sich dem- **378** nach vom zuvor abgegeben Seminarreferat **unterscheiden**. Diese Unterscheidung lässt sich auf mehrere Arten bewerkstelligen: Sie können zum einen den Aufbau verändern und etwa Ihre Ergebnisse zum Ausgangspunkt des Vortrags machen. Sie können aber auch eine andere Herangehensweise wählen als im Seminarreferat, insbesondere einen Beispielsfall als Aufhänger wählen oder tagesaktuelle Bezugspunkte im Vortrag herstellen.

Nicht ungefährlich ist die Alternative, das vorhandene Material auf die schriftliche Ausarbeitung und den mündlichen Vortrag zu verteilen. Diese Überlegung muss man aber schon beim Abfassen des Texts im Blick behalten und – noch viel wichtiger – vorher mit dem Veranstalter abstimmen, um sich nicht dem Vorwurf auszusetzen, wesentliche Bereiche im Seminarreferat übersehen zu haben.

Sie müssen davon ausgehen, dass der Veranstalter und die übrigen Teilnehmer Ihr Referat zur Zeit der Seminarsitzung schon gelesen haben und eventuell bestimmte Gedanken vermissen werden. Die Ankündigung der gewählten Vorgehensweise erspart es Ihnen, in Vortrag und Diskussion gegen einen Negativeindruck aus dem schriftlichen Teil ankämpfen zu müssen.

379 **(1) Zeitlimit**: Wenn Sie ein Redezeitlimit vorgegeben bekommen, nehmen Sie es ernst! Die Seminarleiterin hat sich dabei etwas gedacht.

Wie anstrengend Redezeitüberschreitungen sind, wissen Sie hoffentlich nicht nur von *Wetten, dass...?!*, sondern auch aus dem Bundestag – und Sie merken es sehr deutlich, wenn Sie auf die anderen Seminarteilnehmer achten.

Es gibt zeitliche Grenzen für konzentriertes Zuhören. Bleiben Sie darunter. Ohne vorgegebenes Zeitlimit betrachten Sie eine Viertelstunde als Obergrenze.

Wer das ernst nimmt, wird ganz erstaunliche Effekte in Sachen Selbstdisziplin erreichen. Es ist nämlich fast unmöglich, ein zwanzigseitiges Referat in einer Viertelstunde vollständig und verständlich vorzutragen. Sie müssen also auswählen, Schwerpunkte setzen, akzentuieren. Das belebt den Vortrag ganz erheblich. Und Sie lernen dabei dazu.

380 Was die **Vortragstechnik** angeht, ist daran zu erinnern, dass eine moderate **Sprechgeschwindigkeit** ebenso von Nöten ist wie eine angemessene **Stimmführung** und die Einhaltung von **Pausen**.

Die Pausen sind nicht nur für den richtigen Textfluss wichtig, sondern erfüllen darüber hinaus einen lebensnotwendigen Zweck: Jeder, der schon einmal längere Zeit am Stück referieren musste, kennt das Problem – bei Anspannung neigt der ungeübte Sprecher dazu, das Atmen zu vergessen. Dies führt spätestens nach fünf Minuten zu unrhythmischen „Zwischenjapsern", die das Problem nicht nur hörbar machen, sondern auch den Redefluss und damit die Konzentration stören. Zudem vermeidet richtiges Atmen **Panikattacken**[144].

381 **(2) Freie Rede**: Lassen Sie sich unter keinen Umständen die Gelegenheit entgehen, Ihren Vortrag in freier Rede zu halten.

Auch wenn Sie noch so schüchtern und in freier Rede ungeübt sind: Da müssen Sie durch. Die Fähigkeiten, die Sie dabei üben, brauchen Sie in beiden Staatsprüfungen und aller Voraussicht nach in Ihrem weiteren beruflichen Werdegang. Vor Gericht dürfen Sie auch nicht ablesen, was Sie in Ihrem Schriftsatz geschrieben haben (außer vielleicht den Antrag). Und ob Sie beim Vortragen erröten oder nicht, ist für die Note vollkommen egal.

382 Vor dem Vortrag: **Üben!** Wenn Sie nicht gerade ein Naturtalent sind (und das auch wissen), müssen Sie üben – und zwar **laut**.

Wegen des Zeitlimits, wegen der flüssigen freien Rede, wegen der Schwerpunktsetzung, wegen der Tafelbilder oder des Einsatzes technischer Hilfsmittel, wegen Geschwindigkeit, Lautstärke und Artikulation des

---

144 Leist, JuS 2003, 441 f. Zu gelungenen Präsentationen s. ferner *Büdenbender/Bachert/Humbert*, JuS 2002, 24 ff.; *Möllers*, JA 2006, 156 ff.; *Pabst-Weinschenk*, Reden im Studium, Frankfurt am Main 1995; *Püttjer*, Uwe *Schnierda*: Optimal präsentieren, Frankfurt am Main 2001; *Kuhlmann*, Last Minute Programm für Vortrag und Präsentation, Frankfurt am Main 1999; *Hoffmann*, Überzeugend Vorträge halten Berlin 2002; *Stelzer-Rothe*, Vorträge halten, Berlin 2001. Oder einfach mal eine kleine Einführung in die allgemeine Rhetorik lesen: *Hägg*, Die Kunst, überzeugend zu reden, München 2003; *ders.*, Überreden – Überzeugen – Gewinnen, München 2004; *Soudry* (Hrsg.), Rhetorik, 2. Auflage, Heidelberg 2006.

Sprechens. Bitten Sie jemand Unbeteiligten um sachliche Kritik, wenn Sie Kritik vertragen können. Das hilft auch gegen Lampenfieber.

bb) Der Vortragstag Für die Seminarsitzung selbst gilt, dass Sie ihren Vortrag nicht beginnen, bevor **Ruhe** herrscht. **383**

Alles andere werden Sie über kurz oder lang bereuen. Für die Dauer des Vortrags muss klar sein, wer redet und wer schweigt – Sie reden, die anderen schweigen. Das müssen Sie durchsetzen. Wenn es nicht anders geht, sorgt eben die Seminarleiterin für Ruhe. Im Allgemeinen hat sie Sie nämlich auch „anmoderiert".

Der Einstieg ist mit die entscheidendste Phase nicht nur für Ihr Selbstbewusstsein, sondern auch für Ihre Zuhörer: Gerade am Anfang kann man die meisten Zuhörer verlieren, wenn man zu schnell, zu leise, inhaltlich zu voraussetzungsreich oder zu langweilig einsetzt. Überzeugen Sie also die anderen Seminarteilnehmer, unbedingt vorher Ihr Referat zu lesen und kritisch zu annotieren. Zur Not versprechen Sie ihnen, Gleiches für sie zu tun . . . **384**

Vergewissern Sie sich am besten am Vortragstag, wie der Vorbereitungsstand Ihrer Zuhörer aussieht. Erforderlichenfalls brauchen Sie eben zwei Minuten mehr Vortragszeit für eine spontan erweiterte Einführung.

Neben unkonzentrierten Zuhörern und hyperkritischen Professoren (noch schlimmer: wissenschaftlichen Mitarbeitern) kann sich die eigene **Nervosität** als Feind Nummer eins herausstellen. Coolness lässt sich eben nicht verordnen. **385**

Dazu gibt es eine Menge Ratgeberliteratur. Hier nur ein paar Bemerkungen als eiserne Regeln:

Man thematisiert die eigene Nervosität nicht. Oft ist sie nämlich im Kopf und im Herzen schlimmer als in Mimik, Gestik und Vortragshabitus. Also nicht noch die anderen auf die eigenen Schwächen hinweisen. Keine unnötigen Entschuldigungen, weder mit verständnisheischendem Augenaufschlag noch ohne. Sie sollen einen soliden Vortrag über ein Sachthema halten – und nicht ein 70erJahre-Seminar über psychische Befindlichkeiten.

Wenn Sie dazu neigen, am Anfang zu stottern oder den Faden zu verlieren, lernen Sie zur Not die erste Minute Ihres Vortrags auswendig. Das muss dann aber so gut sitzen, dass es nicht auswendig gelernt klingt.

Ein guter **Einstieg** ist eine Spur förmlicher und professioneller, als Ihre Seminarkolleginnen es Ihnen zutrauen (oder allgemein erwarten). Sie sagen nicht locker-flockig *Na, dann fang ich mal an*, sondern eine Spur ungeduldig *Meine Damen und Herren, darf ich jetzt um Ruhe bitten?* Es kann nämlich nicht schaden, wenn Sie Ihrem Vortrag ein bisschen Respekt entgegenbringen. Schließlich steckt einiges an Arbeit drin. Durch professionelles Auftreten fordern Sie diesen Respekt von Ihren Zuhörern ein. Das ist manchmal auch dringend erforderlich, wenn die Beteiligten Sie nur als unkomplizierte, kumpelhafte, geduldige Mitstudierende kennen. Der nächste Satz heißt auch nicht anbiedernd *Ich will Euch ein bisschen was über <Thema> erzählen*, sondern *Mein Referat fasst einige aktuelle Entwicklungslinien im Recht der zusammen und zieht daraus eine unerwartete Konsequenz.* Sie müssen klarstellen, dass Sie für 45 Minuten einen rein fachlichen Diskurs eröffnen, dessen einzige (!) Besonderheit darin besteht, dass die Mehrheit der Beteiligten sich duzt. **386**

387   **(1) Gadgets und Gimmicks**: Der mündliche Vortrag kann im Allgemeinen durch alles unterstützt werden, was der Verständlichkeit dient. Sie können die Tafel benutzen oder ein Flipchart oder den Projektor oder den Beamer. Sie können Ihre Zuhörer mit PowerPoint-Präsentationen (vorzugsweise animiert und in Farbe) vergraulen.

Wer sich sehr viel Zeit lässt, um zwischendurch Stichworte an die Tafel zu schreiben, ist unhöflich (zumal er den Zuhörern fast zwangsläufig seinen Rücken zeigt) und verschwendet knappe Vortragszeit. Das macht man besser vorher.

Anders als im streng reglementierten Rechtsgutachten dürfen und sollen Sie, wo immer sinnvoll, Übersichten, Grafiken, Tabellen usw. verwenden.

Je mehr technische Hilfsmittel Sie aber einsetzen, desto mehr müssen Sie vor dem Vortrag darauf achten, dass alles Erforderliche vorhanden und funktionsfähig ist: Kreide, Boardmarker, Stifte für den Projektor, Elektrizität, eine Ersatzbirne, ein Anschluss für den Beamer, die nötigen Kabel, ein Rechner, ein USB-Stick, ein LaserPointer, ein Videorecorder oder DVD-Spieler, ein Internetanschluss und was weiß ich noch alles. Wenn Sie wirklich gut (vorbereitet) sind, geht es vielleicht aber auch mit einem guten Vortrag und sonst nichts.

Gefährlich ist es, ein Hilfsmittel zum ersten Mal im Vortrag auszuprobieren. Das führt überraschend oft zu Pleiten, Pech und Pannen. Also wenigstens vorher[145] einen technischen Probelauf unternehmen.

388   **(2) Leserlichkeit:** Tafelbilder, Folien und Projektionen helfen den Teilnehmern nur, wenn sie leserlich sind. Achten Sie deshalb bei deren Vorbereitung auf ausreichende Schriftgrößen, tendenziell ab 16 pt aufwärts[146].

Folien etc. müssen einen **Zusatznutzen** gegenüber dem Text aufweisen, den die Leser bereits kennen (sollten). Also keinesfalls Bleiwüsten, sondern Grafiken; tabellarische Gegenüberstellungen und ähnliche Visualisierungen. Alles andere zieht die Konzentration Ihrer Zuhörer ab.

389   **(3) Ablenkungen vermeiden**: Je mehr zusätzliche Hilfsmittel Sie einsetzen, desto mehr führen Sie die Zuhörer in Versuchung, deren Text zu notieren. Verhindern Sie das, indem Sie sie darauf hinweisen, dass alle Folien nach dem Vortrag ausgeteilt werden. Verschenken Sie nicht die Aufmerksamkeit Ihrer Zuhörer!

390   Wer seine **Zuhörer** beim Reden nicht **anschaut**, ist nicht nur unhöflich, sondern merkt auch zu spät, wenn er sie verliert. Das sollte nicht passieren. Wird es auch nicht, denn Sie können den Kontakt halten, weil Sie zur Sicherheit das stichwortartige Manuskript haben, in das Sie reinschauen können, um einen vielleicht verlorenen Faden schnell wieder zu finden. Das Manuskript ist also nicht dafür da, um hineinschauen zu müssen – den roten Faden haben Sie nämlich im Kopf, auswendiggelernt durch das Üben zu Hause.

Das Manuskript sollte daher sicherheitshalber **Markierungen** für besonders wichtige Stellen enthalten, z.B. Stellen, an denen Sie Folien wechseln, Tafelbilder ergänzen, in PowerPoint auf den nächsten Chart weiterschalten, einmal kräftig durchatmen, Fragen an die Zuhörer stellen wollen usw.

391   **(4) Wiedereinfangen verlorener Zuhörerinnen:** Missgeschicke geschehen. Wenn Ihnen durch eigene oder fremde Schuld unterwegs die Zuhörer mental abhanden kommen, können Sie auf verschiedene Art reagieren: Am wenigsten souverän ist es, den Vortrag nur

---

145 Spätestens eine halbe Stunde vorher – sonst ist keine Zeit mehr zum Reparieren oder Umdisponieren.
146 Wer mit diesen Fragen überhaupt keine Erfahrung hat, kann auch einmal einen wissenschaftlichen Mitarbeiter um Rat bitten.

für die Seminarleiterin und ihre aus Anstand weiter bei der Stange bleibenden wissenschaftlichen Mitarbeiter zu Ende zu führen. Besser ist es, alle Zuhörer wieder einzubinden.

Das ist übrigens nicht peinlich oder ehrenrührig. Auch die Seminarleiterin hat am Anfang ihrer Laufbahn sicher manchmal heftig um Aufmerksamkeit kämpfen müssen.

Manchmal genügt dazu eine sanfte Einladung, den verloren geglaubten roten Faden wieder aufzunehmen. Sie pausieren dazu kurz, um dann mit einem neuen Aspekt fortzufahren. Am deutlichsten wird die Einladung, wenn man sie ankündigt.

Beispiel: *Damit ist aber nur die „konventionelle" Herangehensweise umrissen. Viel interessanter ist ein jüngerer Ansatz, den ich jetzt skizzieren will.*

Teils braucht es aber deutlichere Hinweise oder Maßnahmen.

Das sollte zwar nicht passieren, aber es kann eben doch einmal vorkommen. Es steht Ihnen dann ein guter Teil des klassischen Lehrer-Repertoires zur Verfügung: Sie können beleidigt solange **schweigen**, bis Ruhe herrscht. Sie können eine überraschende unbeantwortbare **Frage** an den Hauptstörer richten, gelangweilt aus dem Fenster gucken und der Welt zeigen, dass das alles sie nicht wirklich tangiert – oder im schlimmsten Fall mit der **geliehenen Autorität** der Seminarleiterin drohen. Am besten ist es, solche Konfliktstimmung nicht aufkommen zu lassen. Wenn aber alles nach Konflikt riecht, müssen Sie als Sieger aus der Konfrontation hervorgehen. Manchmal hilft Humor, aber nicht immer.

(5) Fragen an die Zuhörer: Im Allgemeinen enthält das Seminarreferat keine Fragen an die Zuhörer. Sie tragen vor, die anderen schweigen. Man kann aber Ausnahmen machen. Möglichst nicht solche mit Verständnisfragen (das kann schrecklich schief gehen), sondern eher solche des Typs: *Hat jemand von den Anwesenden schon einmal . . .?* oder vielleicht auch einmal eine kleine Meinungsumfrage. Letztere kann ganz pfiffig sein, wenn man am Ende des Vortrags zu einem Ergebnis kommt, das dem spontanen Urteil der Zuhörer genau zuwiderläuft und trotzdem überzeugend begründet ist. **392**

Da aber auf Fragen auch eine Antwort kommen kann, müssen Sie ein wenig darauf achten, nicht zu viel Ihrer knappen Vortragszeit damit zu verbrennen. Keinesfalls darf der Eindruck entstehen, Sie hätten überwiegend die Zuhörer das Referat bestreiten lassen. Schließlich sollen Sie am Schluss eine Note auf Ihre Leistung bekommen. Wenn Sie also nicht von vornherein gewiss sind, souverän mit den Antworten Ihrer Zuhörer umgehen zu können, räumen Sie den Fragen und Antworten nicht zuviel Platz ein.

Ähnliches gilt in umgekehrter Richtung: Zu **Fragen der Zuhörer** muss man vorher eine Meinung haben. Überwiegend empfiehlt es sich, bei kürzeren Vorträgen keine Zwischenfragen zuzulassen und die Zuhörer zu bitten, sich Verständnisfragen zu notieren und nach dem Vortrag zu stellen. So kommt dann auch die Diskussion leichter in Gang, allerdings oft um den Preis, dass die Fragen recht heterogen sein können. **393**

Manche Fragen aus dem Teilnehmerkreis kann man auch – zunächst ohne sie selbst zu beantworten – an die Teilnehmer **zurückgeben**. Das bietet sich an, wenn man glaubt, die Frage im Seminarreferat oder im Vortrag eigentlich beantwortet zu haben. Damit verlieren im günstigsten Fall die Zuhörer zugleich die Scheu vor eigener Beteiligung an der späteren Diskussion, weil sie sich schon ein bisschen warmlaufen können – und das auch noch fast gefahrlos.

Am Ende des Vortrags **bedankt** man sich für die Aufmerksamkeit der Zuhörer. **394**

Das signalisiert nicht nur klar den Schluss, sondern ist auch der Höflichkeit geschuldet. Es kann ruhig ein bisschen formal klingen: *Meine Damen und Herren – ich danke für Ihre Aufmerksamkeit/Geduld.*

Die Kumpels aus dem Semester pflegt man sonst zwar zu duzen, aber die Professorin sollte man ruhig siezen, so dass im Plural dann alle Teilnehmer gesiezt werden. Selbst mit solchen Kleinigkeiten kann man punkten, weil sie Professionalität signalisieren. Nach dem Schlusssatz schaut man seine Zuhörer so erwartungsvoll und freudestrahlend an, dass sie gar nicht anders können als mit dem unter Akademikern üblichen Klopfen ihre Begeisterung für die gerade gezeigte Leistung zum Ausdruck zu bringen. Das funktioniert fast immer.

d) Diskussion

395 Oft nimmt die Vorbereitung auf den mündlichen Vortrag schon viel Kraft in Anspruch. Trotzdem dürfen Sie sich anschließende Diskussion nicht dem Zufall überlassen. Sie mag zwar nicht bis ins Detail planbar sein, aber ein paar Gedanken können und sollten Sie sich machen.

396 Vorbereitet sein sollte man etwa auf die – vielleicht ein bisschen gemeine – Frage, ob man die **Essenz** des Vortrags/Referats denn in einen Satz fassen könne. Gefragt wird natürlich gern auch nach – scheinbaren – Widersprüchen im Text. Die sind zwar für den Verfasser nicht immer leicht zu erkennen, aber vielleicht für die Gegenleser.

Wenn man sich im Stoff wirklich zu Hause fühlt, kann man vielleicht sogar einmal einen solchen Widerspruch einbauen (eher in den mündlichen Vortrag als in den Referatstext oder in das Thesenpapier), um die Diskussion in genau diese Richtung zu lenken.

397 Eine gut laufende Diskussion **in Gang zu bringen** ist gar nicht so einfach.

Im schlimmsten Fall haben die meisten der Zuhörer das Seminarreferat nicht gelesen, sind von dessen heruntergeleiertem, das Zeitlimit weit überschreitenden und den Text 1:1 wiederholenden Vortrag ermüdet, von den ausnehmend klugen Rückfragen des seminarleitenden Professors und seiner wissenschaftlichen Assistentinnen eingeschüchtert und haben in Wirklichkeit kein Interesse an einem Thema, das Sie selbst ebenfalls nur deswegen gewählt haben, weil Sie kurz vor der Staatsprüfung noch einen Pflicht-Seminarschein erledigen mussten. Wenn es soweit gekommen ist, ist ohnehin fast nichts mehr zu retten.

398 Sinnvoll ist es, vorher zu klären, bei wem die **Diskussionsleitung** liegen soll.

Beim Referenten, bei einem Zuhörer, beim wissenschaftlichen Mitarbeiter oder bei der seminarleitenden Professorin? Wenn Sie selbst die Diskussion moderieren sollen, haben Sie zwar die Verantwortung, aber dafür auch die Fäden in der Hand. In diesem Fall dürfen Sie sich jedoch nicht zur Daueranwortmaschine machen lassen, sondern sollen sich zwar beteiligen, aber zunehmend inhaltlich aus der Diskussion zurückziehen. Ein völliger Rückzug ist meist nicht möglich. Dazu sind Sie fachlich zu überlegen – und außerdem wird Ihnen ein ausufernder und ins Sachfremde abgleitender Diskussionsverlauf zugerechnet. Das führt zu Abzügen in der B-Note.

399 Vorheriger Überlegung bedarf insbesondere der **Übergang** vom Vortrag zur freien Diskussion. Dieser kann je nach Veranstalter unterschiedlich streng organisiert sein. Mancherorts wird dies so gehandhabt, dass zunächst eine Runde mit inhaltlichen **Nachfragen/** Verständnisfragen **an den Dozenten** erfolgt, bevor eine kritische Debatte zu bestimmten Einzelpunkten eröffnet wird.

Diese Methode geht von dem wahrscheinlichen Fall aus, dass die Zuhörer nicht alles verstanden haben. Mit dem gesonderten Nachfrageverfahrensabschnitt wird den Zuhörern die Hemmung genommen, eigene Miss- oder Unverständnisse zu verlautbaren, und es wird die gemeinsame Basis für die anschließende Diskussion festgelegt.

Anderenorts wird nicht derart schematisch vorgegangen, sondern der Diskurs eher informell in Gang gesetzt. Hier hängt es allein vom Auditorium ab, ob und wie die Veranstaltung weiter verläuft.

Die umgekehrte Vorgehensweise der **Fragen** vom Vortragenden **an die Zuhörer** hat den **400** Vorteil, dass sich im Anschluss an den Monolog überhaupt etwas tut und zur Abwechslung mal jemand anderes redet als die Referentin. Die Fragen des Vortragenden in die Runde sollten aber ebenfalls gut überlegt sein: Nichts ist schlimmer als die bleierne Stille, die auf eine gut gemeinte, aber schlecht gestellte Frage hin auszubrechen pflegt.

Zu vermeiden ist insbesondere die Frage an die Zuhörer, ob denn alle alles verstanden hätten. Die ehrliche Antwort gefällt Ihnen in den meisten Fällen nicht, die höfliche hilft Ihnen nicht weiter.

Oft funktionieren dabei **provokante Thesen** recht gut. Die dürfen aber nicht zu bemüht ausfallen. Und sie setzen einen informierten Zuhörerkreis voraus, der die Provokation überhaupt erkennt und zum Widerspruch bereit und imstande ist.

Eine beliebte Sicherung gegen peinliche Situationen ist auch die vorherige **Absprache** **401** mit anderen Seminarteilnehmern über die zu stellenden Fragen (und am besten auch deren Reihenfolge). Das erlaubt der Referentin, mit Wissen zu glänzen – und das auch noch in Form schlagfertiger Antworten.

Die Seminarleiterin und deren wissenschaftliche Mitarbeiter bemerken das natürlich nicht. Wenn sie es bemerken, übersehen sie es meist großzügig, weil es eben so menschlich ist.

Restrisiken und Unsicherheiten: **402**
Ob und mit welchem kommunikativen Erfolg eine Diskussion Ihres Referats ins Laufen kommt, ist letztendlich aber nicht planbar.

Wenn Sie vor einer Gruppe „Taubstummer" zu referieren haben, stehen die Chancen schlecht (wenn Sie sich selbst aber bei den anderen Vorträgen ebenso verhalten haben, müssen Sie sich nicht wundern). Wenn Ihre Zuhörerschaft umgekehrt aus inhaltlich ahnungslosen, begnadeten Selbstdarstellern besteht, müssen Sie schleunigst lernen, wie man Diskutanten höflich und bestimmt das Wort abschneidet.

Reaktionsschnelligkeit, inhaltliches Problemwissen, Frustrationstoleranz sowie ausreichend selbstbewusstes Auftreten sind jedoch die Sicherungen, auf die Sie sich in diesen Situationen verlassen können müssen. Die Diskussion kann allerdings immer auch aus Gründen schief laufen, die Sie nicht zu vertreten haben.

Das wird aber auch die Seminarleiterin bemerken und gegensteuern.

2. Die Themenarbeit als Aufsichtsarbeit

Eine nach den neuen Studienordnungen zumindest teilweise neue oder wenigstens häufi- **403** gere Erscheinung wird die thematisch ausgerichtete Aufsichtsarbeit sein. Hierbei lautet die Leitfrage: Wie entwickelt man einen intelligenten Gedanken bei maximal einer Stunde Arbeitszeit?

Das Gebot dabei heißt: **relative Originalität**. **404**

Absolut originelle Ideen sind unter den Umständen einer Klausur nur ganz ausnahmsweise zu haben, etwa, wenn man einen der raren, glücklichen Augenblicke erwischt, in denen man zugleich konzentriert und kreativ ist.

Was versteckt sich hinter dieser Umschreibung? Man muss nur ein Stück origineller sein als die anderen.

405   Und zwar vor folgendem Hintergrund: Wie bei Stadt – Land – Fluss wird es bei den typischen Klausuraufgaben Gesichtspunkte geben, auf die wirklich jeder kommt, der auch nur einen kleinen Augenblick nachdenkt (**offensichtliche Aspekte**).

> **Beispiel:** Bei der Aufgabe *Legen Sie die grundlegenden Argumentationsmuster der Rechtsprechung des BVerfG in der ‚Elfes'-Entscheidung (BVerfGE 6, 32) dar und erörtern Sie die Auswirkungen dieser Entscheidung auf die allgemeine Grundrechtsdogmatik!* ist jedem klar, dass es um die allgemeine Handlungsfreiheit nach Art. 2 I 1 GG gehen wird. Mit den entsprechenden Ausführungen sind – anders als bei Stadt-Land-Fluss – zwar wichtige Punkte zu holen, aber eben nicht allzu viele. Die bloße Benennung des Grundrechtes und die Darlegung des Schutzumfangs würden nur wenig weiterhelfen. Sie sind zwar ein „Muss", um zu bestehen. Mehr ist damit aber auch nicht drin.

406   Der weitaus größere Teil der Notenpunkte erschließt sich der Bearbeiterin nur, wenn Sie die in der Aufgabe angelegten **Verknüpfungen** sowie die **versteckten Schwierigkeiten** richtig erkennt und im Text dazu Stellung bezieht.

> **Beispiel:** Im Fall der „Elfes"-Entscheidung bedeutet dies, dass die erfolgreiche Studierende auch etwas zu möglichen anderen Ansichten (Warum sollten sonst die Argumentationsmuster des BVerfG wichtig sein?) schreiben muss. Ebenso wird wohl eine Stellungnahme zum gesamten Grundrechtssystem erwartet. Während der zweite Teil noch mit Auswendiglernen zu handhaben ist und gegenüber den offensichtlichen Aspekten nur einen diversifizierten Kenntnisstand erfordert, kommt es beim dritten Abschnitt auf das Systemverständnis an. Man schraubt also den Schwierigkeitsgrad langsam hoch.

407   Da die Themenaufgabe aber häufig nur einen eher kurzen Anhang zur klassischen Fallbearbeitung bilden wird, werden von den insgesamt 18 Notenpunkten nur vielleicht vier auf sie entfallen.

Wann bekommt man die vollen vier Punkte? Noch nicht, wenn man eine Bearbeitung mittlerer Art und Güte vorlegt, sondern erst, wenn man wenigstens einen Gesichtspunkt hervorhebt, auf den die anderen nicht oder höchstens ganz oberflächlich und beiläufig gekommen sind.

Thematisch verdächtig ist alles, was im Gutachten traditionell zu vermeiden ist: Die üblichen breiten Ausführungen zum Sinn des Gesetzes an Stellen, wo eigentlich nicht viel zu diskutieren ist.

> **Beispiel:** Eine Themenfrage könnte durchaus einmal aufgreifen, was in verwaltungsrechtlichen Übungsaufgaben oft zu breit verhandelt wird – nämlich dass die Klagebefugnis als juristische Figur dazu dient, Popularklagen zu vermeiden. Nur müsste dann der Bearbeiter eben mehr Überlegungen präsentieren als lediglich diesen einen Informationsschnipsel. Es müsste also erklärt werden, was an der Popularklage so schlimm ist, woher man das weiß – und wo sie vielleicht doch einmal gerade sinnvoll sein könnte.

408   Wirklich planbar ist Originalität natürlich nur ganz schwer – vielleicht auch überhaupt nicht. Aber einiges was kann man sich sogar schon überlegen, wenn man die Aufgabe noch gar nicht kennt. Wer nämlich einen Anerkennungspunkt für Originalität abholen will, wird in der knappen Zeit der Klausur gut daran tun, die eigenen Talente zu nutzen. Dazu muss man sich vielleicht erst einmal über die eigenen Begabungen klar werden[147]. Hier nur ein paar Anregungen: Als Leser ist man um originelle/eigenständige Gedanken

---

147 Aber das ist sowieso eine gute Idee. Wer keine Einschätzungen der eigenen Talente hat, frage einmal Freunde und Studienkolleginnen. Seien Sie aber nicht böse, wenn Sie eine ehrliche Antwort bekommen.

immer froh (gerade wenn man Dutzende Arbeiten mit dem gleichen Thema lesen muss). Ein solcher Gedanke kann etwa in einer unerwarteten Parallele zu einem anderen Rechtsproblem oder einem außerjuristischen Problem liegen; oder in einer pointierten Zuspitzung; oder einem Vergleich oder einer Metapher, die den Leser zu neuer Erkenntnis inspiriert; oder einer betont polemischen Auseinandersetzung[148].

a) Die (reine) Themenklausur

aa) Sondersituation Klausur   Das Einfache wird schwierig, wenn man es aus dem Kopf heraus, unter Zeitdruck und ohne Hilfsmittel leisten muss.   **409**

Da kann schon die Reproduktion eines kleinen Abschnitts aus einem Lehrbuch mühselig werden.

Beispiel: Heißt die Aufgabe *Erklären Sie Voraussetzungen, Ablauf und Sinn des gerichtlichen Mahnverfahrens*, braucht man zwar nur im Gesetz zu lesen; aber wenn die gesetzlichen Vorschriften schwierig zu durchschauen und die Bearbeitungszeit kurz ist, wird das plötzlich zu einer ziemlichen Herausforderung ...

Umgekehrt besteht gerade deshalb kein Grund zur Panik: Die Grenzen des in einer Klausur Leistbaren sind einigermaßen eng gesteckt – besonders, wenn nur ein Teil der Bearbeitungszeit für die Themenfrage zur Verfügung steht.

Indessen lässt sich auch in Klausuren sinnvoll nach Themen fragen. Ausgangspunkt wird oft das Gesetz sein, weil man als Bearbeiter nichts anderes als Erkenntnisquelle verfügbar hat.

Die Aufgabe kann sich auf eine einzelne Norm beziehen

Beispiel: *Erläutern Sie das Konzept des Rechtsgüterschutzes in § 823 I BGB. Gibt es Regelungsalternativen zu diesem gesetzgeberischen Ansatz? Nennen Sie deren Vor- und Nachteile.*

oder auf eine ganze Gruppe von Normen.

Beispiel: *Erklären Sie einem ausländischen (Rechtsanwalts-, Richter-)Kollegen die Systematik des Leistungsstörungsrechts im BGB!*

Rechnen Sie als Klausurteilnehmer damit, dass die Professorin eine Themenfrage auch   **410** dazu benutzen kann festzustellen, ob Sie sich die Mühe zugemutet haben, die **Vorlesungen** zu besuchen.

Beispiele: Aus dem Gesetz heraus lässt sich eine Frage wie *Umreißen Sie die Schutzzwecke von Formvorschriften im Bürgerlichen Recht* nur unvollständig beantworten. Als Bearbeiter werden Sie zwar Formvorschriften kennen oder finden, aber deren Zwecke ergeben sich nicht aus dem Gesetz. Bei spontanem Nachdenken fällt vielen gewiss die Beweissicherung ein. Um aber auf die eigentlich wichtigen Zwecke von Formvorschriften (Warnung vor gefährlichen Geschäften, Aufklärung durch rechtskundige Notare usw.) zu kommen, muss man in der Vorlesung zugehört oder wenigstens mal ein Lehrbuch gelesen haben. – Auch *Skizzieren Sie die Grundzüge des Bereicherungsausgleichs im Dreipersonenverhältnis* ist mit Gesetzeslektüre allein nicht zu leisten. Ob Sie sich das erforderliche Wissen durch Zuhören in der Vorlesung oder durch Lektüre eines Lehrbuchs verschafft haben, ist Ihrem Prüfer egal. Sie müssen es nur haben.

---

148 Polemik gilt im Allgemeinen nicht eben als rechtswissenschaftliche Tugend. Aber wenn Sie einigermaßen sauber zwischen Beschreibung und Bewertung einer Rechtsfrage trennen, kann ein polemisches Statement etwas sehr Erfrischendes haben. Übertreiben Sie es halt nicht. Und bedenken Sie: Eine gute Polemik braucht solide Sachkenntnis. (Schönes Beispiel: *Liessmann*, Theorie der Unbildung, Wien 2006.) Und eine gute Polemik richtet sich immer noch gegen die Sache, nicht gegen die Person. Sie verletzt also nur, wenn es ganz unvermeidlich ist.

Die beste Vorbereitung ist also die inhaltliche Auseinandersetzung mit dem Prüfungsstoff.

Dagegen ist nichts zu machen. Alle Vorschläge in diesem Text sind demgegenüber zweitrangig. Selbst mit deren souveräner Befolgung ersetzen Sie inhaltliches Wissen nicht oder nur zu einem kleinen Teil.

411 Kein Stress wegen absehbaren Zurückbleibens hinter dem Optimum!
Noch leichter als bei Gutachten fällt den Bearbeitern bei Themenfragen auf, dass sie zwangsläufig hinter dem Maß des bestenfalls Leistbaren zurückbleiben werden. Hier hilft nur Kaltblütigkeit: Dieser Gedanke darf Sie nicht behindern und nicht in Hektik versetzen. Schreiben Sie, was Sie konzipiert haben, anständig nieder – und lassen Sie weg, wofür Sie keine Zeit mehr haben. Sie können nie alles schreiben, was vielleicht noch zum Thema gehört. Versuchen Sie es erst gar nicht. Behalten Sie die Schwerpunkte Ihrer Skizze bei und flicken Sie nicht unterwegs massenhaft Material ein. Das verwirrt Sie und den Leser.

412 bb) Stressbewältigung in Klausuren Klausuren sind stressig und sollen es auch sein. Schließlich sind es Prüfungen. Grundsätzlich müssen Sie den Umgang mit dieser Situation im Lauf Ihres Studiums beherrschen lernen, sonst wird vor allem die Pflichtfachprüfung zum echten Problem. Es gibt Bücher über den Umgang mit Prüfungsangst und Klausurstress[149], auch diese nehmen einem aber letztlich nicht ab, sich mit der unschönen Situation des „jetzt oder nie" einer Klausur auseinanderzusetzen und mit ihr umzugehen. Versuchen Sie einfach, die erste Panikattacke möglichst schnell in den Griff zu bekommen und den Kopf wieder klar zu kriegen.

Wenn Sie dauerhaft Klausurstress haben (vor der Klausur, während der Klausur, nach der Klausur ist vor der Klausur . . .), brauchen Sie die Studienberatung oder einen Arzt.

413 cc) Zeiteinteilung Als Faustformel gilt auch in Themenarbeiten die Grobeinteilung von $\frac{1}{3}$ Planung (einschließlich einiger Notizen) und $\frac{2}{3}$ Reinschrift.

Das mag in einer häuslichen Arbeit ganz anders aussehen. Aber in der Klausur fehlt Ihnen zuviel Zeit für die Niederschrift, wenn Sie erst deutlich nach einem Drittel der zur Verfügung stehenden Zeit beginnen. Und was nicht auf dem Papier steht, wird nicht bewertet.

414 dd) Gedankenstrukturen/Juristische Argumentationstechniken Hier gilt das oben zu Argumentationstechniken Gesagte im Prinzip in gleicher Weise, allerdings sind die Anforderungen an eine ausgewogene, ausgefeilte und alle denkbaren Einwände verarbeitende Begründung situationsbedingt viel niedriger als bei einer Hausarbeit. Wenn Sie es schaffen, Ihre Gedanken halbwegs nachvollziehbar in eine verständliche Struktur zu bekommen, sind Sie auf dem besten Weg zu einer positiven Bewertung.

415 ee) Arbeitsempfehlungen Die Vorschrift(en) selbst lesen.

Gerade bei Vorschriften, die man zu kennen glaubt und schon oft aus dem Kopf heraus angewendet hat, stellt man oft fest, dass sie aussagereicher und präziser sind als man dachte.

416 Die nachfolgenden und voranstehenden Vorschriften lesen. In welchem Teil, Abschnitt usw. des Gesetzes steht die Vorschrift? Was gibt die Systematik des Gesetzes für das Verständnis der Norm her? Folgt der Norm eine Einschränkung, eine Ausnahme usw.?

---

149 Z.B. *Eschenröder*, Selbstsicher in die Prüfung, 3. Auflage, München 2002; *Schmidt*, Klausuren und Prüfungen ohne Ängste schreiben, Norderstedt 2000; *Wolf/Merkle*, So überwinden Sie Prüfungsängste, 6. Auflage, Mannheim 2001.

Teils hilft das **Register** der Gesetzestextausgabe. Gerade bei den roten Ziegelsteinen sind **417** die Register umfangreich und erschließen alle abgedruckten Gesetze. So wird man auch einmal auf Zusammenhänge außerhalb des Gesetzes aufmerksam, die man auf den ersten Blick nicht vermutet hätte. Ertragreich ist aber ein Blick ins Register nur, wenn man ungefähr weiß, was man sucht. Notieren Sie also vorher eine kleine Handvoll Stichwörter, die Sie für einschlägig halten – sonst verzetteln Sie sich beim Suchen.

Die **Einleitung** zum Gesetz (meist aus der Feder eines Hochschullehrers) in den dtv-Text- **418** ausgaben enthält oft überraschend hilfreiche Informationen. Kein Wunder: Sie ist für Nichtjuristinnen geschrieben und deshalb meist auch für Juristen verständlich.

Parallelprobleme: Hilfreich kann die Frage nach ähnlich, parallel oder gleich liegenden **419** Problemen sein. Durch Vergleich stellen sich Ähnlichkeiten und Unterschiede heraus. Manchmal verträgt die Bearbeitung nur einen beiläufigen Hinweis auf ähnliche Situationen, manchmal ist aber ein Vergleich mit ähnlichen Sachverhalten oder Rechtsfiguren gerade Gegenstand der Frage.

b) Themenfragen als Teilleistung in Übung und Prüfung („Zusatzfrage")

Juristische Übungs- und Prüfungsarbeiten bestanden traditionell jahrzehntelang fast aus- **420** schließlich darin, ein Rechtsgutachten anzufertigen.

Das hat gute Gründe, auch wenn es vielen Studierenden schwer fällt. Gerade weil es schwer fällt, muss es eben oft geübt und geprüft werden.

Letzthin treten zu den Gutachtenleistungen aber immer öfter Themenfragen hinzu. Regelmäßig werden die Themenfragen den Gutachtenaufgaben einfach angehängt. Damit stellt sich fast zwangsläufig immer wieder die Frage:

Welcher **Anteil am Ergebnis** entfällt auf den Themenarbeitsteil? Ist das angegeben (etwa in der Form 20 % oder 3 von 18 möglichen Punkten), ergibt sich daraus schon eine recht gute Orientierung für den Aufwand, den Sie sinnvollerweise auf den Themenarbeitsteil investieren sollten.

Natürlich kann es aus taktischen Gründen sinnvoll sein, mehr oder weniger Zeit aufzuwenden. So sind etwa die Chancen, durch Originalität zu glänzen, bei einer Falllösung eher klein, bei einer Themenfrage dagegen recht beachtlich[150]. Wer also weiß oder glaubt, die eigenen Talente eher in Sachen Originalität ausspielen zu können als in Sachen Schemaabarbeiten, wird mehr Zeit und Mühe auf die Themenfrage verwenden.

Fehlt eine Angabe, muss man sich eine Meinung zu dieser Frage bilden. Wer das unterlässt, läuft Gefahr, die Kontrolle über die Schwerpunktbildung zu verlieren.

Festzustellen ist weiter, ob der Gegenstand der Themenfrage sich mit dem Thema der Fall- **421** bearbeitung irgendwie berührt. Das liegt nahe, ist aber keineswegs zwingend.

Wenn es Berührungspunkte gibt, kann man diese in der Ausarbeitung aufgreifen, etwa indem man den zu entscheidenden Sachverhalt an geeigneter Stelle als Beispiel heranzieht.

---

150 Hinzukommt, dass man bei Fallbearbeitungen leicht Punkte verliert, indem man gegen die strengen Aufbau- und Darstellungsregeln des Gutachtenstils verstößt, während bei Themenfragen solche Punktverluste wegen der Vielzahl der möglichen und sinnvollen Herangehensweisen weitaus weniger wahrscheinlich sind.

3. Die wissenschaftliche Themenarbeit am Ende des Studiums – Abschlussarbeit und Promotion

422 Wie erwähnt, können Studierende der Rechtswissenschaften heute von wissenschaftlichen Themenarbeiten vor allem in zwei Varianten heimgesucht werden: von den Seminararbeiten und von den Themenhausarbeiten, die im Rahmen des universitären Schwerpunktstudiums zu verfassen sind. Aber eben auch am Ende des Studiums kann – abhängig von der jeweiligen Schwerpunktbereichsprüfungsordnung der Hochschule – noch eine größere Arbeit drohen. Auch der Erwerb einer Zusatzqualifikation (z.B. eines LL.M.) kann das Abfassen einer Magisterarbeit erfordern. Ambitionierten Juristen wird überdies das Schreiben einer Dissertation lohnend erscheinen.

An **Hochschulen** kamen Themenarbeiten in der Ersten Staatsprüfung bisher eher vereinzelt vor. In der Zweiten Staatsprüfung waren und sind sie ganz unüblich. Aus taktischen Gründen werden sie auch nicht allzu oft gewählt, weil viele Studierende sich auf die Anforderungen des Lebens und des Arbeitsmarkts besser vorbereitet glauben, wenn sie eine gutachterliche Arbeit schreiben. Vermutlich stimmt das; aber sicher kann man nicht sein.

An den **Fachhochschulen** werden Diplomarbeiten und bachelor theses geschrieben.

423 All diesen Arbeiten ist gemein, dass sie eine **wissenschaftliche Leistung** darstellen sollen und auch darstellen müssen. Doch was macht eine wissenschaftliche Leistung überhaupt aus?

Verfolgt man die Herkunft des Worts „Wissenschaft" zurück, weisen die etymologischen Wörterbücher darauf hin, dass es sich um eine Kollektivbildung und somit um eine Ableitung aus dem mittelhochdeutschen Wort *wizzen* (= sehen) handelt, welche dann im 16./17. Jahrhundert zunehmend als Entsprechung zum lateinischen *scientia* verwendet wurde. Man versteht unter „Wissenschaft" (bei allem Streit im Detail, denn schließlich gibt es ja auch eine Wissenschaftstheorie) daher sowohl die organisierte Form der Erforschung, Sammlung und Auswertung von Kenntnissen als auch das geordnete, in sich zusammenhängende Gebiet von Erkenntnissen[151].

Es geht also um eine bestimmte Art des **Vorgehens** und es geht um ein **Produkt**, welches daraus resultieren soll. Qualifiziert wird das Ganze durch das Erfordernis der Organisation bzw. Ordnung. Kurz also: Gewinnung geordneter Erkenntnisse mittels eines organisierten Vorgehens.

Der Erkenntnisgewinn einer juristischen Arbeit kann dabei auf ganz unterschiedlichen Ebenen liegen: Mal besteht er darin, auf der Basis des Erreichten eine neue Richtung in der Rechtsentwicklung einzuschlagen. Manchmal liegt der Wert einer Arbeit aber auch darin, die Basis des Erreichten zu unterminieren und als Fehlentwicklung zu entlarven. Wieder andere Werke erfahren Wertschätzung vor allem dadurch, dass sie überhaupt erst einmal die Grundlagen einer bestimmten Entwicklung offen legen oder zusammentragen.

424 Die Erkenntnisfindung erfordert auch in der Rechtswissenschaft im Ansatz und in der Umsetzung ein gewisses Maß an Kreativität und Originalität (Was möchte ich ergründen? Wie möchte ich es ergründen?). Gleichzeitig unterliegt der Vorgang des Wissenschaffens bestimmten Grundanforderungen (Was muss ich beim Forschen beachten?).

---

151 *Kluge*, Etymologisches Wörterbuch der deutschen Sprache, 24. Auflage, Berlin/New York 2002, „Wissenschaft"; Duden, Band 7, Herkunftswörterbuch – Etymologie der deutschen Sprache, 3. Auflage, Mannheim u.a. 2001, „Wissenschaft"; *Pfeifer*, Etymologisches Wörterbuch des Deutschen, Berlin 1989, Band Q-Z, „Wissenschaft".

a) Themenfindung und Themenzuschnitt[152]

aa) Selbstbestimmungsrechte und Selbstbestimmungspflichten Kreativität und Ori-   **425**
ginalität müssen und in gewissem Maß gleich am Anfang beim Auffinden eines geeigneten Themas unter Beweis gestellt werden, denn es ist keineswegs sicher (und vielleicht
auch nicht immer ratsam), dass ein Thema vom Prüfer/der Betreuerin/dem späteren Gut-
achter vorgegeben wird.

In besonderem Maß gilt das heute schon bei **Doktorarbeiten**: Viele Doktormütter und   **426**
-väter bestehen bei Annahme von Doktoranden darauf, dass diese einen ersten Beweis für
die Ernsthaftigkeit ihres Promotionsvorhabens liefern, indem sie ein taugliches Thema
vorschlagen und eine umrisshafte Ausarbeitung (ein Exposé, etwa in der Qualität einer Seminararbeit) vorlegen. Ähnlich wird mancherorts auch hinsichtlich der Magisterarbeiten
verfahren.

Ob es dann tatsächlich bei dem Thema bleibt oder der potentielle Betreuer nicht doch ein anderes Thema
vorschlägt, steht auf einem anderen Blatt[153].

Doch auch bei den anderen Typen von Themenarbeiten empfiehlt es sich, schon von Be-   **427**
ginn an eigene Gedanken zu investieren und nicht auf die Induktion durch Dritte zu warten. Je größer die Möglichkeiten zur Einflussnahme auf das Thema, desto geringer ist die
Gefahr, mit diesem Thema nicht zurecht zu kommen! Als Faustformel gilt daher: Soweit
wie möglich die den eigenen Fähigkeiten entsprechende Veranstaltung **selbst wählen**
(z.B. ein Seminar zum Erbrecht) und dann im Rahmen des zur Verfügung stehenden Spiel-
raums das richtige Thema durchsetzen.

Das Ausreizen der größtmöglichen Themenautonomie ist auch nicht zuletzt aus psychologischen Gründen
vorteilhaft, da man bei Motivationsabstürzen die Schuld nicht auf andere schieben kann – des Menschen
Wille ...

Die Themenauswahl und -zuweisung bei einer Schwerpunktbereichsstudien(abschluss)-   **428**
arbeit obliegt dagegen zumeist dem betreuenden Prüfer bzw. dem Prüfungsausschuss[154].
In diesem Zusammenhang ist also tendenziell eher wenig Platz für die Eröffnung eines
selbstbestimmten Forschungsbereichs. Dennoch bleibt es beim genannten Grundsatz:
Eine teilweise Selbstbestimmung ist immer noch besser als eine vollständige Fremd-
bestimmung. Der strategisch kluge Studierende wird sich daher schon zu Beginn des
Studiums informieren, inwieweit die Studien- und Prüfungsordnung seiner Universität
Freiräume bei der Themenwahl zulassen.

---

152 Vornehmlich zugeschnitten auf Promotionswillige: *Knigge-Illner*, Der Weg zum Doktortitel, 2002, S. 91 ff.; *Koeper-
   nik/Moes/Teifel*, GEW Handbuch – Promovieren mit Perspektive, 2006, S. 58 ff.; *Kohler-Gehrig* (Fn. 35), S. 3 ff.;
   v. Münch, Promotion, 3. Auflage, 2006, S. 30 ff; eher technisch-kurz gehalten *Stock/Schneider/Peper/Molitor*,
   Erfolgreich promovieren, 2006, S. 34 ff.; kurze Hinweise auch bei *Lück*, Technik des wissenschaftlichen Arbeitens,
   9. Auflage, 2003, S. 3 f.
153 Zur Qual der Themenfindung bei Doktoranden und der back-up-Funktion der Betreuer sehr anschaulich und auch i.ü.
   ausgesprochen lesenswert *v. Münch*, Promotion, S. 30 ff.
154 So geregelt z.B. in den Studien- und Prüfungsordnungen der Universitäten in Berlin (FU), Bielefeld, Jena, Frankfurt
   am Main, Frankfurt an der Oder, Potsdam, Tübingen, Würzburg. Offener ist dagegen z.B. die Regelung in Bonn, Köln
   und Mannheim, wo die Wahl der Veranstaltung und damit auch des Themas in größerem Umfang in den Händen der
   Studentinnen belassen wurde.

429 „**Lobbying in eigener Sache**": Da man als Studierende sowieso in den Veranstaltungen des Schwerpunktbereichsstudiums in näheren Kontakt zu den potentiellen Betreuern der Themenarbeit tritt und die bisher peinlich beachtete Anonymität der Prüfungsleistung damit Geschichte ist, ist es sinnvoll, auch nach allen fachlichen Regeln der Kunst die Weichen in Richtung auf ein möglichst passendes Thema zu stellen. Voraussetzung ist natürlich, dass man sich tatsächlich auf den Schwerpunktbereich einlässt und dieses fachliche Interesse durch Leistungen unterlegt. Ist Ihr Name und Ihr Gesicht bei der potentiellen Betreuerin (positiv fachlich) bekannt, stehen die Chancen gut, dass auch der vorhandene Spielraum bei der Themenzuweisung zu Ihren Gunsten genutzt werden wird. Wer erst bei der Themenzuweisung am Ende des Schwerpunktstudiums hektische Aktivitäten auf diesem Gebiet entfaltet, wird regelmäßig – zusammen mit vielen anderen Spätstartern – zu spät kommen, mit dem gesteigerten Risiko, dass seine Bemühungen von dem Betreuer, der sich dem plötzlichen Ansturm ausgesetzt sieht, nur als lästige Störung empfunden werden und in der Sache genau das Gegenteil des Erstrebten bewirken können.

bb) Wissen, Lesen, Hoffen   Wie geht man nun vor bei der Suche und der Auswahl eines tauglichen Themas?

430 **Wissen** – Am einfachsten gestaltet sich die Themenfindung natürlich, wenn man schon eine Weile ein Problem mit sich herumträgt und nun meint, dieses aufarbeiten zu müssen. Solche Themen wachsen mit der Zeit und entspringen daher dem bisher angehäuften Wissen. Diese Situation ist bei jüngeren Juristinnen, die zwangsläufig noch wenig „juristische Bandbreite" haben, eher ein Glücksfall denn die Regel. Oft sind anfänglich nämlich Verständnisprobleme nur dem eigenen unzureichenden Kenntnisstand oder der fehlenden Vernetzung des partiell angehäuften Wissens zuzuschreiben.

Man kann jedoch bereits als Studierender einiges dafür tun, Verständnislücken zu verkleinern und wissenschaftlich auf dem Laufenden zu bleiben, indem man sich überhaupt von Anfang an für bestimmte Themen interessiert und die hierzu einschlägigen Diskussionen in Fach- und Allgemeinpresse verfolgt. Wer also Themenarbeiten als mittelfristiges Projekt begreift – und das am besten schon früh –, hat Vorteile.

431 **Lesen** – Wer bisher noch nicht viel mehr als Repetitorenskripten gelesen hat, muss das bei der Suche nach einem geeigneten Thema nachholen. Hier gilt es zunächst, die eigenen Vorlieben und Stärken zu erkennen: War ich schon immer der, der etwas gut aus Normen ableiten konnte? Dann bietet sich ein dogmatisches Thema an. Ist mir ein aktuelles Thema am Rande im Gedächtnis geblieben? Dann lohnt es sich vielleicht, dort nachzuhaken. Möchte ich mich nicht in das Korsett der ableitenden Wissenschaften (Hermeneutik) pressen lassen? Dann sollte der Schwerpunkt vielleicht auf einem rechtshistorischen Teilgebiet ruhen oder – im Ansatz noch freier – einer rechtsphilosophischen Frage zugewandt werden. Die Wahl sollte nicht zu weit entfernt von dem liegen, was man sich bisher gedanklich erschlossen hat, da im Zweifel nicht genügend Zeit sein wird, „das Rad neu zu erfinden".

Hier wirkt die Wissenskomponente nach, was die Notwendigkeit des fortlaufenden Interesses unterstreicht.

432 **Hoffen** – Die mit Abstand unsicherste Strategie ist das Hoffen darauf, vom betreuenden Professor ein Thema gestellt zu erhalten, mit dem man dann schon zurechtkommen wird. Die beiden Hauptnachteile: 1.) Wer schlägt schon einem Professor ein Thema ab? 2.) Wer traut sich schon, seinem Professor nachträglich einzugestehen, mit einem Thema nicht zu Rande zu kommen?

Für diese schmerzliche Erfahrung haben schon viele Doktoranden mit einer Menge Lebenszeit bezahlt – von depressiven Stimmungen aus gleichem Anlass ganz zu schweigen.

Zudem besteht das nicht geringe Risiko, dass ein ausgewählter Professor auf einen künftigen Doktoranden, der sich mit der Haltung vorstellt, er habe zwar kein Thema vor Augen, wolle aber den Titel erschlagen und der Betreuer solle nun bitte ein Thema nennen, ablehnend reagiert. Merke: Es gibt keinen Anspruch auf Dissertationsbetreuung.

Wenn nach Wissen und Lesen Reste von Unsicherheiten verbleiben, ob das ins Auge gefasste Thema generell als lohnend in Betracht kommt, mag ein Gespräch mit der potentiellen Betreuerin und das Hoffen darauf, nach diesem Gespräch das Projekt mit größerer Klarheit angehen zu können, hilfreich sein. Gewissermaßen wäre dies dann eine Kombination aus allen drei genannten Ansätzen – immer noch besser, als ausschließlich abwartend vor sich hin zu hoffen. **433**

Die Betonung liegt auf *Rest* von Unsicherheiten. Mit einem völlig unausgegorenen Plan brauchen Sie ein derartiges Gespräch nicht suchen, da Sie dann kaum als kompetenter Gesprächspartner wahrgenommen werden.

b) Themenbegrenzung

Mit dem Ausloten des Potenzials eines Themenkreises ist die Arbeit in vielen Fällen jedoch nicht getan. **434**

Es sei denn, man befasst sich von Anfang an mit einem punktuellen Thema á la *Dagobert D. – Leben und Werk*.

Oft bietet ein juristischer Themenbereich so viele unterschiedliche Ansatzpunkte und Facetten, dass eine umfassende Bearbeitung die Grenzen eines wissenschaftlichen Lebens locker sprengen würde.

Beispiel: Das Thema *Sachvortrag im (Zivil-) Prozess* lässt sich zunächst einmal historisch verfolgen und auch hier kommen ganz unterschiedliche zeitliche Abschnitte in Betracht – also z.B.: *Sachvortrag im (Zivil-)Prozess – die Entwicklung vom Codex Hammurabi bis in die Moderne*. Man könnte auch die rechtstheoretischen Grundlagen derartiger Handlungen offen legen oder das Ganze rechtstatsächlich näher untersuchen. Wem das nicht reicht, der soll sich vielleicht rechtsvergleichend umtun (es gibt ja nur 192 unabhängige Staaten zzgl. Vatikanstadt) oder – auch sehr gern gesehen – interdisziplinär arbeiten (*Ökonomie des Sachvortrags im Zivilprozess*).

Das Thema muss also noch entsprechend den eigenen Vorstellungen und Fähigkeiten in (gegebenenfalls nur einen) mundgerechte(n) Happen zerkleinert werden. Wie umfangreich die Bearbeitung zu sein hat, entscheidet sich natürlich nicht nur nach den eigenen Wünschen und Zielen, sondern auch nach bestimmten Zwängen, wie z.B. einem etwa vorgegebenen „Grob"-Thema, der zur Verfügung stehenden Zeit und eventuellen Seitenzahlbegrenzungen in der Aufgabe oder der Prüfungsordnung.

Bei Dissertationen spielen die beiden zuletzt genannten Kriterien sicherlich eine weniger bedeutende Rolle als bei Seminar- oder Prüfungsarbeiten. **435**

Für die Schwerpunktbereichsstudiumsabschlusshausarbeit an der J.W.Goethe-Universität in Frankfurt am Main ist etwa vorgesehen, dass die Themen bereits vom Prüfer eingegrenzt werden sollen, so dass eine Bearbeitung innerhalb der Bearbeitungszeit von acht Wochen mit einem Umfang von 50 Seiten möglich ist[155]. Dies entbindet den Studierenden jedoch nicht davon, das vorgegebene Thema auf Machbarkeit hin zu untersuchen, will heißen: Die hier beschriebene Arbeit ist nicht entbehrlich, sondern sie ändert nur die Struktur und verlagert sich auf die Themenanalyse.

---

155 § 52 I 2 der Studien- und Prüfungsordnung.

436   **aa) Bestimmung der eigenen Ausgangslage**   Eine Beschränkung des Umfangs wird zunächst dadurch zu erreichen sein, dass man den Ausgangspunkt der eigenen Überlegungen positiv näher bestimmt. Hierzu muss sich der Bearbeiter darüber klar werden, wo er sich mit seinem Projekt befindet bzw. an welcher Stelle der Diskussion er einhakt. Hierfür ist erneut das Lesen der relevanten Literatur und das Nachvollziehen der entsprechenden Entwicklungen essentiell, da nur mit Blick auf die Umgebung auch eine Orientierung möglich ist.

In welchen Kontext lässt sich das gewählte Thema einbinden? Welche Bereiche sind bereits anderweitig untersucht worden? Welche Erkenntnisse greife ich nicht an, sondern lege sie meiner Arbeit zu Grunde?

Im Ergebnis dieser ersten Phase sollten großflächige Bereiche ausgesondert worden sein und es sollte klar sein, in welche Richtung (N,S,O,W) die eigene Untersuchung gehen wird. Bei dieser Gelegenheit darf gern auch schon Schrifttum gesammelt werden.

437   **bb) Gegenüberstellung zu nicht erwogenen Fragen**   Unter Umständen ist eine solche positive Auswahl ebenfalls noch nicht genug, um zu einem handhabbaren Themenzuschnitt zu gelangen. Die Richtung muss noch genauer (möglichst mit Marschrichtungszahl) eingestellt werden. Hierfür empfiehlt es sich, negativ zu selektieren: Was wird in meiner Untersuchung bewusst nicht geleistet?

Wer beim Begreifen von Themen und Zusammenhängen visuell veranlagt ist, kann versuchen, die vorzunehmende Selektion z.B. mittels des schon erwähnten Mindmapping darzustellen und die nicht zu erwähnenden Bereiche herauszustreichen. Auf diese Weise sollte sich dann ein Hauptstrang an zusammenhängenden Gedanken ergeben.

438   Wichtig ist dabei, dass diese Ausgrenzung auch begründet werden kann – möglichst mit einem Sachargument und nicht nur unter Hinweis auf den „Rahmen der Darstellung".

Themenverständnis und Themenbegrenzung sind regelmäßiger Bestandteil der Einleitung einer Themenarbeit. Hier müssen Sie für die – oft juristisch vorgebildete und damit mit einem gewissen Erwartungshorizont ausgestattete – Leserin darlegen, warum Sie bestimmte Fragen ausgeklammert haben. Der ständige Hinweis darauf, aus Platzgründen an einer Stellungnahme gehindert zu sein, ist wenig hilfreich, sondern hinterlässt beim (interessierten) Leser meistens nur einen faden Beigeschmack.

439   Argumente für eine Zuspitzung auf eine ganz bestimmte Teilfrage können sich z.B. aus einem aktuellen Bezug, wie einer Gerichtsentscheidung, Gesetzesänderung o.ä., ergeben.

Bei Monographien und Aufsätzen erkennt man solche Eingrenzungen meistens an Zusätzen wie *erläutert am Beispiel von . . .* oder *eine Nachlese zu . . .* oder *unter besonderer Berücksichtigung des . . .urteils.*

Andersherum funktioniert es natürlich auch: Wenn etwas auf Grund des aktuellen Geredes um eine einzelne Facette eines Problems in den Hintergrund gedrängt wurde, lohnt es sich vielleicht, diesen **blinden Fleck** auf der wissenschaftlichen Linse zu polieren.

Beispiel: Wenn sich alle Welt um den subjektiven Tatbestand der Untreue nach § 266 StGB und eventuelle vermeidbare oder unvermeidbare Verbotsirrtümer streitet, ist es vielleicht interessant, den objektiven Tatbestand näher zu erfassen.

Man kann die Untersuchung bei einer Vielzahl unterschiedlicher Möglichkeiten auch auf eine prototypische Fallkonstellation beschränken oder, wenn die Diskussion immer nur um Prototypen kreist, versuchen, den Rand dieses kleinen Universums näher auszuleuchten; sprich: die **atypischen Fälle** thematisieren.

Diese Vorgehensweise ist vor allem denkbar, wenn sich in der Praxis ein bestimmtes Regel-Ausnahme-Verständnis eingeschliffen hat.

Bei rechtsvergleichenden Arbeiten gehört es sich zudem, dass man die Länder- oder Rechtsauswahl begründen kann.

Die Begründung sollte hier ebenfalls möglichst eine sachliche sein. Eine Nähe zu einer „exotischen" Sprache bürgt zwar dafür, dass man sich selbst den rechtlichen Inhalt schnell aneignen kann. Sie müssen aber deutlich machen können, warum es für die Wissenschaft interessant sein soll, die Haftung für Vertragsverletzungen nach russischem Schuldrecht mit dem deutschen System zu vergleichen oder das türkische Telekommunikationsrecht mit dem von Äthiopien. *Gibt es noch nicht* ist nicht gleichbedeutend mit *Muss es geben*. Als Argument kommen mögliche Vorbild- (So!) oder Abschreckungswirkungen (So nicht!) des ausländischen Rechts in Betracht. Man kann auch die wirtschaftliche Komponente hervorheben (China: Ein Riesenland mit einem Riesenmarkt) oder vielleicht einen gemeinsamen Ursprung der Rechtsordnungen (Iberien – Iberoamerika) heranziehen, der es lohnend erscheinen lässt, verschiedene Entwicklungen ab diesem Punkt nachzuzeichnen.

c) Das Thema

Am Ende der Such- und Zuschneidearbeit sollte sich ein konkretes Thema herauskristallisiert haben, das auch mit einer ziemlich präzisen Umschreibung dessen versehen ist, was sich dahinter verbirgt. **440**

Sie sollten das Thema in wenigen Sätzen einem Gegenüber erklären können: Was problematisieren Sie? Warum problematisieren Sie genau diese Frage(n)? Wie wollen Sie die Untersuchung angehen? Was versprechen Sie sich im Ergebnis von der Untersuchung?

Die Themenfindung sollte so regelmäßig als Nebeneffekt auch bereits zu einer greifbaren Vorstellung eines bestimmten Arbeitsplans geführt haben. Auch darin liegt der Wert einer eigenständigen und gewissenhaften Themensuche.

Die eigentliche **Bearbeitung** des Themas richtet sich grundsätzlich nach den oben ausgeführten Hinweisen, natürlich mit entsprechend dem Anlass angehobenen Maßstäben. **441**

Tatsächlich ist schon manche Doktorarbeit aus einer Seminararbeit entstanden, allerdings mit einem entsprechenden Mehr an Aufwand in jeder denkbaren Beziehung.

4. Externe Weiterverwertung – Beispiel Zeitschriftenaufsatz

Im Allgemeinen ist die Angelegenheit erledigt, wenn Sie Ihre mit wenigstens „ausreichend" benotete Arbeit zurückbekommen und nötigenfalls das Seminarreferat gehalten haben. Gelegentlich geht Ihnen das Thema aber noch nach – oder Sie haben das Gefühl, sehr viel Arbeit aufgewendet zu haben, deren Ertrag nicht nur den paar gelangweilten Zuhörern im Seminar zugutekommen soll. Dann wird Ihnen vielleicht der Gedanke kommen, die Arbeit zu veröffentlichen[156]. **442**

Die **Initiative** zur Zweitverwertung eines vorhandenen Texts geht meist von Ihnen selbst aus. Vielleicht wird einmal eine Ihrer Professorinnen oder Referendarsausbilderinnen anregen, einen guten Vortrag für die Publikation umzuarbeiten. Nur selten werden Sie von Herausgebern oder Redakteuren unmittelbar angefragt werden[157]. In erster Linie kommt es also auf Ihr Vertrauen auf die Qualität Ihres Texts an. **443**

---

156 Lesenswerte Hinweise zum juristischen Publizieren (auch über den Fachzeitschriftenbeitrag hinaus) bei *Köhler*, JA 1996, 432 ff., der allerdings den nachstehend erörterten Fragen insbesondere der Textredaktion wenig Platz einräumt.

157 Dadurch darf man sich aber eben auch nicht entmutigen lassen: Unter den Bedingungen von Massenuniversitäten sind Sie darauf angewiesen, sich selbst zu vermarkten. Also nicht verzagen, nur weil nicht ständig attraktive Angebote auf ihren Tisch flattern.

a) Warum überhaupt wissenschaftlich publizieren?

444   Verschiedene Gründe können Sie allein oder gemeinsam auf den Gedanken bringen, einmal einen Fachzeitschriftenbeitrag zu verfassen.

Der beste Anstoß liegt darin, dass Sie **etwas zu sagen haben**. Das ist gar nicht so selten: Wer in die Seminararbeit oder die Examenshausarbeit viel Zeit, Mühe und Sorgfalt investiert hat, hat meist auch eine recht realistische Vorstellung davon, ob er zum jeweiligen Thema etwas Eigenes beitragen kann.

445   Hinzutreten werden vielleicht **werbliche Erwägungen**: Ein anständiger Fachzeitschriftenbeitrag ist eine gute Möglichkeit, sich bei der Bewerbung um eine Anstellung aus der Masse der Konkurrenten ein wenig herauszuheben. Je anspruchsvoller die angestrebte Arbeitsstelle ist, desto wählerischer und anspruchsvoller sind eben auch Ihre künftigen Arbeitgeber.

446   Erst recht gilt das, wenn Sie Ambitionen in der **Wissenschaft** haben. Dann können Sie nicht früh genug an Ihrer Publikationsliste arbeiten. Vielleicht wollen Sie sich auch nur einmal selbst beweisen, dass Sie imstande sind, einen Text auf anständigem fachlichem Niveau zu verfassen (das kann nämlich nicht jeder . . .). Und vielleicht merken Sie bei dieser Gelegenheit, dass Sie das nur ein einziges Mal machen möchten – oder eben öfter. Wie so oft: Wer es nicht ausprobiert, findet es auch nicht heraus.

447   In einer Hinsicht muss vor dem wissenschaftlichen Publizieren gewarnt werden: Das **Honorar**, das Sie – wenn überhaupt in aller Regel eine Weile nach Veröffentlichung des Texts – erhalten, ist eine Anerkennung, aber keine Motivation. Sie verdienen die gleiche Summe schneller, wenn Sie im Supermarkt Regale einräumen[158]. Es sei denn, Sie wären ungewöhnlich begabt und könnten den Beitrag samt Fußnoten druckreif herunterdiktieren.

Bei einigen Fachzeitschriften erhalten Sie ein Honorar (und zusätzlich von der **VG Wort**[159] eine weitere kleine Summe, wenn Sie Ihre Rechte am Text zur Verwertung an sie abtreten), teils arbeiten Sie aber auch für die Ehre und einen kleinen Stapel Belegexemplare. Für eine Buchrezension etwa erhalten Sie im Allgemeinen das Rezensionsexemplar, sonst nichts. Das Honorar ist Teil Ihres Einkommens und daher zu versteuern.

448   Wer sich also vornimmt, einen wissenschaftlichen Fachzeitschriftenbeitrag zu verfassen, vergewissere sich vorher über seine Motive[160]. Das spart Ihnen Enttäuschungen. Wenn Sie das zu Ende überlegt haben, bleiben nur noch zwei Schritte: den Text **produzieren** und das Ergebnis **platzieren**[161].

b) Produzieren

449   Ausgangspunkt für den ersten Schritt ist der Text, den Sie vorliegen haben. Idealerweise ist das eine ca. 25 Seiten starke Ausarbeitung des Typs Seminarreferat, an der Sie wochenlang gesessen und für die Sie berechtigterweise Lob und eine gute Note im Seminar bekommen haben.

---

158 Wenn Sie einen fertigen Text haben, können Sie für die Überarbeitung mehrere volle Arbeitstage veranschlagen.
159 Um die Abtretung der Urheberrechte an die VG Wort muss man sich als Autor selbst kümmern. Einzelheiten unter www.vgwort.de/.
160 Solide nichtfinanzielle Motive nennt *Köhler*, JA 1996, 432, 436.
161 Die folgenden Hinweise beschränken sich auf juristische Fachveröffentlichungen. Wer über Rechtsthemen für ein allgemeines Publikum oder für eine Nachbarwissenschaft schreibt, wird zusätzliche Überlegungen anstellen müssen, die hier ausgeklammert bleiben können.

In aller Regel ist die aber noch stark **überarbeitungsbedürftig**. **450**

Das verwundert auf den ersten Blick, wenn man bedenkt, dass eine gute Seminararbeit eigentlich alle Qualitäten eines interessanten und nützlichen Fachzeitschriftenbeitrags aufweisen soll. Bei genauerem Hinsehen liegt es aber auf der Hand – und zwar in mehrerer Hinsicht: Sie haben eine Arbeit für 20 Seminarteilnehmer, zwei wissenschaftliche Mitarbeiter und eine Professorin verfasst. Sie kannten die Beteiligten mit ihren Erwartungen und Interessen aus der Vorbesprechung und dem Verlauf der Veranstaltung. Jetzt wollen Sie eine schwer bestimmbare Zahl Ihnen unbekannter potentieller Leser ansprechen, deren Rückfragen Sie zudem nicht im mündlichen Seminarvortrag beantworten können. Ihr Text muss daher kürzer, fokussierter, präziser, eingängiger, länger und klüger werden.

aa) Kürzen   Fast immer muss gekürzt werden. Der Platz im Druck ist knapp. Als Anfän- **451**
ger bekommen Sie nur ganz ausnahmsweise gleich acht Druckseiten zugestanden. Wenn nicht schon äußere Gründe Kürzungen erzwingen, überlegen Sie, ob Sie nicht allein deswegen kürzen wollen, weil das meist den Text verbessert.

Das Kürzen fällt umso leichter, je genauer man sagen kann, was **das Eigene** an einem Text **452**
ist – denn das **ist unentbehrlich**. Alles andere kann gekürzt werden, wenn es auch oft schmerzt. Im günstigsten Fall ist das Eigene eben auch das Neue und Originelle, dessentwegen es überhaupt sinnvoll ist, den Text zu veröffentlichen.

Ihre Argumentation kann durch Auskonturieren nur gewinnen. Verknappung ist eine Tugend. Juristische Argumentationen sind wie Fotomodelle: Manchmal ist dick schick, aber meist ist **schlank schön**.

Beim Kürzen muss man ständig neu entscheiden, welche Abschnitte ersatzlos wegfallen **453**
können und welche etwa auf einige wenige Zeilen zusammengefasst werden können. Der mühsam erarbeitete rote Faden darf beim Kürzen nicht zerschnitten werden – bestenfalls wird er im Gegenteil deutlicher.

Gute Kandidaten für das Kürzen sind die manchmal in Seminararbeiten etwas überladen geratenen **Fußnotennachweise**: Hier kann man sich Platz sparend auf die klügsten, aktuellsten und aussagereichsten Fundstellen beschränken.

Ebenfalls gründlich geprüft werden müssen die **Wiederholungen**, die Sie aus didaktischen Gründen in die Seminararbeit eingebaut haben. Tendenziell können sie entfallen: Die Leserinnen eines Fachzeitschriftenbeitrags sind konzentriert und aufmerksam, so dass sie keine Wiederholungen brauchen.

Stellen Sie sich beim Kürzen vor, Sie müssten den im Druck in Anspruch genommenen Platz zeilenweise bezahlen[162] – beliebig teuer. Das hilft, wenn man es ernst nimmt.

Wer kürzt, muss streng zu sich selbst sein. Jedes Wort steht neu zur Debatte, jede Änderung ist gut, wenn der Text dadurch besser wird. Keine falsche Eitelkeit – und nicht auf den Lorbeeren der 15 Punkte ausruhen!

Eine Vorstellung vom Höchstumfang des eigenen Textes kann man sich verschaffen, wenn man einmal die **454**
Zahl der Zeichen auf einer Fachzeitschriftenseite auszählt: zwei Spalten × Zahl der Zeilen × Zahl der Zeichen (einschließlich Leerzeichen) je Zeile – 8 % für Leerzeilen und unvollständige Zeilen. Das Ergebnis multipliziert man mit der Zahl der Druckseiten, die der Zuschnitt der Zeitschrift einem Beitrag des angepeilten Typs (z.B. Urteilsanmerkung) zugesteht. Damit hat man einen guten Näherungswert, den man beim Kürzen und Überarbeiten im Blick behalten sollte. Das geht einfach mit der „Wörter zählen"-Funktion der Textverarbeitung (in MS Word unter Extras).

---

162 Das ist in naturwissenschaftlichen Publikationen nicht selten.

455 bb) Überarbeiten   Meist ist eine (wiederholte) Überarbeitung erforderlich, oft in mehrfacher Hinsicht. Worauf dabei zu achten ist, hängt hauptsächlich davon ab, für wen man schreibt.

456 cc) Allgemeiner ansetzen   Möglicherweise muss die **Einführung allgemeiner** werden, um den vielen nicht spezialisierten Lesern die Entscheidung zu erleichtern, ob der Text zu lesen ist oder nicht. Je nach angepeiltem Leserkreis kann aber auch das Gegenteil erforderlich sein.

457 dd) Fokussieren   Der Text selbst muss meist spezieller werden, weil der interessierte Leser über mehr Vorkenntnisse verfügt als die Seminarteilnehmer.

Dazu wiederum ist es nötig, eine Vorstellung vom Ort der Publikation zu haben. Dass etwa die Leserprofile der AcP und der ZAP einigermaßen verschieden sind, ist Ihnen sicher schon aufgefallen.

458   Fast noch wichtiger ist, dass Sie wissen müssen, in welchem **Format** Sie über Ihr Thema schreiben wollen. Bei der Materialauswahl, der Diktion, der Gedankenführung und überhaupt der gesamten Herangehensweise ist es ein erheblicher Unterschied, ob Sie etwa einen Beitrag mit didaktischem Schwerpunkt verfassen wollen oder eine Rechtsprechungsübersicht oder eine Urteilsanmerkung oder eine systematische Untersuchung eines neuen Problems, also gewissermaßen eine kleine Monographie.

Es gibt für diese Literaturgattungen keine verbindlichen Anleitungen. Hier kann die Empfehlung genügen, zunächst durch Nachahmen zu lernen. Dazu muss man lesen. Aber: nicht alles, was man zu lesen bekommt, ist vorbildlich.

459 ee) Ergänzungen   Spätestens jetzt braucht der Text eine aussagekräftige **Überschrift**, die den Leser schlagwortartig

Beispiel: *Unfallersatztarife*[163]

über den Inhalt informiert, bestenfalls so pfiffig ist, dass der noch zögernde Leser sich wenigstens zum Lesen der Einleitung entschließt.

Beispiele: *Wer frisst wen? Weiterfresser vs. Nacherfüllung*[164]; *Ein Schritt in die richtige Richtung auf einem Weg ins Abseits – Neues zur ortsüblichen Vergleichsmiete*[165].

Allerdings sollte man es mit dem Zuspitzen auch nicht übertreiben.

Beispiel: *Terrassen des Terrors* ist zu dramatisch – dann doch lieber *Jüngere Entwicklungen der nachbarrechtlichen Rechtsprechung.*

460   Spätestens jetzt muss auch eine präzise **Zusammenfassung** her, die den unterwegs gelangweilten Leser über die wichtigsten Ergebnisse informieren kann, wenn er sich zwischendurch entschließt, etwas besseres mit seiner knappen Zeit anzufangen als den Text komplett zu lesen.

Je mehr sich der Großteil der juristischen Periodika auf den in der Praxis tätigen Leser konzentriert, desto besser beraten ist man als potentieller Beitragsverfasser, wenn man auf leichte Rezipierbarkeit achtet.

---

163 *Wagner*, NJW 2006, 2289 ff.
164 *Tettinger*, JZ 2006, 641 ff.
165 *Thomma*, WuM 2006, 237 ff.

Viele Fachzeitschriften stellen dem eigentlichen Text ein **abstract** voran; teils hat dieses **461** mehr einführenden, teils mehr zusammenfassenden Charakter. Manchmal wird es auf deutsch und englisch verlangt.

Wenn Anlass für eine Aktualisierung besteht, müssen Sie Ihren Text **aktualisieren**. Als **462** Leser ärgern Sie sich schließlich auch über Texte auf dem Stand von vorgestern.

Gerade wenn Sie nach dem Staatsexamen auf einen Referendarsplatz warten und bei dieser Gelegenheit eine zwei Jahre alte Seminararbeit wieder hervorkramen, ist sorgfältige Aktualisierung dringend angezeigt.

Bei der Suche nach neuerer Rechtsprechung und jüngeren Beiträgen im Schrifttum können Sie sich auf eine **Differenzrecherche** beschränken (vgl. dazu Rn. 66 f.). Aber die muss eben auch sein.

Ein zwischenzeitlich in Kraft getretenes Gesetz oder ergangenes Urteil kann Ihr Thema restlos erledigt haben[166]; vielleicht ist auch „nur" eine ganz neue Perspektive vonnöten. Gerade wenn mehr Zeit vergangen ist, müssen Sie aber zu einer Totalrevision des Textes bereit sein[167].

Wenn Ihre Argumentation auf hohem fachlichem Niveau arbeitet, kann sie für den Leser **463** schon zu dicht sein. In diesem Fall müssen Sie für die Leserin zusätzliche erläuternde Sätze, Nebensätze, Einschübe, Fußnoten einbauen.

ff) Gründliche Prüfung auf inhaltliche Unklarheiten, Widersprüche und Ähnliches **464**

Alle **Kompromisse**, die bei der Ursprungsfassung noch vertretbar schienen, müssen jetzt beseitigt werden. Die erste Liste dieser Kompromisse hat man als Verfasserin meist selbst noch im Kopf – das sind die Unvollkommenheiten, die dem Zeitdruck vor der Abgabe geschuldet waren. Die zweite Liste hat man vielleicht erstellt, als man die Arbeit im Seminar vorstellte. Der Verlauf der Diskussion, der Schwerpunkt der Rückfragen, die eine oder andere kritische Bemerkung von Mitstudierenden nach der Veranstaltung – alles das hat man günstigstenfalls notiert oder kann es wenigstens aus dem Kopf rekonstruieren. Die dritte Liste besteht aus den Beanstandungen der Professorin und ihrer am Seminar teilnehmenden wissenschaftlichen Mitarbeiter. Diese Hinweise müssten auf dem abgegebenen und nach Veranstaltungsende zurückgegebenen Exemplar Ihrer Arbeit zu finden sein. Ansonsten muss man nachfragen.

Weiter ist ein Arbeitsschritt zu wiederholen, der schon vor der Fertigstellung des Aus- **465** gangstexts gestanden hat – oder hätte stehen müssen: Der Gedankengang muss noch einmal auf seine **argumentative Konsistenz** abgeklopft werden.

Das ist zwar schwierig, wenn man vom eigenen Standpunkt auch inhaltlich überzeugt ist. Aber wenigstens probeweise sollte man sich zur Aufgabe machen, mögliche Kritik am eigenen Standpunkt so schonungslos wie möglich zu formulieren.

Die dabei entstehenden Einwände sollten entweder widerlegt und so in die eigene Argumentation eingebaut werden (wo das der zur Verfügung stehende Platz zulässt) oder wenigstens als valide, aber im Ergebnis nicht ausschlaggebend kurz mitreferiert werden. Sie zu ignorieren und zu verschweigen ist der wissenschaftlich schwächste Umgang mit ihnen.

---

166 Sie wissen ja: Ein klärendes Wort des Gesetzgebers – und ganze Bibliotheken werden Makulatur. Wer hat das gesagt?
167 So etwas ist ärgerlich und arbeitsintensiv. Sie haben aber eben auch die Chance, inhaltlich Ihren Standpunkt zu überdenken und vielleicht zu ändern. Das ist Teil des wissenschaftlichen Prozesses.

466   Je mehr Neues Sie präsentieren, desto strikter müssen Sie auf gute **Verständlichkeit** achten. Dass die Seminarteilnehmer seinerzeit höflichkeitshalber behauptet haben, alles verstanden zu haben, und feierabendhalber auch keine Fragen stellen wollten, bedeutet nicht, dass Ihr Text verständlich wäre.

467   **gg) Stilistische Überarbeitung**   Entgegen der ersten Erwartung muss der Text auch stilistisch überarbeit werden. **Das bisher erreichte Niveau reicht nicht aus**. Der Text muss funkeln[168].

Mag sein, dass Sie eines Tages schlampig heruntergediktierte Beiträge überall unterbringen, weil Sie eine Koryphäe sind, um deren Meinung sich die Fachzeitschriftenredaktionen und die Festschriftenherausgebergremien schlagen. Wenn Sie Anfängerin im juristischen Publizieren sind, muss Ihr Text perfekt sein. Oder jedenfalls so nah dran wie es Ihnen möglich ist. Erfordert sind in der Regel mehrere Durchgänge bei der Überarbeitung, zwischen denen Sie Zeit lassen sollten. Das hilft, besonders beim Verwerfen von Formulierungen oder ganzen Textabschnitten. Je mehr Zeit vergeht zwischen Schreiben und Redigieren, desto weniger Herzblut fließt beim Kürzen und Überarbeiten[169].

468   **Jedes Wort** muss noch einmal überdacht werden. Wenn Sie nicht zufällig ein Naturtalent sind, werden Sie erstaunt sein, wie viel genauer, kürzer und schöner ein Text noch werden kann, den Sie bereits für gut gehalten hatten. Verbesserungen drohen auch, wenn Sie die **Reihenfolge** der Sätze und Absätze noch einmal in Frage stellen – mancher Gedankengang wird klarer, wenn Sie hier experimentieren und nötigenfalls revidieren. An Ihrem Ausdruck zu feilen lohnt sich immer.

Beispiel: Manche schiefe Bilder fallen dem Verfasser erst bei wiederholtem Durcharbeiten ins Auge, dem Leser aber sofort: *Wer diese Gelegenheiten nutzt, eignet sich einen Wissens- und damit einen Wettbewerbsvorsprung an*[170]. Einen Vorsprung kann man *erringen* oder *sich erarbeiten* – aber ihn *sich aneignen*?

Je mehr Sie schon gestrichen und ergänzt haben, desto dringender wird es erforderlich, auch stilistisch noch einmal mit der Harke durch den Text zu gehen[171]. Gerade beim Satzbau liegen bei den meisten Menschen noch Verbesserungsmöglichkeiten.

469   Das sind nur scheinbar Äußerlichkeiten. Denken Sie immer daran: Sie wollen Andere überzeugen. Wer jemanden dazu bringen will, seinen Standpunkt aufzugeben, mutet ihm inhaltlich schon genug zu. Also muss äußerlich alles so glatt wie möglich sein.

470   Oft wird es erforderlich sein, **Übertreibungen** zu **glätten**. Je pointierter Sie für den Vortrag des Referats einzelne Gesichtspunkte zugespitzt haben, um die desinteressierten Zuhörer vom Einschlafen abzuhalten, desto misstrauischer müssen Sie Ihrem Text jetzt begegnen. Bei Übertreibungen lauern leicht einmal Fehler in der Sache selbst. Ein Argument, das erst gut wird, wenn man übertreibt, leidet.

Auch da, wo Sie mit Herzblut argumentiert haben, sollten Sie den Text sorgfältig durchsehen: Der Leser eines Fachzeitschriftenbeitrags erwartet kaltblütiges Wägen der Argumente. Geben Sie Ihren Standpunkt nicht auf – aber vertreten Sie ihn so sachlich wie irgend möglich. Nichts ist so langweilig wie die Aufregung von gestern. Ihr Text soll aber auch in etlichen Jahren noch mit Gewinn gelesen werden.

---

168 Pointiert *Köhler*, JA 1996, 432, 535: *erstklassig* – darunter lohnt die Mühe nicht!
169 Wer beim Kürzen merkt, dass er sich von keinem Wort trennen kann, muss Kollegen um Hilfe bitten.
170 *Staufenbiel/Meurer*, JA 2006, 649.
171 Die Hinweise oben Rn. 147 ff. gelten weiter.

Dass orthographisch und grammatikalisch alles stimmen muss, sollte keiner Erwähnung bedürfen. Manche **471** Fachzeitschriftenredaktionen verzichten aus Kostengründen hier auf Kontrolle, so dass Sie umso sorgfältiger korrigieren müssen.

hh) Gründliche Revision des wissenschaftlichen Apparats Der Fußnotenapparat ist **472** nicht nur zu kürzen (vielleicht aber auch teils zu erweitern), sondern auch formal und inhaltlich gründlich zu redigieren. Alles, was in der Hektik vor der Abgabe des Referatstexts nicht mehr genau kontrolliert worden ist, wird jetzt noch einmal gegengeprüft. Also der gesamte Apparat. Nach der Drucklegung steht Ihr Beitrag in Bibliotheken auf Jahrzehnte der Fachwelt zur Verfügung – da möchten Sie sich doch nicht durch **Fehlzitate** blamieren.

Neu bedacht müssen unbedingt auch die Zitate werden, bei denen Sie sich nicht ganz **473** sicher waren, ob Sie die betreffende Quelle eigentlich als Beleg hätten verwenden dürfen. Wer sich fälschlicherweise zitiert sieht, ist immer ein wenig peinlich berührt.

Eventuell ist es sinnvoll, die Fußnoten schon vorausschauend den Gepflogenheiten der Fachzeitschrift **474** anzupassen, in der Sie den Beitrag veröffentlicht sehen möchten.

ii) Letzte Arbeitsschritte Auf dem so erreichten Stand sollte Ihr Text zu substanziellen **475** Beanstandungen keinen Anlass mehr geben. Es bleiben nur noch Korrekturen in den Feinheiten. Empfehlungen dazu müssen sich auf den organisatorischen Aspekt beschränken:

Gegenlesen, liegenlassen, von klugen Leuten gegenlesen lassen. Nachdem die üblichen **476** Verdächtigen aus dem Freundes- und Verwandtenkreis den Text verbessert haben, können Sie den Professor um kritische Durchsicht bitten, der Sie damals überhaupt erst auf den Gedanken mit der Veröffentlichung gebracht hat. Wenn er den Text nicht geradezu lächerlich findet, hilft er Ihnen vielleicht auch beim Platzieren.

Da Sie mittlerweile jede Distanz zu Ihrem Arbeitsergebnis verloren haben, sollten Sie **jede Kritik wertschätzen** – auch die, die Sie dann nicht umsetzen[172].

Es ist nicht schlimm, wenn diese letzten Polierarbeiten etliche Wochen in Anspruch neh- **477** men (und damit mehr Zeit, als Sie für das Abfassen des gesamten Texts veranschlagt haben. Die paar Viertelstunden, die Sie feierabends ins Lesen und Glattschleifen investieren, verhindern, dass Sie beim Wiederlesen des gedruckten Texts peinlich berührt erröten.

c) Platzieren

Vielleicht schwieriger als einen guten Text zu schreiben, ist es, ihn am richtigen Ort unter- **478** zubringen[173].

Um die Veröffentlichungsplätze in der Fachpresse gibt es **Wettbewerb**. Schärfer wird der nicht zuletzt dadurch, dass immer mehr unterbeschäftigte Rechtsanwälte in Fachveröffentlichungen Werbemittel sehen. Und eine konstante Zahl von Professoren den nächsten Ruf durch Polieren der Publikationsliste vorbereitet. Und eine Menge wissenschaftlicher Nachwuchs sich profilieren muss. Wer keinen akademischen Titel

---

172 Wie viel Mühe in sorgfältigem Gegenlesen steckt, merkt man meist erst, wenn man sich in gleicher Münze revanchiert. Solange dazu keine Gelegenheit besteht, muss man sich anders bedanken.

173 Die folgenden Überlegungen befassen sich nur mit juristischen Fachzeitschriften, weil die anderweitigen Veröffentlichungsmöglichkeiten für Texte im Umfang einer unselbständigen Veröffentlichung (z.B. Festschriften und Gedächtnisschriften, Tagungssammelbände etc.) Anfängern nur sehr ausnahmsweise zur Verfügung stehen.

vorzuweisen hat und keine wohlreputierte Stelle bekleidet und keine teuer bezahlten Werbeanzeigen in der betreffenden Zeitschrift schalten kann, hat es nicht immer leicht, den eigenen Text unterzubringen.

Letztendlich spielt aber neben der wissenschaftlichen Reputation der Verfasserin auch die Qualität des Manuskripts eine wichtige Rolle. Die wichtigsten Kriterien für die Annahme sind ein **gutes Thema**, ein **guter Text** und ein **guter Name**. Gerade als Anfänger müssen Sie auf die ersten beiden Faktoren setzen – und ein bisschen überlegen, wo und wie Ihr Text unterzubringen ist.

479   Im Allgemeinen kommt die Platzierung **nach** der Produktion. Einen noch nicht geschriebenen Beitrag akzeptieren Redaktionen in Fachzeitschriften von Anfängern nur ganz ausnahmsweise.

Gleichwohl kann – zumal bei aktuellen Themen – eine vorherige Anfrage bei der Schriftleitung sinnvoll sein, ob das Thema bereits fest vergeben ist. Man sollte aber nicht damit rechnen, bei solcher Gelegenheit die Zusage einer Veröffentlichung für einen noch nicht geschriebenen Text zu erhalten.

480   Wer von vornherein das **richtige Forum** für die Veröffentlichung aussucht, spart sich Zeit und Enttäuschungen.

Das richtige Forum ist nicht dasjenige, das Sie auf Anhieb zum juristischen Starautor macht, sondern das, in das Ihr Beitrag passt. Passen muss der Text in erster Linie thematisch, nur in zweiter Linie müssen Sie als Autor präsentabel sein. (Es gibt Foren, bei denen Sie als studentischer oder gerade staatsexaminierter Autor gar nicht erst antreten müssen[174].) Nicht selten wird der richtige Ort für die Veröffentlichung eine weniger bekannte und auflagenschwächere Zeitschrift sein als die, an die Sie zuerst gedacht haben.

481   Helfen kann es, klein anzufangen. Das bedeutet, zunächst eine der wenigen **studentischen Zeitschriften**[175] in den Blick zu nehmen oder eine **Ausbildungszeitschrift**[176], vielleicht auch mit einem kleinen Text zu beginnen (Leserbrief, Veranstaltungsbericht, kurze Entscheidungsanmerkung), bevor man sich in einer großen Publikumszeitschrift des Typs NJW oder einer traditionsreichen Archivzeitschrift des Typs AcP um die sieben oder achtzig Seiten umfassende Neubestimmung der Grundprinzipien des Kapitalgesellschaftsrechts bemüht. Je breiter die Wirkung[177] des in Aussicht genommenen Mediums, desto stärker ist die Konkurrenz – und umgekehrt.

482   Für Anfänger besteht eine weitere Möglichkeit darin, fremden Einfluss zu nutzen, etwa den der Professorin, in deren Seminar die Ursprungsfassung des Textes als Referat gehalten wurde, den des Doktorvaters, des Rechtsanwalts, der kraft eigener Veröffentlichungstätigkeit schon einen Draht zu einer Fachzeitschriftenredaktion hat usw. Vielleicht schreiben Sie den Text als Co-Autor eines dieser Leute, so dass von vornherein jemand anderes die Platzierung übernimmt.

483   Keine echte Alternative ist bislang das **Publizieren im Internet**. Es gibt zwar erste seriöse Fachzeitschriften, die nur elektronisch erscheinen[178], aber die sind ebenso anspruchsvoll wie gedruckte. Im Übrigen er-

---

174 Achten Sie etwa auf die Titel und Berufsbezeichnungen der Autoren in der Juristenzeitung.

175 Z.B. StudZR in Heidelberg (www.studzr.de/), GreifRecht in Greifswald, Ad Legendum in Münster (www.adlegendum.com/index.php), als online-Zeitschriften Freilaw aus Freiburg (www.freilaw.de/index.html), HanseLawReview (www.hanselawreview.org/cgi-bin/site.pl?user=&site=index) und das Bucerius Law Journal (www.law-journal.de/).

176 In Deutschland JuS, JA, Jura.

177 Die Auflagenhöhe ist ein Indiz unter mehreren. Das wissenschaftliche Ansehen einer Zeitschrift dürfte eine entscheidende Rolle spielen, aber messbar oder auch nur konsensfähig feststellbar ist das nicht. So etwas wie einen scientific citation index gibt es hierzulande in der Rechtswissenschaft (noch) nicht.

178 Etwa das German Law Journal (www.germanlawjournal.com/), das Humboldt Forum Recht (www.humboldt-forum-recht.de), das forum historiae iuris (www.rewi.hu-berlin.de/online/fhi), die Zeitschrift für Internationale Strafrechtsdogmatik (www.zis-online.com), die Höchstrichterliche Rechtsprechung im Strafrecht (www.hrr-strafrecht.de) und jurPC (www.jurpc.de). Zu Gründen der zögerlichen Annahme von eJournals durch das Fachpublikum immer noch überzeugend *Dieter E. Zimmer*, Die Bibliothek der Zukunft, Hamburg 2000, S. 72 ff., obwohl das Renommee dieser Zeitschriften besser wird. Damit steigen aber auch deren Anforderungen ...

laubt das Internet eben jedermann, bis zur Grenze der Strafbarkeit jeden Unsinn allgemein zugänglich zu machen. Ihre Chancen, ein interessiertes Fachpublikum zu erreichen, liegen nahe Null, wenn Sie den Text einfach selbst online stellen. Es fehlt dann einfach die redaktionelle Qualitätskontrolle, auf die man sich als Leser so gern verlässt. Einen Text, den Sie auf Ihrer eigenen Heimseite als pdf-Dokument online verfügbar gemacht haben, wird die Fachwelt nur mit spitzen Fingern oder gar nicht anfassen.

Einreichen kann man den fertigen Text heute meist schon in elektronischer Fassung als Anhang an eine an die Redaktion gerichtete e-Mail. Konventioneller ist ein richtiges Anschreiben, dem man den Text in doppelter Fassung sowie auf CD-ROM beifügen sollte. **484**

Viele Fachzeitschriften haben **Autorenrichtlinien**. Manchmal stehen sie kurz und eindrucksvoll im Impressum des Hefts[179], oft sind sie umfassender und meist im Internet abrufbar[180]. An bestimmte starre Vorgaben (z.B. zum Höchstumfang eines Beitrags) sollte man sich strikt halten. Ob man dagegen in vorauseilendem Gehorsam alle Formatierungsvorgaben umsetzt, ist Geschmackssache. Es kann mühsam werden, zehnmal den ganzen Fußnotenapparat umzuarbeiten, wenn der Beitrag dann aus anderen Gründen doch abgelehnt wird.

Äußerst ungern gesehen wird es bei den Fachzeitschriftenredaktionen, wenn Sie Ihren Text gleichzeitig **anderweitig anbieten**.

Die Entscheidung über den Abdruck trifft in aller Regel die **Schriftleitung** der Zeitschrift. Hierzulande noch ziemlich unüblich sind Peer Review-Verfahren, bei denen der Text anonym kompetenten Gutachtern vorgelegt werden, die dann durch Mehrheitsbeschluss im Umlaufverfahren darüber entscheiden, ob er es wert ist, gedruckt zu erscheinen. Glücklicherweise ist es aber hier auch unüblich, für die Veröffentlichung zu bezahlen. **485**

Meist ist nach der Einsendung **Geduld** erforderlich. Je nach Erscheinungsweise des angepeilten Periodikums und Arbeitsweise der Redaktion braucht es ein paar Tage bis ein paar Monate, bis eine Entscheidung über die Annahme des Manuskripts getroffen ist. Eine **Eingangsbestätigung** verschicken die besseren Fachzeitschriftenredaktionen dagegen prompt. **486**

Wegen des Ergebnisses ist eine gewisse **Frustrationstoleranz** bestimmt hilfreich. Absagen sind normal. Wie bei Stellenbewerbungen wird in Absagen oft pauschal und höflich gelogen. Wenn Sie eine werthaltige Aussage für die Ablehnung Ihres Texts erhalten, können Sie daraus vielleicht etwas lernen[181]. **487**

Wie bei Stellenbewerbungen muss man es zur Not mehrfach versuchen. Früher oder später wird ein guter Text aber zur Veröffentlichung **angenommen** werden. Wenn auch nicht immer vorbehaltlos.

Änderungs- und Kürzungswünsche der Redaktion sind zwar in der Regel höflich gefasst, bilden aber in der Sache selbst Bedingungen für die Annahme zur Veröffentlichung. Hier besteht meist nur geringer Verhandlungsspielraum. **488**

Über die Annahme zur Veröffentlichung erhalten Sie eine schriftliche Mitteilung; ein detaillierter schriftlicher **Verlagsvertrag** wird dagegen über Fachzeitschriftenbeiträge nicht geschlossen. Auf den **Veröffentlichungstermin** haben Sie im Allgemeinen keinen Einfluss. Bis zum nächsten freien Veröffentlichungsplatz dauert es oft ebenfalls Monate (es **489**

---

179 So etwa bei der KJ.
180 Z.B. für die Jura www.degruyter.de/instructions/jurains.pdf; für den Betriebs-Berater www.betriebs-berater.de/bb/service/autoren/index.html.
181 Und wie bei Bewerbungen kann man mit Erfolgsaussichten den zuständigen Redakteur anrufen und fragen, ob er einen Tipp hat. Dieser Tipp ist nämlich kostenlos und in aller Regel ehrlich.

kann auch Jahre brauchen). Ein aktuelles Thema beschleunigt den Ablauf. Wenn Ihr Beitrag auf ein unlängst veröffentlichtes Urteil Bezug nimmt (z.B. als Urteilsbesprechung) oder auf einen anderen Beitrag (z.B. als Erwiderung), geht es meist schneller. Ebenfalls beschleunigend kann wirken, wenn Sie Text und Fußnotenapparat auch in den Formalien (z.B. Zitierweisen, Gliederung etc.) an die Üblichkeiten des Publikationsorgans angepasst haben.

490   Meist erhalten Sie einige Wochen vor dem Druck **Korrekturabzüge** Ihres Beitrags. Diese sollten Sie im eigenen Interesse sorgfältig auf Fehler im Satz durchsehen. In geringem Umfang bieten Ihnen diese Fahnen die Möglichkeit zu Änderungen am Text. Sie können eine einzelne missglückte Formulierung ändern – und für die Ergänzung eines aktuellen Urteils in einer Fußnote ist immer noch Platz. Wenn Sie aber hier beginnen, Ihren Text noch einmal neu zu schreiben, wird das nicht akzeptiert werden.

Sollte also aufgrund aktueller Entwicklungen eine substantielle Änderung erforderlich sein, müssen Sie sich unbedingt vor dem Satz mit der Redaktion in Verbindung setzen und möglichst schon eine ergänzte Fassung parat haben.

Ein Exemplar des Korrekturabzugs senden Sie mit Ihrem **Druckfreigabevermerk** (Imprimatur) zurück an Redaktion, Setzer oder Drucker. Für die **Korrekturen** bedienen Sie sich am besten der gängigen Korrekturzeichen, die Sie vorn im Duden finden. Die versteht der Setzer ohne Rückfrage.

491   Zum Erscheinungstermin Ihres Textes bekommen Sie etwa ein Dutzend **Belegexemplare**. Wenn Sie mehr brauchen, müssen Sie das vorher bei der Schriftleitung anmelden; kleine Mengen mehr gibt es umsonst, bei großen Mengen verkaufen Ihnen die Verlage **Sonderdrucke**. Ein Belegexemplar heben Sie für sich selbst auf und Ihre Kinder und Enkel. Zwei Exemplare heben Sie auf, um sich späterhin einmal mit einem Sonderdruck bei Leuten revanchieren zu können, von denen Sie aus welchem Anlass auch immer einen Sonderdruck erhalten. Den Rest erhalten diejenigen, die Ihnen geholfen haben, den Text zu schreiben, zu redigieren und zu platzieren (Professoren, Kollegen, Vorgesetzte, Ausbilder, Freunde, Familie). So kann man seine Dankesschuld immerhin symbolisch abstatten.

d) Freundliche Aufnahme erleichtern

492   Wer sich die Mühe gemacht hat, einen Text zu schreiben, blankzupolieren und an geeignetem Ort zu unterzubringen, möchte ihn gern gelesen wissen, günstigstenfalls auch zitiert – vielleicht sogar zustimmend[182]. Ganz in der Hand hat man das als Autor nicht; aber man kann es den Adressaten ein bisschen leichter machen.

Wenige Steuerungsmöglichkeiten gibt es hinsichtlich der **Gerichte**. So ehrenvoll es sein mag, etwa vom BGH zitiert zu werden, so schwierig ist es, auf dieses Ziel hinzuarbeiten. Man kann natürlich ein umstrittenes Thema bearbeiten, von dem zu erwarten ist, dass es nächsthin einmal obergerichtlich entschieden werden wird – und man kann so gründlich arbeiten, dass um den eigenen Beitrag in der Fachdiskussion kein Weg herumführt. Aber von seltenen Ausnahmesituationen abgesehen, ist es fast ausgeschlossen, den eigenen Text gezielt den Verfahrensbeteiligten oder dem entscheidenden Gericht zur Verfügung zu stellen.

---

182 Das wird umso wichtiger, je weiter man sich von einem studentischen Aufsatz entfernt und je mehr man sich etwa einer wissenschaftlichen Karriere nähert. – Im Folgenden geht es darum, dass andere Sie zitieren. Ob Sie sich selbst bei jeder passenden und unpassenden Gelegenheit zitieren wollen (das ist gar nicht so selten), hängt von Ihrer persönlichen Peinlichkeitsresistenz ab.

Etwas leichter gelingt es, in der **Wissenschaft** zur Kenntnis genommen zu werden.

a) Am effektivsten ist vermutlich die Aufnahme in ein **Zitierkartell**; wie das funktioniert, halten die Beteiligten geheim – wenn es wichtig ist, finden Sie es schon irgendwie heraus[183].

b) Teils machen die Verfasser von Fachzeitschriftenbeiträgen potentielle **Interessenten** auf den eigenen Text aufmerksam, indem sie sie anschreiben und auf ihr Werk **hinweisen**. Dazu kann man beim Verlag Sonderdrucke bestellen oder sie selbst mit einem Fotokopierer oder einem pdf-Maker herstellen. Wer keinen Sonderdruck beifügt, muss wenigstens ein freundliches Schreiben an den meist unbekannten Adressaten verfassen und diesen auf die Fundstelle hinweisen.

Ob solches Vorgehen notwendig ist, lässt sich bezweifeln. Im Allgemeinen kann man davon ausgehen, dass der Wissenschaftsbetrieb neue Texte auch ohne Nachhilfemaßnahmen zur Kenntnis nimmt. Gleichwohl kann die gezielte Ansprache ausgesuchter Adressaten zum Aufbau und zur Pflege von Kontakten sinnvoll sein. Angeblich geht heute ja nichts mehr ohne Netzwerke. Je wahlloser Sie aber streuen, desto eher werden Ihre kommunikativen Bemühungen als Informationsmüll wahrgenommen werden. Umgekehrt wird sich mancher Adressat freuen, wenn Sie sich mit seinem Standpunkt auseinandergesetzt haben und er nun von Ihnen einen Sonderdruck erhält.

c) Was die Qualitäten des Texts selbst betrifft, gilt zunächst das bereits Gesagte[184]. Je leichter zu lesen ist, was Sie geschrieben haben, desto leichter wird es auch zitiert.

Wer zitiert werden will, sollte besonders darauf achten, **identifizierbare und zitierbare**   **493**
Äußerungen zu tätigen. Spätestens im Schlussabschnitt sollten daher klare Aussagen stehen, die günstigstenfalls klar auf die betreffenden Textpassagen zurückverweisen.

Natürlich muss man dazu überhaupt erst einmal einen klar formulierbaren Standpunkt haben. Dem muss sich ja nicht jeder anschließen; schließlich kann man auch ablehnend zitieren. Aber der Standpunkt muss identifizierbar sein, selbst wenn er künftig „nur" als originelle Minderheitsansicht erwähnt werden soll. Wer ganz akademisch ein Problem von allen Seiten gründlich beleuchtet, ohne sich indessen für einen der als möglich beschriebenen Standpunkte zu entscheiden, wird wegen origineller Argumente zitiert werden, aber nicht wegen einer inhaltlichen Stellungnahme. Das bedeutet nicht, dass jede Zweifelsfrage entschieden werden muss. Für den an Ergebnissen interessierten Leser sind aber eben die Lösungen fast wichtiger als die Probleme. Wo man länger Argumente wägt, schreibe man also zum Schluss die favorisierte Entscheidung auch nieder.

Ob die Bemühungen um eine freundliche Aufnahme des eigenen Texts **Erfolg** gehabt haben, kann man   **494**
heute – anders als noch vor Jahren – einigermaßen schnell und verlässlich feststellen. Die Abfrage der einschlägigen Datenbanken[185] bringt zutage, ob und wo der Text zitiert worden ist. Indes sollte man nicht enttäuscht sein, wenn es eine Weile dauert – die Mühlen der Wissenschaft mahlen oft langsam.

e) Zusatznutzen

Angesichts der auf einen Fachzeitschriftenbeitrag aufgewendeten Mühe wird man als Verfasser vielleicht   **495**
über eine **Zweitverwertung** nachdenken. Zu warnen ist vor der Veröffentlichung einer geringfügig geänderten Textfassung in einer anderen Zeitschrift. Die ist nicht nur wissenschaftlich ohne Ertrag, sondern verärgert auch auf mittlere Sicht die jeweiligen Redaktionen (und natürlich die Leser). Ein später erscheinender Beitrag dagegen, in dem Sie Ihren Standpunkt inhaltlich ausbauen oder differenzieren und auf zwischenzeitliche Entwicklungen in Rechtsprechung und Schrifttum eingehen, kann dazu führen, dass Sie später zum Experten für Ihr Thema werden. Mit einem bereits veröffentlichten Text im Rücken ist es zudem einfacher, eine Redaktion davon zu überzeugen, dass man der richtige Autor etwa für eine Urteilsrezension oder Buchbesprechung zu einem ähnlichen Thema ist. Vielleicht werden Sie später auch angesprochen und wegen eines Beitrags gefragt.

---

183 Seriösen Aussagen zufolge gibt es überhaupt keine „Zitierkartelle".
184 Bei Rn. 455 ff.
185 Dazu oben Rn. 60.

496   Gelegentlich ergibt sich eine Zweitverwertungsmöglichkeit in Form eines **Vortrags**, der Teilnahme an einem **Diskussionsforum**, einer **Schulungsveranstaltung** oder dergleichen. Allerdings wird Ihre fachliche Reputation hierfür oft nicht ausreichen, wenn Sie gerade erst kurz vor der ersten Staatsprüfung stehen. Meist werden Sie sich um eine solche Möglichkeit selbst bemühen müssen, nur ausnahmsweise stehen die Interessenten bei Ihnen Schlange. Wie schon bei der eigentlichen Veröffentlichung ist der entscheidende Faktor Ihre Initiative.

III. Beispielthemen

497   Hier stehen ein paar Beispiele (nicht unbedingt authentisch, sondern selbst erdacht oder zugetragen). Damit können Sie bei Bedarf ein wenig üben. Welchem Typ von Themenarbeit gehören sie an? Wo liegen potentielle Schwerpunkte bei der Bearbeitung? Wie kann man die Frage sinnvoll konkretisieren oder weiterentwickeln? Wie könnte eine spontan skizzierte Gliederung aussehen? Wie würde sich ein freier Vortrag mit einer Dreiviertelstunde Vorbereitungszeit anhören? usw.

– Brauchen wir ein Antidiskriminierungsgesetz/Allgemeines Gleichbehandlungsgesetz?

– Kann man etwas gegen Mietnomaden tun?

– Ist Mobbing rechtlich greifbar?

– Vergleichen Sie den Begriff der Gefahr in § 34 StGB mit dem polizeirechtlichen Gefahrbegriff und dem bürgerlichrechtlichen Gefahrbegriff (Leistungs-, Preisgefahr etc.).

– Gibt es eine einheitliche Rechtsfigur des Vertrauensschutzes?

– Ist das Gerichtsvollzieherwesen privatisierbar?

– Unter welchen Voraussetzungen sind (straf-)prozessual Aussagen verwertbar, bei denen zu vermuten ist, dass sie erfoltert wurden?[186]

– Ist ein Gesetz möglich, das es erlaubt, (Verkehrs-)Flugzeuge vom Himmel zu schießen, die angeblich von Terroristen gekapert sind? An welche Voraussetzungen müsste die Rechtmäßigkeit des Abschusses gebunden werden?

– Wie sieht ein Mindestlohn aus? Ist er sinnvoll? Was kann er bewirken?

– 105 Jahre BGB – Nehmen Sie Stellung!

---

186 Schrifttumsnachweise bei *Norouzi*, JA 2005, 306 ff.

D. Anhang: Formalien einer (Themen-) Hausarbeit

Dieser Anhang richtet sich an diejenigen, die bei der **formalen Gestaltung** ihrer Arbeit **498** noch unsicher sind. Die hier erläuterten Formalien gelten im Prinzip für alle Hausarbeiten, die Sie während Ihres Studiums bewältigen müssen, und je größer die Nähe zum Examen wird, desto schwerer werden formale Verstöße auch in die Bewertung einbezogen. Wichtig ist dabei, dass alle folgenden Hinweise zwar die Konventionen wiedergeben sollen, dies aber nicht ausschließt, dass an der einen oder anderen Stelle an dem einen oder anderen Lehrstuhl bestimmte Punkte anders gesehen werden. Wenn es Formalienhinweise des Veranstalters gibt, von dem Sie Ihre Aufgabe bekommen haben, sind diese unbedingt zu beachten und allen anderen Zusammenstellungen zu den Hausarbeitsformalien (auch dieser hier) **vorgängig**.

I. Allgemeines zur Form des Texts

Hausarbeiten werden **getippt** abgegeben, die Benutzung eines Computers ist zwingend. **499** Allgemein gilt, dass die Seiten nur einseitig beschrieben werden. Die übliche Schriftgröße ist eine **12-Punkt-Schrift** einer Standardschriftart (Times New Roman, Arial etc.). Von außergewöhnlichen, insbesondere engeren Schrifttypen wird ebenso dringend abgeraten wie von Manipulationen beispielsweise mit Schriftgröße oder Zeichenabstand.

Die entsprechenden Tricks bei der Formatierung kennt und erkennt jeder Korrektor. Da sie aber bei diesem nur Kopfschmerzen und damit schlechte Laune bei der Korrektur hervorrufen, sind solche Manipulationen im Ergebnis kontraproduktiv.

Erwartet wird, dass die **Seiten durchnummeriert** sind. Wohin Sie die Seitenzahl setzen **500** (zentriert über oder unter die Seite oder rechts oben oder unten) ist Ihnen überlassen. Abgegeben wird die Hausarbeit normalerweise **in einem handelsüblichen Schnell- oder Klemmhefter**. Das Binden-Lassen von Hausarbeiten für den Scheinerwerb ist zwar nicht verboten, aber unnötig. Bei einem Text von 15–20 Seiten wirkt es eher aufgesetzt, wenn dieser mit Leimbindung abgegeben wird. Bei der Abschlussarbeit, die einen Gesamtumfang von ca. 50 Seiten haben kann, ist eine Leimbindung (keine Ringbindung!) dann häufig Pflicht.

Auf jeden Fall müssen die einzelnen Seiten zugänglich sein, also nicht etwa einzeln laminiert oder in Klarsichthüllen gesteckt, denn die Korrektur erfolgt mit Bleistift direkt in der Arbeit, was so unmöglich oder nur sehr schwierig wäre. Umgekehrt sollte eine Hausarbeit aber auch nie als Sammlung loser Blätter abgegeben werden, auch nicht in einer Eckspannmappe oder Prospekthülle, da auch dies sehr unpraktisch in der Korrektur zu handhaben ist und die Gefahr besteht, dass einzelne Blätter verloren gehen.

Im Interesse einer einfachen Bearbeitung am Lehrstuhl sollte der Name des Bearbeiters und die Matrikelnummer von außen lesbar sein, entweder durch einen transparenten Deckel des Hefters oder wenigstens außen erneut vermerkt.

501 Vorausgesetzt wird insbesondere bei Hausarbeiten das **Einhalten der grundlegenden Regeln der deutschen Sprache**. Dabei wird erwartet, dass die Arbeit auch korrekturgelesen wurde. Weder der automatischen Trennhilfe noch der Rechtschreibhilfe einer Textverarbeitung sollte ungeprüft vertraut werden. Beide sind für sich alles andere als perfekt und erkennen systembedingt viele Fehler nicht, insbesondere grammatikalische. Grobe oder sehr viele Fehler in diesem Bereich können bewertungsrelevant werden[187].

II. Die Teile einer Hausarbeit

502 Die letztlich abzugebende Hausarbeit besteht aus mehreren Teilen, von denen der Text der Bearbeitung zwar sicher der wichtigste ist, von denen aber dennoch keiner fehlerhaft sein oder gar ganz fehlen darf.

Die verschiedenen Teile sollten in folgender Reihenfolge vorgelegt werden:

1. Deckblatt
2. Text der Aufgabe
3. Gliederung
4. Literaturverzeichnis
5. Text der Bearbeitung

1. Das Deckblatt

503 Beim Deckblatt sollte das **Augenmerk** ausschließlich auf der **Übersichtlichkeit** liegen, die zentralen Informationen müssen mit einem Blick erfassbar sein. Es gibt keine Extrapunkte für „schöne" Gestaltung. Das Deckblatt einer Hausarbeit soll folgende Angaben enthalten:

- Der Titel der eigenen Arbeit (z.B. *Kopftuch und Kruzifix – Der Umgang mit religiösen Symbolen in öffentlichen Schulen*)
- Der Name der Veranstaltung, in deren Rahmen die Aufgabe ausgegeben wurde (z.B. *Seminar Recht und Ideologie*)
- Der Name des Veranstalters (z.B. *bei Prof. Dr. XY*); hierbei sollte der Höflichkeit halber auf die richtige Schreibweise des Namens Wert gelegt werden
- Der Name der Universität (z.B. *Johann Wolfgang Goethe-Universität Frankfurt am Main*) [nicht zwingend]
- Das Semester, in welchem die Arbeit angefertigt wurde (z.B. *Sommersemester 2007*)
- Der Abgabetermin.

Für diese Angaben empfiehlt sich eine zentrierte Anordnung in der Mitte der Seite, für die Benennung der Veranstaltung gerne auch eine größere Schrift.

504 Wichtig ist außerdem ein **Briefkopf**, der außer Name und Adresse auch das Fachsemester und die Matrikelnummer angeben soll. Beim Briefkopf ist mit Blick auf die Bearbeitung

---

187 Dazu schon oben Rn. 126 ff.

der Hausarbeit am Lehrstuhl (insbesondere eine mögliche Rückgabe) zu beachten, dass er vom linken Rand des Blatts so weit entfernt sein soll, dass man ihn auch im Schnellhefter noch sofort lesen kann. Außerdem erleichtert es die Bearbeitung, wenn speziell der Name des Bearbeiters oben auf dem Deckblatt auf einen Blick zu finden ist und nicht aus Layoutvorlieben irgendwo unter den sonstigen Angaben des Deckblatts versteckt wird.

Das bei Gutachten übliche **Abtippen des Aufgabentexts** entfällt bei Themenarbeiten, **505** wenn das Thema vollständig auf dem Deckblatt bezeichnet ist. Dies ist vor allem bei Seminaren meist der Fall, wo die Aufgabe sich weitgehend in der Angabe einer Überschrift erschöpft. Nötig ist es dagegen, wenn Sie etwa im Rahmen einer Abschlussarbeit oder einer sonstigen Hausarbeit einen umfangreicheren Aufgabentext bekommen, möglicherweise noch mit Zitaten versehen. Dann gilt das auch bei Gutachten Übliche: Die Aufgabe gehört abgetippt (nicht kopiert!) und unter Weglassung von Bearbeitervermerken auf einer mit „II" nummerierten Seite hinter das Deckblatt.

2. Die Gliederung

Die Gliederung muss die Untergliederungen des Bearbeitungstexts, also **alle Überschrif-** **506** **ten mit Nummerierung und den Seitenzahlen** wiedergeben, quasi als Inhaltsverzeichnis der Bearbeitung. Nicht in der Gliederung enthalten sein müssen die formalen Teile, also Aufgabentext, Gliederung und Literaturverzeichnis. Insgesamt ist hier folgendes zu beachten:

a) Zur Form der Gliederung als Textbestandteil

Bei der Gliederung ist primär auf **Vollständigkeit** und **Übersichtlichkeit** zu achten. Dies **507** bedeutet einerseits, dass tatsächlich **alle** Überschriften aus der Bearbeitung hier auftauchen müssen (und natürlich auch umgekehrt). Andererseits sollte die tabellarisch aufgestellte Gliederung so formatiert sein, dass die Zeilen gut auseinander zu halten sind. Es ist empfehlenswert, die einzelnen Gliederungsebenen durch Einrücken deutlich zu machen.

Bei Benutzung automatischer Gliederungen von Textverarbeitungssystemen sollte dringend geprüft werden, ob tatsächlich alle Gliederungsebenen und alle Überschriften vollständig erfasst wurden.

b) Zur Gliederungsstruktur

Wie hier ist es bei wissenschaftlichen Texten üblich und wird in Hausarbeiten erwartet, **508** dass der Text nicht nur durch Zwischenüberschriften gegliedert wird, sondern dass diese auch einem **fortlaufenden Nummerierungssystem** folgen, das die Überschriften hierarchisch in logische Ebenen einteilt. Allgemein gilt die Regel *„Wer ‚A' sagt, muss auch ‚B'* *sagen"*, oder genauer gesagt, wenn eine neue Gliederungsebene eröffnet wird, muss darauf geachtet werden, dass diese mindestens zwei Punkte enthält, sonst hat sie als eigenständige Ebene der Gliederung keinen Sinn. Fehler in dieser Beziehung werden immer bemerkt und korrigiert.

509 Im Prinzip gibt es zwei übliche Systeme der Untergliederung:

Das rein numerische System, das in den Naturwissenschaften völlig üblich ist, aber auch in juristischen Arbeiten teilweise angewendet wird, nummeriert die jeweiligen Gliederungsebenen einfach durch, also:

1

1.1

1.2

1.2.1

1.2.1.1

1.2.1.2

usw., wobei die Frage, ob nach der letzten Ziffer noch ein Punkt gesetzt wird, unterschiedlich beantwortet wird und letztlich vom Geschmack des Bearbeiters abhängt.

Das alphanumerische Gliederungssystem, das auch heute noch in juristischen Arbeiten häufiger verwendet wird, benutzt Buchstaben und Zahlen (römische und arabische), um die Gliederungsebenen auseinander zu halten, wobei anders als beim rein numerischen System der einzelnen Überschrift nicht alle übergeordneten Gliederungsebenen entnommen werden können. Im Einzelnen sind die üblichen Benennungen dabei:

A.
   I.
   II.
     1.
     2.
       a)
         aa)
         bb)
           (1)
           (2)
             (a)

usw. Wenn selbst Doppelbuchstaben in Klammern nicht ausreichen, alle nötigen Gliederungsebenen abzudecken, verwendet man das griechische Alphabet: (α), β), γ) usw.). Allerdings sollte eine zu kleinteilige Untergliederung im Interesse der Lesbarkeit vermieden werden. Gerade bei Themenarbeiten dürfte das immer möglich sein.

510 Es wird empfohlen, sich für eines der beiden Systeme zu entscheiden und dieses **stringent** durchzuhalten. Die Systeme zu mischen oder gar eigene zu erfinden, stiftet in der Korrektur nur Verwirrung.

511 Die **Überschriften** sollten so formuliert sein, dass der Leser schon bei Lektüre der Gliederung erkennen kann, was in den jeweiligen Abschnitten Thema sein wird. Völlig nichts sagende Formulierungen wie *1. Erste Meinung*, gefolgt von *2. Zweite Meinung* sind zu vermeiden, dies wirkt wenig kompetent und hat keinerlei Informationsgehalt.

3. Das Literaturverzeichnis

512 Im Literaturverzeichnis muss die in der Bearbeitung verwendete (also die in den Fußnoten auftauchende) Literatur vollständig nachgewiesen werden. Diskrepanzen zwischen den

Fußnoten und dem Literaturverzeichnis sind grundsätzlich Fehler, die vor allem bei fortgeschritteneren Arbeiten auch zu Abzügen in der Endpunktzahl führen. Die nachzuweisenden Werke sind primär **Kommentare, Lehrbücher, Aufsätze** (aus Zeitschriften und Sammelwerken) und **Monographien** wie etwa Dissertationen oder Habilitationsschriften. Nicht ins Literaturverzeichnis gehören dagegen Gerichtsentscheidungen, Gesetzes- und Entscheidungssammlungen (dies sind Primärquellen) sowie die Zeitschriften oder Sammelwerke als solche.

Außerdem nicht im Literaturverzeichnis auftauchen sollten Skripten, Schemata und reine Falllösungsbücher. Diese gelten als nicht zitierfähig, da sie keine eigenen Ansichten und Einsichten enthalten, sondern selbst nur Meinungen anderer wiedergeben.

Uneinigkeit herrscht weitgehend bei der Frage, ob das Literaturverzeichnis nach den eben fettgedruckten Kategorien weiter untergliedert werden sollte oder nicht. Letztlich hängt das nur vom Geschmack des Bearbeiters ab. Zweckmäßigerweise sollte eine solche Untergliederung aber erst ab einem gewissen Umfang des Literaturverzeichnisses erfolgen, bei 20 Titeln sieht es sehr gekünstelt aus, nach Kommentaren, Lehrbüchern und Aufsätzen und Monographien zu trennen.

Jedenfalls erfolgt die Nennung der Einträge im Literaturverzeichnis **alphabetisch nach den Nachnamen** der Autoren bzw. Herausgeber, **oder Eigennamen** der Werke (z.B. *Alternativkommentar*) sortiert. Werden von dem selben Autor mehrere Werke nachgewiesen, müssen auch diese sortiert werden, und zwar entweder alphabetisch nach dem Titel des Werks oder (besser) chronologisch nach dem Erscheinungsjahr. **513**

Akademische Titel gehören nicht ins Literaturverzeichnis, ebenso wenig wie in die Fußnoten. Gleiches gilt für Verlagsnamen und Zusätze zur Auflagenzählung (*völlig neu bearb.*).

Im Einzelnen muss ein Nachweis im Literaturverzeichnis enthalten: **514**

- Bei Monographien und Lehrbüchern: **Name, Vorname, Titel des Werks, Auflage und Erscheinungsjahr**.

  Heute wohl nicht mehr zwingend erforderlich, wenn auch in vielen Anleitungen immer noch enthalten ist zudem die Angabe des **Erscheinungsorts** vor dem -jahr. Die Auflage wird nur zitiert, wenn das Werk über die erste Auflage hinaus ist.

  Beispiel:
  Naucke, Wolfgang: Strafrecht, eine Einführung, 10. Auflage, Neuwied 2002

  Hat ein Werk mehrere Bearbeiter, so sollten deren vollständige Namen mit Semikolon oder Schrägstrich getrennt werden.

- Bei Aufsätzen in Zeitschriften: **Name, Vorname, Aufsatztitel, Zeitschrift** (in üblicher Abkürzung[188]) **Jahrgang, Anfangsseite**.

  Erforderlich ist hier weder die Angabe der Endseite noch ein *ff.* nach der Seitenangabe.

  Beispiel:
  Walter, Tonio: Raubgewalt durch Unterlassen?, NStZ 2005, S. 240

- Bei Beiträgen in Sammelwerken, etwa Festschriften: **Name, Vorname, Aufsatztitel, in: Name, Vorname (Hrsg.), Buchtitel, ggf. Auflage, [Ort] Jahr, Anfangsseite**.

---

188 Diese sind am Besten zu erfahren bei *Kirchner/Butz*, Abkürzungsverzeichnis der Rechtssprache, 6. Auflage, 2007.

Beispiel:

Rudolphi, Hans-Joachim: Die zeitlichen Grenzen der sukzessiven Beihilfe, in:
Vogler, Theo (Hrsg.): Festschrift für Hans Heinrich
Jescheck zum 70.Geburtstag, Berlin 1985, S. 559

- Sonderfall **Urteilsanmerkungen**: Soweit Anmerkungen zu Urteilen aus Zeitschriften nachgewiesen werden, muss eindeutig identifizierbar sein, auf welches Urteil sich die Anmerkung bezieht. Zweckmäßig ist hier die Angabe der Fundstelle des Urteils, so dass im Literaturverzeichnis stehen sollten: **Name, Vorname** (des Autors der Anmerkung)**, Anmerkung zu Gericht, Fundstelle** (Zeitschrift, Jahrgang bzw. Entscheidungssammlung, Band, Anfangsseite), **in: Zeitschrift, Jahrgang, Anfangsseite**.

Zur Identifikation des Urteils kann auch das Aktenzeichen und Datum des Urteils aufgeführt werden.

Beispiel:

Jakobs, Günther: Anmerkung zu LG Düsseldorf XIV 5/03 vom 22. 7. 2004,
NJW 2004, S. 3275, in: NStZ 2005, S. 276

- Sonderfall **Aufsätze aus dem Internet**: Geht es um Texte, die auch in gedruckter Form zugänglich sind, wird dringend empfohlen, diese zu verwenden und zu zitieren, was besonders dann gut möglich ist, wenn diese Druckvariante 1:1 im Netz zu bekommen ist. Ist dies nicht der Fall, etwa bei reinen Online-Veröffentlichungen, muss im Literaturverzeichnis neben **Name, Vorname** des Autors, **Titel des Aufsatzes** auch die **Internetadresse** angegeben werden. Bei halbwegs etablierten deutschen juristischen Internetperiodika kann hier nur die Homepage angegeben werden (z.B. *www.zis-online.com* oder *www.hrr-strafrecht.de*) (dann allerdings mit Jahrgang und Seitenzahl), für alle anderen Fälle empfiehlt sich im Literaturverzeichnis die Angabe der kompletten Internetadresse (Deep Link).

Hat der Aufsatz keine Seitenangaben, aber Untergliederungen, wird dringend empfohlen, in den Fußnoten nach diesen zu zitieren. Sind solche Zwischenüberschriften nicht vorhanden, so dass nach Seitenzahl des eigenen Ausdrucks zitiert werden muss, sollte wenigstens das Papierformat angegeben werden, um halbwegs verlässliche Verweise zu ermöglichen. Anzugeben ist auch das Datum, an dem die Website zuletzt besucht wurde.

Beispiel:

Scharf, Michael P.: Results of the Rome Conference for an International
Criminal Court, in: ASIL Insight,
http://www.asil.org/insights/insigh23.htm (31.07.2006)
(zit.: *Scharf* ASIL Insight 23, S.[bezieht sich auf einen
Ausdruck des Dokuments auf DIN A4 Papier])

- Bei Kommentaren: **Name, Vorname** (des Herausgebers)**, Titel des Kommentars, Auflage, [Ort] Jahr**

Soweit die Kommentare nicht unter dem Namen des Herausgebers erscheinen, können sie auch unter dem jeweiligen **Eigennamen** nachgewiesen werden, wobei aber dennoch die Herausgeber genannt werden müssen. Bei Loseblattwerken sollte die jeweilige Lieferung angegeben werden.

Bei mehrbändigen Kommentaren müssen nicht die einzelnen Bände genannt werden, wird aber hier differenziert, so sollten nur die Bände nachgewiesen werden, die auch verwendet wurden.

Beispiel:

Lackner, Karl; Kühl, Kristian: Strafgesetzbuch mit Erläuterungen, 25. Auflage,
München 2004

Beispiel:

Systematischer Kommentar zum Strafgesetzbuch:	Hrsg. von Horn, Eckhard; Rudolphi, Hans-Joachim; Samson, Erich Band I, Allgemeiner Teil, 6.Auflage, 41.Lfg., Neuwied u.a. 2005 Band II, Besonderer Teil, 5. und 6.Auflage, 63.Lfg., Neuwied u.a. 2005

Hat ein Kommentar mehr als einen Bearbeiter, wird im Literaturverzeichnis üblicherweise der in den Fußnoten verwendete Kurztitel und der Hinweis auf den Bearbeiter als Zitierweise für die Fußnoten angegeben.

Beispiel:

Zusatz zu obigem Kommentar: (zit.: SK-Bearbeiter).

Eine zusätzliche Angabe einer in den Fußnoten verwendeten **Zitierweise** (Kurztitel) sollte ansonsten nur erfolgen, wenn von einem Autor mehrere Werke im Literaturverzeichnis nachgewiesen werden, die nicht durch die jeweilige Zeitschriftenfundstelle identifizierbar sind. Solche Kurztitel in den Fußnoten müssen verständlich sein, dürfen also nicht kryptische Abkürzungen enthalten. Unüblich ist es, bei jedem Eintrag ins Literaturverzeichnis die Fußnotenzitierweise anzugeben, denn bei den allermeisten zitierten Werken ist sowieso klar, wie sie in den Fußnoten zitiert werden.

Insgesamt ist zu beachten, dass man sich treu bleibt[189], genauer gesagt eine Entscheidung für eine bestimmte Form des Nachweises im gesamten Literaturverzeichnis durchhält, beispielsweise also die Erscheinungsorte entweder immer oder nie angibt. **515**

Wichtig ist außerdem, dass bei Hausarbeiten die Benutzung der jeweils **neuesten Auflagen** eines Werks erwartet wird. Altauflagen sollten nur zitiert werden, wenn die entsprechende Äußerung in neueren Auflagen nicht mehr enthalten ist und es genau auf diese Äußerung ankommt. **515a**

Trotz teilweise schlechter Verfügbarkeit aktueller Bücher in den Bibliotheken wird in der Korrektur hierauf Wert gelegt. Es ist also wichtig, sich die Arbeit zu machen, die neuesten Auflagen in die Hand zu bekommen.

Der **Umfang des Literaturverzeichnisses** bestimmt sich nach der Schwierigkeit der Aufgabe und der benötigten Menge an Literatur. Aus der Aufgabe einer Hausarbeit, also der Darstellung einer Problemlage auf Basis des aktuellen Diskussionsstands unter Verwendung der existierenden Quellen, ergibt sich, dass selbst bei Anfängerarbeiten 20 Einträge im Literaturverzeichnis normal sind und erwartet werden. Bei Fortgeschrittenenarbeiten und Seminaren steigt dieser Wert schnell auf 30–50 oder teilweise auch deutlich mehr. Bei einer größeren Studienabschlussarbeit verschieben sich die Erwartungen nochmals nach oben; über 100 Titel sind kein Problem. Starke Abweichungen nach unten von diesen Werten werden fast automatisch als oberflächliche Quellenverarbeitung wahrgenommen und damit als unzureichende Leistung in einer Hausarbeit. **516**

---

189 Das wäre ja auch jenseits des Juristischen eine gute Idee.

4. Weitere Verzeichnisse

517 Regelmäßig werden Sie für Ihre Arbeit **keine weiteren Verzeichnisse** benötigen. Sach- oder Personenregister sind Fleißarbeiten, die Sie vor Ihrer Doktorarbeit glücklicherweise nicht leisten müssen. Sollte Ihr Thema es mit sich bringen, dass Sie in größerem Umfang ausländische Quellen zitieren müssen, für die es bei *Kirchner/Butz* keine Abkürzungen gibt, kann sich ein eigenständiges **Abkürzungsverzeichnis** empfehlen. Auch dieses sollte sich aber regelmäßig auf die über die deutschen Standardabkürzungen hinausgehenden Fälle beschränken und ansonsten auf *Kirchner/Butz* verweisen.

Hält sich die Heranziehung solcher Quellen in Grenzen, ist es aber auch damit getan, im Literaturverzeichnis die Zeitschrift bei erstmaliger Nennung auszuschreiben und dann die in der Folge verwendete Abkürzung in Klammern dahinter anzukündigen).

5. Allgemeines zu den vorgenannten Bestandteilen der Arbeit

518 Formatierungstechnisch sollte bei diesen Teilen der Arbeit nur darauf geachtet werden, dass sie gut lesbar sind. Die Seitenränder müssen also so groß sein, dass beim Aufblättern der abgehefteten Arbeit der Text noch vollständig zu sehen ist. Der Übersichtlichkeit halber sei zumindest für den Aufgabentext und das Inhaltsverzeichnis 1,5-facher Zeilenabstand empfohlen. Die der eigentlichen Bearbeitung vorangehenden Seiten der Hausarbeit werden üblicherweise mit römischen Ziffern nummeriert, um diese Teile vom Haupttext abzusetzen. Dabei wird der Aufgabentext normalerweise mit einer „*II*" versehen, während auf dem Deckblatt keine Seitenzahl auftaucht.

III. Die Bearbeitung der Aufgabe

519 Auch im Hauptteil der Arbeit sind die vorgegebenen Formalien zwingend einzuhalten. Dies betrifft einerseits die äußere Form des Texts selbst, wo die Vorgaben insbesondere eine gute Lesbarkeit und Korrigierbarkeit sicherstellen sollen. Andererseits und insbesondere muss auch der Fußnotenapparat den Anforderungen an wissenschaftliche Nachweise genügen.

1. Formalien des Bearbeitungsteils im Allgemeinen

520 Im Haupteil der Arbeit gelten zunächst einmal strengere Formatierungsvorschriften. So muss **links ein Korrekturrand von 7 cm frei gelassen werden**.

Auch wenn das zunächst wie furchtbare Papierverschwendung aussieht, ist dieser Rand für eine sinnvolle Bewertung nötig, da auch der Korrektor die Möglichkeit und den Raum haben muss, die Korrekturen zu begründen.

Für die sonstigen Ränder gibt es keine festen Regeln; aus optischen Gründen wird aber davon abgeraten, die Fähigkeiten des eigenen Druckers in Bezug auf „randloses" Drucken zu strapazieren, 1–1,5 cm Rand rechts, oben und unten sollten frei gelassen werden. Im

Text müssen **1½-facher Zeilenabstand und 12-Punkt-Schrift** eingehalten werden. Die Seitennummerierung erfolgt für die Bearbeitung üblicherweise in arabischen Ziffern.

Unschön ist die Unsitte, Überschriften als letzte Zeile einer Seite stehen zu lassen, dies sollte vermieden werden.

Inhaltlich ist darauf zu achten, dass der Text der Gliederung folgt, also die Überschriften mit den dortigen Angaben übereinstimmen. Die Hausarbeit endet mit einer **eigenhändigen Unterschrift auf der letzten Seite**.

2. Die Fußnoten

In einer wissenschaftlichen juristischen Arbeit sind immer **Fußnoten** enthalten. Sie dienen als Beleg für von Dritten übernommene Meinungen oder Tatsachen. Da man sich vor Augen halten sollte, dass es nur sehr wenige Aussagen zum Recht gibt, die tatsächlich nicht irgendwo gelesen wurden, sollte direkt bei den jeweiligen Äußerungen ein Nachweis erfolgen. Dabei muss in der Fußnote einerseits nicht ein kompletter Literaturüberblick geliefert werden, andererseits haben Fußnoten mit nur einem einzelnen Nachweis nur einen schwachen Belegwert. Als Faustregel gilt hier: *Je umstrittener eine Tatsache oder Ansicht ist, desto intensiver muss sie belegt werden.* Bei unproblematischen Textteilen genügt damit der Hinweis auf wenige Standardwerke, während an den Problemstellen der Aufgabe wesentlich ausführlichere Nachweise erwartet werden. **521**

In jedem Fall sollten **Blindzitate** vermieden werden, schon wegen ihrer Fehlerträchtigkeit. Wird ein Korrektor einmal auf ein Fehlzitat aufmerksam, ist damit zu rechnen, dass er auch insgesamt die Belege kritisch prüfen wird. Falsche Belege sind ein sehr schwerer formaler Mangel, der sich auf jeden Fall negativ auf die Endbewertung auswirkt. **522**

Formal gehören die Fußnoten **durchnummeriert** für den gesamten Text **ans jeweilige Ende der Seite** (nicht an das Ende des Textes). **523**

Die Unart von MS-Word, Fußnoten ohne Not einfach auf die nächste Seite zu ziehen, tritt (warum auch immer) bei Benutzung eines 1½-fachen Zeilenabstands auch in den Fußnoten seltener auf. Helfen soll auch die Festlegung eines festen 18–Punkt-Zeilenabstands in Text und Fußnoten statt eines relativen 1,5-fachen.

Als vollständiger Beleg muss der Nachweis in der Fußnote unter Verwendung des Literaturverzeichnisses den direkten Zugriff auf die zitierte Äußerung ermöglichen. Daraus ergeben sich folgende Zitierweisen: **524**

- Bei Monographien und Lehrbüchern: **[Nach-] Name des Autors, Fundstelle der Äußerung** (s.u.)

- Bei Aufsätzen in Zeitschriften: **Name, Zeitschrift (Abk.), Jahr, Anfangsseite,** (wenn abweichend hiervon) **Zitatseite**

- Bei Beiträgen aus Sammelwerken (Festschriften): **Name, Kurztitel des Werks** (z.B. FS Eser)**, Anfangsseite, Zitatseite**

- Bei Kommentaren: **Abkürzung des Kommentars/Name des Hrsg.,** (ggf.) **Bearbeiter, § ..., Rn. ...**

- Bei Entscheidungen: **Gericht, Entscheidungssammlung oder Zeitschrift mit Jahr, Anfangsseite, Zitatseite.** Ist eine Entscheidung nicht in einer Zeitschrift veröffentlicht, muss statt einer Fundstelle das **Aktenzeichen** und **Datum** angegeben werden, ggf. auch die **Juris-Dokumentennummer**.

Gehen Sie als Faustformel davon aus, dass die Ihnen in den Zeitschriften vorgeführten Zitierweisen im Prinzip das vorgeben, was Ihr Fußnotenapparat auch darstellen soll.

525 **Unüblich** und völlig unnötig ist es, in die Fußnoten auch **Vornamen oder komplette Titel der genannten Werke** aufzunehmen, für diese Nachweise ist das Literaturverzeichnis Teil der Arbeit. **Kurztitel** werden nur genannt, wo sie auch im Literaturverzeichnis eingeführt wurden.

526 Zitiert werden sollte möglichst immer die **Primärquelle** einer Äußerung, Fußnoten der Art *A, zitiert nach B, S. . . .* sind wenig hilfreich. Beachtet werden muss dies auch, wenn im Text direkt Bezug auf einen bestimmten Autor genommen wird. Auch hier muss in der Fußnote die entsprechende Originalstelle nachgewiesen und nicht nur Bezug auf eine Sekundärquelle genommen werden, die den genannten nur referiert. Wenn also im Text eine Äußerung fällt wie *Die Rechtsprechung vertritt hier. . .*, dann sollte in der folgenden Fußnote diese Rechtsprechung auch nachgewiesen werden (durch möglichst eine größere Anzahl von Entscheidungen) und nicht nur ein Verweis auf einen Kommentar oder ein Lehrbuch erfolgen.

527 Soweit vorhanden, sollten bei Kommentaren und Lehrbüchern **Randziffern statt Seiten** angegeben werden. Dies ist einerseits meist die exaktere Angabe, andererseits bleiben diese Randnummern anders als die Seitenzahlen weitgehend auch über Folgeauflagen hinweg gültig. Bei Lehrbüchern kann aus den gleichen Gründen statt der Seitenangabe auch nach Gliederungsebenen zitiert werden (z.B.: *Jescheck/Weigend § 35 IV 1* statt *S. 397*). Hier gilt nur die allgemeine Regel der Konsequenz: Dasselbe Werk sollte immer nur auf eine Weise zitiert werden.

528 **Verweise** innerhalb der eigenen Arbeit sollten nur auf das bereits Erörterte erfolgen, also nach oben, nicht nach unten. Diese Regel gilt allerdings bei Themenarbeiten nicht in gleicher Strenge wie im Gutachten. Es sollte immer eine konkrete Seitenzahl angegeben werden. Dabei kann die Querverweisfunktion der Textverarbeitung helfen, welche die angegebenen Seitenzahlen automatisch aktualisiert.

529 **Wörtliche Zitate** sind in juristischen Arbeiten **unüblich** und sollten nur dort verwendet werden, wo gerade der Wortlaut entscheidend ist. Andernfalls müssen die entsprechenden Äußerungen für den eigenen Text paraphrasiert werden, denn das zeigt, dass man die Quelle verstanden hat. Umgekehrt kann es zu Abzügen führen, wenn weite Teile des Texts aus wörtlichen Zitaten bestehen, weil dann der Arbeitsschritt der eigenen Formulierung und des damit verbundenen Sichzueigenmachens der Aussage fehlt.

Wird doch einmal wörtlich zitiert, so muss dies auf jeden Fall durch **Anführungszeichen** kenntlich gemacht werden, sonst setzt man sich dem Vorwurf des **Plagiats** aus. Werden solche Fehler in der Korrektur gefunden, sind Abzüge in der Endpunktzahl sicher, bei sehr massivem Auftreten ungekennzeichneter wörtlicher Zitate müssen Arbeiten allein deswegen als unbrauchbar oder gar als Täuschungsversuch bewertet werden.

Unüblich ist das Verschieben von inhaltlichen Diskussionen in die Fußnoten. Diese soll- **530**
ten in Hausarbeiten möglichst nur Belege enthalten. Wenn der Bearbeiter meint, etwas
müsste sachlich noch mitgeteilt werden, so sollte dies im Text und nicht in der Fußnote erfolgen.

Auch hier sind die Maßstäbe für eine Themenarbeit aber weniger streng als im Gutachten. Sie merken bei
der Lektüre längerer Aufsätze selbst, dass es manchmal sinnvoll sein kann, Nebenaspekte in eine Fußnote
zu verschieben.

Was die **Formatierung** angeht, so ist für die Fußnoten eine 10–Punkt-Schrift akzeptabel, **531**
kleiner sollte es im Interesse der Lesbarkeit nicht werden. Hier wird auch einfacher Zeilenabstand hingenommen, zu den Problemen von Word hiermit siehe aber oben Rn. 523.

Enthält eine Fußnote mehrere Nachweise, sind diese durch ein Semikolon zu trennen. Innerhalb einer Fußnote empfiehlt es sich, Rechtsprechung vor Literatur zu zitieren, dies ist
aber nicht zwingend, feste Regeln gibt es hier nicht. Die Fußnote endet immer mit einem
Punkt.

Im Text gehört das Fußnotenzeichen direkt zu der belegten Aussage, also entweder an das
Satzende (vor oder hinter das Satzzeichen), oder auch mitten in den Satz, wenn sich der
Beleg nur auf einen Satzteil bezieht.

3. Abgabetermin

Die bei der Aufgabe angegebenen Bearbeitungsfristen sind **strikt einzuhalten**, verspätet **532**
eingegangene Arbeiten werden im schlimmsten Fall nicht korrigiert. Zwar sind viele Bearbeiter gerade bei Seminaren hier großzügiger als bei sonstigen Arbeiten, dennoch machen Verspätungen einen ganz schlechten Eindruck und sollten schon deswegen unbedingt vermieden werden. Wegen der üblichen Computerkatastrophen beim Drucken der
Arbeit wird empfohlen, allein hierfür mindestens einen Tag einzuplanen.

Bei der Abgabe der Hausarbeit gilt, dass diese regelmäßig entweder **persönlich** beim **533**
Lehrstuhl **oder per Post** erfolgen sollte. Wenn der Veranstalter anderes wünscht, etwa
eine Zusendung per Mail, wird er dies deutlich zum Ausdruck bringen. Von anderen Wegen, wie etwa dem Einwurf in den Hauspostbriefkasten oder der Abgabe bei Nachbarlehr-
stühlen, ist dringend abzuraten, da es dann keine Gewähr für einen fristgerechten Eingang
gibt und man eben auch keinen Poststempel vom entsprechenden Tag vorweisen kann.
Ebenfalls nicht akzeptiert werden regelmäßig sog. Freistempler, also Geräte, mit denen
der Postkunde das Porto und den Stempel selbst auf den Umschlag anbringt (in größeren
Unternehmen üblich), da bei diesen Maschinen das Datum frei eingestellt werden kann.

Beim Versand per Post sollte unbedingt darauf geachtet werden, dass einerseits der Poststempel gut lesbar
(deswegen selbst beim Postamt abgeben und sich den Stempel noch einmal zeigen lassen!), andererseits
der Umschlag richtig adressiert ist, also vor allem auch der Name des Veranstalters in der Adresse genannt
wird.

Außerdem ist zwingend zu beachten, auch beim Postversand in einem Umschlag die einzelnen Seiten der
Arbeit in einem Schnellhefter o.ä. abzuheften, da der Korrektor sonst eine Loseblattsammlung in die Hände
bekommt, was nicht nur keinen guten Eindruck hinterlässt, sondern auch sehr unpraktisch zu handhaben
ist.

4. Elektronische Abgabe – Plagiatskontrolle

534 Seit einiger Zeit wird an immer mehr Universitäten eine Plagiatskontrolle bei allen eingehenden Hausarbeiten durchgeführt[190]. Die Arbeiten werden sowohl untereinander verglichen als auch auf ungekennzeichnete Übernahmen aus dem Internet untersucht. Fallen Arbeiten hier bei der automatisierten Kontrolle auf, werden sie noch einmal eingehend vom Veranstalter oder seinen Mitarbeiterinnen auf den Täuschungsverdacht hin durchgesehen. Wird ein Täuschungsversuch bejaht, werden die betroffenen Arbeiten mit null Punkten bewertet. **Es kann nur eindringlich davor gewarnt werden, sich mit einem Täuschungsversuch erwischen zu lassen.**

Existiert eine solche elektronische Plagiatskontrolle auch bei Ihnen, müssen Sie typischerweise Ihre Arbeit zusätzlich zu der trotzdem obligatorischen schriftlichen Fassung auch in einer für das entsprechende System lesbaren elektronischen Version einreichen. Die Details werden Ihnen seitens Ihres Fachbereichs mitgeteilt und sollten peinlich genau beachtet werden. Im schlimmsten Fall werden Arbeiten nur deswegen nicht bewertet, weil sie nicht in der vorgeschriebenen Form fristgerecht elektronisch abgegeben waren.

5. Schlussbemerkung

535 Wenn die hier genannten formalen Regeln beachtet werden, sollte es in dieser Hinsicht keine Fehler in Ihren Hausarbeiten geben. Gehen Sie am besten vor der Abgabe Ihre Hausarbeit noch einmal anhand dieses Texts auf formale Fehler durch, denn das sind immer die unnötigsten Fehler, die man machen kann.

---

190 An der J.W. Goethe-Universität in Frankfurt am Main etwa seit dem Sommersemester 2006.

Stichwortverzeichnis

Die Angaben verweisen auf die Randnummern.

Was sich hier nicht findet, steht vielleicht im Inhaltsverzeichnis.